Victime des autres, bourreau de soi-même

Catalogage avant publication de la Bibliothèque nationale du Canada

Corneau, Guy
    Victime des autres, bourreau de soi-même

    1. Maîtrise de soi. 2. Contrôle (Psychologie). 3. Victimes - Psychologie.
    4. Autodéveloppement. I. Titre.

BF632.C67 2003 155.2'5 C2003-941236-9

DISTRIBUTEURS EXCLUSIFS:

- Pour le Canada
  et les États-Unis:
  MESSAGERIES ADP*
  955, rue Amherst
  Montréal, Québec
  H2L 3K4
  Tél.: (514) 523-1182
  Télécopieur: (514) 939-0406
  * Filiale de Sogides ltée

Pour en savoir davantage sur nos publications,
visitez notre site: **www.edhomme.com**
Autres sites à visiter: www.edjour.com • www.edtypo.com •
www.edvlb.com • www.edhexagone.com • www.edutilis.com

Dépôt légal: 3e trimestre 2003
Bibliothèque nationale du Québec

ISBN 2-7619-1849-5

Gouvernement du Québec – Programme de crédit d'impôt pour
l'édition de livres – Gestion SODEC – www.sodec.gouv.qc.ca

L'Éditeur bénéficie du soutien de la Société de développement
des entreprises culturelles du Québec pour son programme
d'édition.

Nous remercions le Conseil des Arts de l'aide apportée à notre
programme de publication.

Nous reconnaissons l'aide financière du gouvernement du
Canada par l'entremise du Programme d'aide au développement
de l'industrie de l'édition (PADIÉ) pour nos activités d'édition.

Guy Corneau

Victime des autres, bourreau de soi-même

LES ÉDITIONS DE
L'HOMME

Pour mon père, Alcide,
en guise d'au revoir

J'ai jubilé car on m'a fait toucher le ciel,
ma tête a percé le firmament,
j'ai éraflé le ventre des étoiles,
j'ai atteint l'allégresse,
de sorte que je brillais comme une étoile,
que je dansais comme une constellation.
TOMBE DE SERENPOUT (ASSOUAN[1])

Vis la vie car, vraiment, tu ne meurs pas la mort!
TEXTES DES PYRAMIDES 810A

---

1. Les citations en exergue du livre et celles en exergue des différents chapitres sont tirées du livre de Christian Jacq, *La Sagesse vivante de l'Égypte ancienne*, Paris, Robert Laffont, 1998.

Chapitre premier

Victime des autres ?

Une invincible défaite

Immanquablement, presque immanquablement, vient un moment, dans une vie, où ça ne va plus, où ça ne va plus du tout. Parfois, le *mal-être* résulte des circonstances extérieures : un divorce, une faillite, une maladie, un revers. Parfois, il provient de soi, alors que tout va bien à l'extérieur. D'une certaine façon, nous pourrions dire que le deuxième cas est le pire parce que nous n'avons pas d'excuse à offrir pour expliquer notre état. Tout va bien. Le succès est là. Pourtant, à l'intérieur, subsiste une impression d'échec. Comme si quelque chose nous avait échappé en cours de route.

De toute façon, peu importe comment le *mal-être* vient, soudain le fil semble cassé. Un sentiment irrépressible monte du fond de soi. Il peut s'agir d'une grande tristesse, d'une lassitude extrême, d'une irritation grandissante ou de la perte du goût de vivre. On est alors confronté à une « invincible défaite » comme le dit Léonard Cohen, le poète. Il s'agit d'un sentiment que l'on ne peut plus vaincre en soi, que l'on ne peut plus faire disparaître. Un sentiment qui nous démembre, qui nous défait, qui découpe notre vie en morceaux. Un sentiment qui nous dévoile crûment les artifices. Un sentiment qui laisse sans fard, sans histoires à raconter, et, surtout, sans histoires à se raconter à soi.

Grande est alors la tentation d'endosser le rôle de victime et d'accuser les autres, les parents, les enfants, voire le gouvernement. Car à l'évidence, nous ne nous sommes pas fait, ou défait, tout seul. D'autres acteurs participent au drame.

À mon sens cependant, l'écueil intérieur nous invite à renverser notre perspective habituelle car il nous révèle jusqu'à quel point nous sommes simplement victime de nous-même. Il nous montre que nous avons construit nous-même les murs de notre prison, il nous dévoile combien nous trahissons la vie que nous portons. Bref, il nous met face à notre propre ignorance vis-à-vis de ce que nous sommes véritablement.

De fait, nos états d'âme ne surviennent pas par hasard, pas plus qu'une maladie grave, un divorce ou un accident sérieux. Nous découvrons peu à peu qu'une histoire intérieure, la plupart du temps inconsciente, a conduit au naufrage. La situation extérieure ne fait que révéler, qu'exprimer ce qui gisait dans le noir de soi. Nous pouvons regretter qu'il en soit ainsi. Nous pouvons également saluer ce que ce dévoilement brutal va permettre : une prise de conscience, préliminaire essentiel à toute tentative visant à régler un problème important.

Quelques instants de répit

Pour vous mettre à l'écoute de ces circonstances intérieures, je vous propose une petite expérience qui ne vous prendra que quelques secondes : je vous invite à entrer en contact avec votre propre présence. Dans un premier temps, sans attente et sans but, prenez un moment pour savourer la vie qui coule en vous : le cœur qui bat, la respiration qui va, les pensées qui circulent, les sentiments qui bougent, les sensations de confort ou d'inconfort. Accueillez le tout sans rien tenter de modifier. Ressentez.

Ressentez, tout simplement. Goûtez votre propre présence, goûtez la présence du monde environnant. Prolongez ce moment autant que vous le désirez. Si vous vous sentez submergé par quelque chose, quittez momentanément votre position de «goûteur» pour laisser filer ce qui vous submerge, puis reprenez-la. Si tout se complique, poursuivez la lecture...

Voilà, il s'agit d'un tout petit exercice, et nous sommes déjà au cœur du sujet, c'est-à-dire au cœur de vous-même en tant que sujet de votre propre expérience, et au cœur de ce que je désire discuter avec vous: l'intimité avec soi-même.

Paradoxalement, notre quête d'un bien-être personnel indépendant de celui des autres, un bien-être qui nous affranchirait des coups du sort et des tâches ingrates, nous entraîne souvent à devenir de plus en plus dépendant. Par exemple, à la recherche de ce bien-être, nous voici conduit à travailler de plus en plus. Pour y parvenir, nous consommons divers services tels que femme de ménage, nourrice pour les enfants, voiture confortable, bon logis, etc. Bref, la poursuite de notre indépendance nous rend de plus en plus dépendant. Au point que notre vie devient en quelques années un paquet de choses à gérer. Une somme impressionnante de préoccupations nous assaille constamment, auxquelles nous devons faire face, souvent dans l'urgence, et parmi lesquelles nous n'arrivons plus à établir de priorités.

Nous nous essoufflons parce que le rythme est devenu trop exigeant: de plus en plus de gens à voir, de choses à faire, de projets à réaliser. Pour compenser, alcool, sexe, tabac, chocolat, bouffe, télévision, drogue, médicaments par lesquels nous tentons de répondre à notre désarroi du moment et, ce, de plus en plus fréquemment. Nous savons très bien que nous sommes en train de nous enfoncer dans un problème dont il nous faudra sortir un jour, mais c'est plus fort que nous. Nous avons mis le doigt dans un engrenage dont il est difficile de se dégager.

À ce moment-là, nous avons bien préparé le terrain pour laisser croître en nous le sentiment que nous sommes une victime de la situation. Car, après tout, nous faisons véritablement de notre mieux, mais en vain : il y a toujours quelque chose qui va de travers.

Alors pourquoi ne pas prendre quelques instants afin de retrouver le contact avec soi-même, sans attente, sans mobile, sans désir *a priori* de changer quoi que ce soit ? Contemplez la formidable machine que vous avez mise en place pour faire échec à votre bonheur alors que vous le poursuivez. Vous pouvez rire. Il y a de quoi. De toute façon, pas de panique. Si vous vous êtes placé tout seul dans un tel pétrin, vous pourrez sûrement vous en sortir tôt ou tard !

Donc, les yeux ouverts ou fermés, offrez-vous un petit moment de liberté, un petit moment d'autonomie, juste pour le plaisir. Un moment gratuit. Un moment qui peut se goûter n'importe où. Un petit moment de retour à soi au cœur de n'importe quoi. Un petit moment pour sentir l'air qui entre et qui sort des poumons. Un moment volé à une existence tellement passionnante qu'elle est en train d'avoir votre peau sans que vous vous en rendiez compte.

Maintenant que vous ressentez votre présence, il suffit de prolonger ce moment. Lorsqu'il n'aura plus de fin, vous aurez atteint ce que les sages appellent l'état de libération. Vous serez retourné à la liberté de votre enfance, avec la conscience en plus.

Alors, vous serez réellement libre de jouir de tout ce que vous possédez ou ne possédez pas, mais sans être possédé en retour. Car aujourd'hui, vous n'avez pas des objets, ce sont les objets qui vous ont. Vous ne consommez pas des services, ce sont les services qui vous consomment. Vous n'entretenez pas des relations, ce sont les relations qui vous entretiennent. Vous n'avez pas des pensées, des sentiments ou des sensations, ce sont les pensées, les sentiments et les sensations qui vous possèdent et parfois vous obsèdent. Bref, vous êtes devenu victime et bourreau de vous-même.

Un arrêt de quelques secondes suffit à bien faire prendre la mesure de la ronde infernale dans laquelle nous sommes emporté malgré nous. Ces quelques secondes ouvrent en effet le chemin de la prise de conscience qui mène à l'autonomie nécessaire pour jouir véritablement de la vie. Une réelle autonomie, qui ne peut venir que de l'intérieur.

J'estime en effet que l'indépendance totale n'existe pas. Comme je viens de le dire, nous sommes des êtres fort dépendants les uns des autres et de tout ce qui nous environne. Au mieux, nous pouvons parler d'interdépendance. Cependant, au sein même de cette interdépendance, une forme d'autonomie peut être trouvée. Il s'agit d'une autonomie intérieure qui nous évite d'être esclave de ce qui nous arrive et de ce que nous ressentons. Il existe un espace de liberté intérieure dans lequel nous ne nous sentons complètement déterminé ni par notre passé ni par notre environnement immédiat. Cet espace de liberté intérieure permet d'aller puiser en soi-même la sérénité et la joie que nous recherchons la plupart du temps à l'extérieur, chez les autres. Cette graine d'autonomie nous permet de relativiser les événements et nous affranchit de l'esclavage vis-à-vis des demandes extérieures.

Au fil de l'eau

Au fait, avez-vous remarqué que durant les premières secondes, le petit exercice que je vous proposais plus haut est très facile à mettre en œuvre ? On se dégage assez aisément des soucis quotidiens. Il arrive même que l'on puisse goûter instantanément une certaine paix et une certaine liberté intérieures. Mais dès que l'on essaie de prolonger la qualité de ce moment, ça se complique : toutes sortes de pensées nous assaillent, des plus banales aux plus intéressantes.

Ces perturbations nous indiquent plusieurs choses. Premièrement, que l'état de paix et de tranquillité que nous recherchons au-dehors existe déjà en nous. Il préexiste à toutes choses, pour ainsi dire. Il est à la fois notre terre d'origine et notre terre promise. Terre d'origine parce que nous en sommes issu. Chacune de nos cellules s'en souvient et nous y appelle ; il n'y a qu'à observer la joie d'un enfant pour s'en convaincre. Terre promise, hélas, car nous avons oublié que cet état existait en nous, si bien que nous le cherchons partout à l'extérieur jusqu'à ce que quelque événement nous renvoie à l'intérieur.

Deuxièmement, ces perturbations nous révèlent que peu importe que nous soyons une ménagère ou un cadre supérieur, nous pouvons atteindre cet état. Son existence ne repose pas sur nos mérites. Elle n'est pas en rapport avec ce que nous avons accompli, ce que nous n'avons pas accompli ou encore ce que nous devrions ou aimerions accomplir.

J'attire votre attention sur un dernier point : comment se fait-il que quelque chose nous rappelle immédiatement à l'ordre si nous essayons de prolonger notre moment de détachement intérieur ? Quelle est la nature de cette force dynamique qui nous coupe de notre propre source ? Comment se fait-il que nous maîtrisions si peu nos états intimes ?

Ce genre d'interrogation mène tout droit aux hypothèses qui guident l'écriture de ce volume. Je me demande si notre identité ne serait pas cette force qui nous coupe de notre source. Je me demande si notre identité personnelle, ce que nous appelons communément notre personnalité[2], ne résulterait pas en partie d'un mécanisme de protection fondé sur la peur. Je me demande également si cette sorte de bouclier que constitue cette personnalité, au lieu de nous protéger, ne finirait pas par nous enfermer et par nous couper de nos élans fondamentaux, nous privant de l'énergie intérieure dont nous avons besoin pour vivre et pour devenir créateur de nos vies.

Paradoxalement, ce personnage auquel nous nous identifions et que nous appelons « nous-même » serait précisément celui qui nous empêche de goûter un exercice aussi simple que celui que nous venons de faire. Il serait précisément celui qui nous rend victime et

---

2. J'analyse le sens des notions de personnalité et d'identité au chapitre 4.

bourreau de nous-même, alors que nous nous croyons victime des autres et que nous craignons de devenir leur bourreau.

Je suis conscient que nous ne nageons pas ici dans des eaux familières. Mes hypothèses peuvent même avoir quelque chose d'inquiétant pour certains d'entre vous. Car, enfin, si nous renions la seule chose que nous ayons conscience d'être et de posséder, que restera-t-il de nous ? Tout de même, je vous invite à suivre ma réflexion et à trouver l'audace de passer outre vos résistances, car ce personnage auquel nous nous identifions chaque jour ne nous apporte pas tant de bonheur. Il nous entraîne même régulièrement sur le chemin de la souffrance, par exemple lorsque nous reculons devant un acte que nous estimons juste par peur du jugement des autres ou par peur de la solitude.

Dans ce volume, je vous propose de considérer les expériences difficiles de tout un chacun comme les produits d'un enfermement sur soi. Puis de regarder si nous ne pouvons pas puiser dans ces expériences le courage de devenir nous-même malgré la difficulté, si notre vie ne s'en trouverait pas bellement éclairée, si des perspectives salutaires ne s'ouvriraient pas.

Le pouvoir d'une légende

Je me suis longuement demandé comment nous arriverions à cerner ce personnage que nous croyons être nous-même, et qui nous pousse à nous détourner de ce que nous sommes véritablement. Finalement, j'ai décidé de le faire en me référant à une légende. Celle que j'ai choisie nous vient d'Égypte. Il s'agit de la légende d'Isis et Osiris. Des choses terribles s'y passent, des choses qui ressemblent à celles qui arrivent dans notre monde d'aujourd'hui, des choses que nous voyons au journal télévisé et que nous lisons dans les journaux. En toute bonne foi, nous croyons ces choses étrangères à nos vies ; pourtant elles nous concernent parce qu'elles surviennent aussi à l'intérieur de chacun de nous.

Je m'explique. Nous savons par exemple que nous vivons dans un système économique qui favorise les gagnants et néglige les perdants. Comme certains politiciens ont eu le courage de le souligner, nous pouvons même y voir la racine principale des terreurs qui agitent notre monde. Mais nous faisons la même chose intérieurement : là aussi nous favorisons les gagnants et négligeons les perdants. Nous favorisons les parties de nous-même qui ont gagné la faveur de nos parents et de nos amis, et nous négligeons les aspects qu'ils n'ont pas reconnus, quitte à en souffrir.

Bien à l'abri du regard des autres, chacun de nous pratique ses petites épurations ethniques, fabrique ses populations de sans terre et de sans-abri. Ils n'ont pas voix au chapitre, nos réfugiés de l'intérieur, alors ils parlent par la voie de symptômes physiques et psychologiques, des symptômes qui souvent nous terrorisent. Croyez-vous que la guerre pourrait exister dans le monde si elle ne reflétait pas ce qui se passe en chacun de nous ? En vérité, au cœur de chaque être, il existe une lutte entre l'ombre et la lumière, entre les voies du passé et les élans vitaux, entre ce qui construit l'être et ce qui le détruit.

La légende d'Isis et Osiris nous convie à examiner ces réalités. Elle fait état de ce long débat qui oppose les séductions de l'orgueil et l'humble chemin de la transformation. On peut y trouver des enseignements sur les épreuves qui nous confrontent. Elle porte un éclairage nuancé sur le sens de la violence. Elle nous invite à remettre en question les rôles de victime et de bourreau que nous endossons dans nos vies sans nous rendre compte qu'il s'agit de vêtements empruntés, ou plus précisément d'habits que notre passé nous a conditionné à enfiler pour tenter de survivre. La fable oriente notre regard vers la possibilité de dépasser la douleur psychologique en cessant de trahir constamment la vie. Finalement, elle nous propose de devenir l'artisan de notre propre existence.

À travers elle, je vous invite à poser un regard nouveau sur les pièges courants que rencontre l'être sur le chemin du bonheur, des pièges liés à la peur qui nous paralyse, aux besoins qui nous dévorent, aux colères qui nous habitent.

En fait, c'est comme si je vous invitais à regarder cette légende à travers mes propres yeux. Je vous prie d'ailleurs de garder présent à l'esprit que, pour l'essentiel, l'éclairage que je jette sur ce texte obéit à une vision psychologique. Il ne répond pas aux critères d'une analyse classique qui tiendrait compte des interprétations du mythe faites au cours du temps. De plus, je n'ai pas l'intention de procéder à une explication fouillée du texte. Ce n'est pas l'objectif visé.

C'est plutôt comme si je m'étais mis à l'écoute des principaux personnages de la légende, comme si je m'étais laissé inspirer par eux et partageais à présent cette inspiration avec vous. Cet ouvrage constitue donc un *essai* au sens propre du terme. Il s'agit d'une réflexion menée au fil d'une fable, tout comme on pourrait mener une rêverie au fil de l'eau. C'est un peu comme si nous allions visiter ensemble une galerie d'art et que, à titre de guide, j'attirais votre regard sur tel ou tel détail pour le soumettre à votre attention.

Si cela peut rassurer ceux et celles qui n'ont pas envie de suivre les péripéties d'un conte, je précise qu'en fait j'utiliserai le mythe pour décrire ce qui se passe en soi et autour de soi. Les péripéties de la fable m'offriront le cadre de référence souhaité pour rythmer mon propos et le faire progresser. Ainsi, vous pourrez rapidement constater que la légende sert plutôt de prétexte que de texte. Il y a même des chapitres entiers dans lesquels je ne m'y rapporte pas. Il n'est donc pas nécessaire de la connaître ni même de l'avoir lue pour suivre le développement psychologique que je vous propose. Je vous donnerai les éléments nécessaires à mesure que nous avancerons[3].

En somme, le sujet de ce livre n'est pas l'interprétation de la légende d'Isis et Osiris, mais bien la prise de conscience de la prison que constitue notre propre personnage, un personnage qui nous rend victime des autres et bourreau de nous-même. Dans les faits, je vous

---

3. Ceux et celles qui souhaiteraient connaître la version du mythe à laquelle je me réfère en trouveront le texte complet en annexe.

inviterai à esquisser une sorte de pas de danse entre quatre points : les péripéties de la légende, leur interprétation, ce qui se passe dans nos vies, et des éléments de compréhension psychologique. J'ai aussi émaillé le texte, ici et là, d'exercices pratiques qui permettront à la lectrice ou au lecteur engagé d'aller plus loin. Je vous les conseille mais il va sans dire que vous êtes libre de les mettre ou non en pratique.

Se connaître, c'est s'oublier

Outre Isis et Osiris, nous aurons d'autres compagnons de route. Le psychanalyste suisse Carl Gustav Jung, dont l'œuvre m'émerveille par sa fécondité à chaque nouveau livre que j'écris, continue d'influencer ma pensée. Avec le concept de «processus d'individuation», il a fourni à la psychologie un cadre pour interpréter des idées qui, autrefois, n'étaient utilisées que dans le domaine spirituel et religieux. Ce livre se veut une réflexion sur les étapes de ce processus de découverte et de connaissance de soi. J'espère ainsi contribuer à ma façon à faciliter la démarche de croissance intérieure qui constitue, consciemment ou inconsciemment, le chemin de chaque vie humaine.

Outre Jung et la mythologie égyptienne, je me suis abreuvé à toutes sortes de sources. J'ai lu du côté du bouddhisme, du soufisme, de la psychanalyse et de la psychologie. Et finalement, je me suis fondé sur quelques témoignages d'hommes et de femmes qui ont vécu des éléments de ce processus de transformation. Ces témoignages m'ont été livrés sous une forme épistolaire par des personnes qui, je le savais, avaient connu des expériences susceptibles de nous éclairer. Ces écrits m'ont été fort utiles et j'en profite pour remercier chaleureusement ceux et celles qui me les ont confiés.

L'homme que je suis et qui vous parle est un psychanalyste qui se pose des questions, un homme qui cherche. Dans cette recherche, pourtant fondamentale, je ne fais pas appel au mot *Dieu* et j'utilise avec prudence celui de *spiritualité*. Je considère en effet que ces mots représentent trop d'abus, le plus grand consistant à placer dans les mains des autres, ou du Père céleste, l'extrême richesse que chacun porte en lui-même, qui est celle de la vie. Au terme «Dieu», je préfère celui d'«élan vital», si cher au philosophe Bergson. Au terme «divinité», je préfère celui d'«universalité». À «spiritualité», je préfère sa racine, *spir*, qui veut dire respiration, souffle.

En fait, je m'intéresse à ce qui donne du souffle à l'être. J'essaie de traduire en termes psychologiques les intuitions de la spiritualité, en tentant de me libérer le plus possible des idées toutes faites, des dogmes, des «bondieuseries» de la religiosité. Pour que la psychologie ait une âme. Pour que la spiritualité ait un corps.

Même si, pour paraphraser le dicton populaire, nous pourrions dire qu'une légende vaut mille mots, force est de constater qu'il y a beaucoup de mots dans ce livre. Ce dont ce livre parle n'a pourtant pas besoin de mots. Car ce dont ce livre parle se désigne mais ne se nomme pas. Les mots, c'est le plaisir d'évoquer en racontant, en expliquant, en badinant et en poétisant à l'occasion. Une façon d'amadouer la peur qui nous prend aux tripes chaque fois que nous approchons quelque chose de vrai. Une façon de toiser le silence, la mort et la transformation.

Qu'il s'agisse du lien entre le Moi et le Soi[4] qu'établit Jung, qu'il s'agisse du passage de la personnalité à l'universalité dont nous parle la mythologie, qu'il s'agisse de la remise en question de l'égocentrisme au profit d'un altruisme compatissant dont nous entretiennent les grandes religions, qu'il s'agisse du «Connais-toi toi-même» que nous lance Socrate ou des retrouvailles avec l'amour que nous chante le poète, partout et toujours, il s'agit d'aller vers une intimité avec soi. Cette intimité est l'inverse d'un repli égocentrique puisque, au centre de soi, vit le mouvement amoureux universel — si bien qu'avec Albert Low nous pouvons dire *Se connaître, c'est s'oublier*[5].

---

4. J'ai pris le parti d'écrire certains mots avec une majuscule non pour les magnifier mais pour distinguer le sens que je leur donne du sens qu'ils ont dans le langage quotidien (N.d.A.).

5. Avignon, Les Éditions du Relié, 1998. Une belle réflexion sur la démarche de connaissance de soi menée par un maître zen expérimenté.

En effet, la reconnaissance de notre identité et la connaissance de la façon dont elle s'est bâtie nous permettent de relativiser le sentiment de notre propre importance. Cela se fait tout naturellement. Peu à peu, des bonheurs plus grands et plus lumineux nous attirent au delà des joies limitées sur lesquelles nous nous étions replié par peur de ne plus jamais éprouver de plaisir si nous les abandonnions.

Graduellement, nous réalisons que nous pouvons remettre en question et même laisser tomber les rôles de victime des autres ou de bourreau inconscient de soi, qui ont occupé une si grande place dans notre vie. Nous pouvons entrer dans une pulsion créatrice qui donnera un nouveau sens à notre existence : exprimer le plus fidèlement possible la force, la beauté et la subtilité de l'élan vital qui anime chacun et chacune de nous.

Fort de ces quelques notions, quittons maintenant le port. Larguons les amarres et hissons les voiles de notre barque solaire. Isis et Osiris agiront comme capitaines. Ils vont nous entraîner dans cette mystérieuse danse qui fait d'un être habitué aux eaux tranquilles un aventurier de haute mer, qui fait passer un individu de l'empire de la personnalité au royaume de l'universalité.

Chapitre deux

La légende
dont vous êtes le héros

L'histoire d'Isis et Osiris

Voilà quelques années, le film *L'Histoire sans fin* a enthousiasmé des millions de spectateurs. Dans ce film, il s'établissait peu à peu un parallèle entre la vie quotidienne du petit garçon qui était le principal protagoniste du film et l'histoire qu'il lisait dans un grand livre. Le conte exprimait sur un plan symbolique les émotions qui s'agitaient en lui. C'est ce même parallèle que je souhaite établir entre la légende que j'ai choisie et notre vie intérieure.

Bien que la légende nous vienne d'un temps lointain, elle nous parle de notre quotidien. Certes, nos rivages à nous ne sont pas bordés par les dunes du désert, ils le sont plutôt par l'asphalte et le béton. Pourtant, sous le macadam, quelque chose vibre et bat qui appartient à l'éternité du temps humain.

Quelle est la meilleure façon de pénétrer à l'intérieur d'une légende ? Tout simplement se mettre à la place des personnages et imaginer que ce qui leur arrive nous arrive à nous. Au fil du texte, nous jouerons ainsi à nous mettre dans la peau des différents héros afin d'avoir plus qu'une idée de leur destin. Ils cesseront de la sorte d'être des personnages abstraits ; les liens se feront plus facilement entre eux et nous. Par la suite, nous chercherons la signification symbolique de ce qui leur arrive. Je formulerai alors des hypothèses qui éclaireront tout aussi bien le mythe que ce qui se passe dans nos vies. Et je convie chacun à procéder de la même manière : se faire son petit «cinéma intérieur» de façon à pénétrer dans la logique interne du récit.

Le principal personnage que nous allons suivre s'appelle Osiris. Il est le grand constructeur, le grand civilisateur. Son emblème est l'épi de blé gorgé de soleil ; il représente aussi les crues du Nil, génitrices de la moisson. Il occupe la place centrale de la fable. Les transformations qu'il subit illustrent l'évolution psychologique sur laquelle je désire attirer votre attention. C'est un peu comme si Osiris prenait à l'intérieur de nous la place du Moi conscient aux prises avec d'autres parties de lui-même, celles-ci étant représentées par les autres personnages.

Le film des événements

Imaginez avec le plus d'intensité possible que vous êtes Osiris, le grand souverain. Vous êtes le digne fils de Râ, le dieu-soleil. Lorsque vous êtes venu au monde, on a dit que le maître de toutes choses arrivait à la lumière. Vous êtes l'épi de blé gorgé de soleil qui vient délivrer les peuples des hasards de la chasse. Vous êtes les crues du Nil. Vous êtes l'agriculture, vous êtes la culture, vous êtes la civilisation qui se répand aux quatre coins du monde connu. Vous remportez tant de succès que, finalement, vous pensez être la source de toutes les bontés qui s'épanouissent autour de vous. Vous finissez par vous croire au-dessus des autres êtres et vous commencez à abuser de vos pouvoirs. Au point de coucher avec la femme de votre frère Seth, la très belle Nephtys, dont le nom signifie Victoire.

Quand Nephtys apprend à Seth qu'elle est enceinte de vous, celui-ci, furieux, s'emploie à blesser l'enfant qu'elle porte en elle en lui faisant l'amour avec brutalité. Elle accouche d'un chacal puant, Anubis, qu'elle abandonne sur les rives du Nil. Isis, votre sœur et épouse, déesse de la Compassion, sauve votre fils bâtard et déclare son intention d'en faire son garde du corps personnel. Ce geste met le feu aux poudres. Voyant que le fruit de l'infidélité de sa femme va survivre, Seth décide de se venger. Il vous invite à une grande fête préparée en l'honneur de vos conquêtes et en profite pour vous faire enfermer dans un coffre fabriqué dans le bois associé au dieu de la Bénédiction et de la Joie. Puis ses serviteurs abandonnent le coffre aux eaux noires du Nil.

Vous voici dérivant jusqu'à Byblos, en Phénicie. Le coffre qui est devenu votre tombeau s'agglomère aux racines d'un arbre qui pousse tant et tant que le roi Malcandre le fait couper pour en faire le pilier central de son palais. Isis retrouve alors votre trace ; elle vient jusqu'à Byblos pour extraire le coffre de la colonne. Elle vous ramène en Égypte et vous cache dans un marais. Or, Seth, chassant au clair de lune, retrouve par hasard votre dépouille. Dans une violence jubilatoire, il vous dépèce en quatorze morceaux. Ivre de sang, il finit par couper son propre pouce pour se dégriser. Puis il vous disperse dans l'Égypte entière afin de vous faire disparaître à jamais.

Mais c'était compter sans les pouvoirs de magicienne d'Isis. Transformée en oiseau, elle retrouve un à un les morceaux de votre corps, à l'exception du pénis, qu'elle remplace par un nouveau façonné dans du limon. Par la suite, accompagnée de Nephtys et d'Anubis, elle procède à des rituels qui vous ramèneront de la mort. Vous reprenez vie à ces mots : « Tu es parfait ! Tu es intact ! Que le dormeur s'éveille ! », prononcés par Anubis, votre rejeton. Isis fait alors l'amour avec vous et vous concevez ensemble Horus, le faucon, le fils de la lumière.

Ressuscité, vous devenez maître de l'au-delà. En rêve, vous instruisez Horus dans l'art de la guerre pour qu'il puisse reprendre à Seth le trône qui était vôtre et qu'il a usurpé. Une lutte sans merci se livre alors entre l'oncle fourbe et le neveu. Un jour que l'un et l'autre se battent dans l'eau, changés en hippopotames, Isis accourt au secours d'Horus, qui lui tranche la tête.

C'est sa légendaire compassion qui vaut à la déesse cette mutilation malencontreuse. En effet, pendant le combat, Isis s'est trouvée en position de tuer Seth, mais, apitoyée, elle lui a laissé la vie sauve. Le geste a provoqué la rage d'Horus, qui a décapité sa mère sur-le-champ. Pour la sauver de la mort, on donne alors à Isis une tête de vache. À l'issue de cette période d'hostilité qui dure plus de quatre-vingts ans, et malgré les édits du Conseil des dieux qui, à plusieurs reprises, lui a ordonné de rendre son trône à Horus, Seth arrache les yeux de votre fils et l'abandonne à une mort certaine dans le désert.

Encore une fois, Isis parvient à sauver la situation. Elle retrouve Horus sur le flanc d'une montagne et lui rend la vue. Alors, en guise de sacrifice, pour se faire pardonner l'affront qu'il a fait à sa mère, Horus vous offre ce qu'il a de plus précieux, ses nouveaux yeux. Vous le récompensez alors d'une troisième paire d'yeux, une paire bien particulière : avec un œil, il voit la nuit, et avec l'autre, il voit le jour. Finalement, suivant votre arbitrage et vos menaces, le Conseil des dieux lui rend son royaume ; il devient alors le seigneur du Double Pays, unissant la Haute et la Basse-Égypte. On punit le diabolique Seth en l'obligeant à souffler éternellement dans les voiles de votre barque, qui conduit les âmes des défunts des rivages du quotidien à ceux de l'éternité.

Comment interpréter la légende ?

Le pouvoir nourricier du soleil et du blé

Comme vous pouvez le voir, ce mythe est composé des mêmes ingrédients que les grands films en vogue. Qu'il s'agisse de l'épopée du *Seigneur des anneaux* ou de la saga de *Harry Potter*, force est de constater que ces superproductions reformulent à leur façon les grands mythes qui, de tout temps, ont tenté de donner un sens à la souffrance humaine. Celui d'Isis et Osiris est l'une des matrices de ces reformulations. Telle une immense épopée, ce récit a tenu en haleine le monde égyptien pendant plus de trois mille ans et, aujourd'hui encore, il nous influence.

Avant de commencer mon interprétation, et pour vous familiariser un peu plus avec les personnages de la légende, j'attire d'abord votre attention sur la dimension agraire du mythe. On peut en effet facilement retracer l'origine agricole de cette fable, dont les principaux personnages vivent dans le monde naturel. Prenons d'abord le cas d'Osiris. Comme je l'ai dit plus haut, ce dieu est reconnu par les Égyptiens comme étant le Grand Constructeur, le Grand Civilisateur, celui qui permet à l'Égypte de passer du monde de la chasse à celui de l'agriculture. En fait, pour l'Égypte antique, l'épi de blé mûri au soleil représente le dieu même, un dieu gorgé de soleil et de pouvoir nourricier.

On présente également Osiris comme un grand conquérant car il a su fléchir par le pouvoir de la douceur tout le monde connu d'alors. Ici encore, il s'agit sans doute d'une métaphore évoquant le succès de la culture du blé auprès des peuples ainsi affranchis des aléas de la chasse. C'est sans doute pourquoi il est dit qu'avec Osiris « le maître de toutes choses arrivait à la lumière ». Le blé que l'on peut engranger, le blé que l'on peut moudre, le blé dont on peut faire du pain qu'il est possible de déguster en toute saison, ce blé s'est rapidement imposé aux humains ; il a joui des égards que l'on accorde à un roi.

Osiris représente aussi les crues du Nil, responsables de la croissance du blé. Isis, sa tendre épouse, représente la terre humide, la terre fertile, la terre créatrice, fécondée par le pouvoir générateur des crues d'Osiris. Et Seth, la terre aride du désert avec son vent chaud et desséchant qui dispute sans cesse à Osiris la terre fertile.

Ainsi, si vous allez au musée du Louvre, à Paris, dans la section égyptienne, vous verrez de petits coffres de bois grossièrement sculptés à l'effigie d'Osiris couché sur le côté. On les appelle des « Osiris végétant ». Chaque maison possédait un tel coffre. On y mettait des grains de blé mélangés à du sable. On arrosait le sable et, un jour, le blé germait. On célébrait alors la renaissance d'Osiris et son triomphe sur la mort apparente que lui avait infligée Seth.

Car Seth, le maître des tempêtes et de tous les désordres, ne représente pas uniquement le pouvoir de la sécheresse. Par extension, il devient responsable du sort que le blé va subir au cours de maintes transformations. En effet, on coupe l'épi de blé mûr et, ensuite, on sépare la partie alimentaire de l'écorce en le faisant piétiner par des taureaux. Métaphoriquement, Seth devient donc le bourreau, celui qui abat Osiris, qui le démembre, qui l'enferme et en disperse les morceaux lors des semis.

Isis entre alors en scène, elle accueille les morceaux de son mari mort dans le sein de la terre. Et grâce au pouvoir du féminin créateur, elle le remembre et lui redonne vie, si bien qu'il renaît pour la prochaine moisson.

Un jardin luxuriant

Mais, il y a plus. La terre égyptienne est constituée dans sa plus grande partie par le désert. Les seuls sols fertiles de ce pays sans pluie s'étendent sur une bande de quelques kilomètres à peine, de chaque côté du Nil. Ils s'interrompent brutalement là où le terrain n'est plus irrigué si bien qu'il n'y a pas de transition entre les champs et le désert. Vus depuis un point élevé, les deux paysages, si contrastés, peuvent être embrassés d'un seul regard. En contemplant de tels paysages, on s'imprègne de l'esprit du peuple qui vit là. On comprend que ce n'est pas la pluie qui lui a apporté des fruits de la terre — en ce cas, la transition entre le désert et les champs serait plus douce. Non, ce sont les crues du Nil qui ont fait l'Égypte, du moins jusqu'à la création du barrage sur le lac Nasser. Les crues humidifiaient la terre du désert et y déposaient le limon du fleuve, faisant que les plantes poussaient. Ce désert devenu fertile comme par enchantement avait de quoi surprendre; il n'est pas étonnant qu'Isis, la terre-mère, ait été vénérée aussi comme grande magicienne.

Je me souviens d'une expédition dans le désert tunisien. Après avoir traversé en camion les grandes étendues du lac salé, au sud de Tozeur, nous nous étions arrêtés pour dresser le campement. Il faisait déjà nuit. Soudain, une pluie drue et froide s'est mise à tomber. Le thermomètre indiquait zéro et j'étais désespéré. Heureusement, Thomas d'Ansembourg, qui faisait office de chef d'expédition, avait eu la bonne idée de faire monter la cuisine. En baroudeur aguerri, son premier geste avait été de jeter des oignons dans l'huile chaude. Cette odeur embaumait l'air de la promesse d'une bonne soupe.

J'ignorais par ailleurs que cette pluie apparemment inopportune apportait avec elle un cadeau insoupçonné. Dans les jours qui suivirent, nous avons eu le plaisir de marcher dans un désert recouvert de fleurs aux couleurs étonnantes : jaune, vert tendre, rouge sanguin, mauve tirant sur le violet. Il y avait même par endroits des bouquets de marguerites et de l'herbe. Je me souvins de cet événement quasi miraculeux en contemplant les champs de blé et de légumes qui longent le Nil et je réalisai combien fertile peut devenir le désert avec un peu d'eau. Et je ne pouvais m'empêcher de penser que les cœurs les plus secs n'ont souvent besoin que d'humidité pour produire de très beaux sentiments...

Du rite agraire au mystère spirituel

Dans le monde antique, on ne vénère pas seulement le blé comme matière, mais également l'esprit du blé. Les peuples ancestraux ne séparent en effet pas matière et esprit. Si le blé meurt en terre et renaît, cela signifie forcément qu'un génie l'habite.

Aussi, cherchant un sens à l'existence, les Égyptiens vont vite avoir l'idée de comparer l'histoire du blé et l'histoire de l'homme. Ils vont imaginer que le corps de l'homme est comme un épi de blé. Submergé par la mort, il vit enfermement et putréfaction, mais l'essence reste vivante. Les Égyptiens donnent le nom de *Kâ* à cette essence. Le Kâ représente le corps énergétique ou subtil de l'être[6]. Il survit à la mort du corps physique et permet une renaissance en esprit.

---

6. Dans le domaine spirituel, l'expression utilisée est « corps éthérique ».

Autrement dit, si la mort représente la perte d'un pouvoir tempo-rel, elle signifie aussi l'accession à un pouvoir spirituel. Dans le mythe cela est symbolisé par le fait qu'Isis retrouve tous les morceaux d'Osi-ris à l'exception du pénis, qu'elle remplace par de l'argile et du limon, ce qui indique un retour à la nature universelle. Le dieu perd donc un pouvoir terrestre mais pour s'unir au soleil de l'éternité. Il revient ainsi à son origine puisqu'il porte déjà la marque de ce soleil universel dans son nom, Osiris, qui vient de « Aesrâ », la particule « Aes » signifiant « le fils » et la particule « Râ » signifiant le principe solaire[7]. En effet, on sait que, chez les Égyptiens, le Soleil, le dieu suprême, est appelé Râ ou Rê. Osiris doit donc passer par les épreuves que lui fait subir Seth pour découvrir qu'il est Rê, le soleil immortel.

> Je suis un suivant de la lumière divine,
> Quelqu'un qui a pris possession du ciel.
> Je suis venu à toi mon père Râ, lumière divine.
> J'ai parcouru l'espace lumineux,
> J'ai invoqué la Grande (le ciel),
> J'ai fait le tour du Verbe,
> J'ai franchi dans la solitude les ténèbres qui se trouvent sur le
> chemin de la lumière divine.
> J'ai pris possession du ciel[8].

Prendre possession du ciel! Quelle belle expression! Pour les Égyptiens, cela signifiait se souvenir de son essence divine et immor-telle, franchir les portes de la mort physique, qui, pour eux, n'était qu'une mort illusoire, et atteindre la contrée de lumière. Les grands pharaons se faisaient d'ailleurs enterrer avec une barque solaire qui leur permettait de passer d'une rive à l'autre du Nil, de l'est, pays du

---

7. Schenouda, Anoubis, *La Légende d'Osiris et la vie et la mort de Jésus*, Montréal, Édi-tions Ésotériques, 1980, p. 12.
8. Livre du sortir au jour, chapitre 131, tiré de Christian Jacq, *La Sagesse vivante…*, *op. cit.*, p. 50.

soleil levant, à l'ouest, pays du soleil couchant, royaume de l'au-delà et de la vie éternelle.

La lecture psychologique

Venons-en maintenant à l'interprétation psychologique. Entre la lecture spirituelle du mythe, qui nous entraîne dans des réflexions métaphysiques, et la lecture agraire, existe un espace où se déploie la dimension psychique par laquelle la légende se rapproche de nous. En effet, pour suivre le destin d'Osiris, le disciple devait consentir à de nombreuses transformations d'ordre émotif et mental. Aujourd'hui encore, ces transformations sont les mêmes pour un être qui entre dans un processus évolutif. Même si, de prime abord, par rapport à la connaissance spirituelle proprement dite, la lecture psychologique semble réduire l'ampleur du mythe, elle rend cette connaissance opérationnelle, plus tangible pour chacun de nous et *en* chacun de nous.

Prenez-en pour exemple la simple mise en place du décor à laquelle nous venons de procéder. Elle nous offre déjà de nombreuses pistes d'un point de vue psychique. La bataille que se livrent Osiris et Seth figure bien la lutte qu'il y a en nous entre les parties désertiques et les parties humides, entre les besoins stériles et les élans créateurs. Cette lutte nous parle aussi du vent desséchant de la pensée, qui nuit parfois à la fertilité de nos émotions. Tout comme, à un point donné de la légende, la douleur d'Isis d'avoir perdu son mari pourrait illustrer les marécages affectifs dans lesquels un être peut se noyer.

Un tel type d'interprétation a plus de pertinence qu'il n'y paraît. Confrontés à des phénomènes inconnus auxquels ils ne comprennent rien, les humains ont tendance à projeter au-dehors les dimensions inconscientes de leur psyché. Il suffit de marcher dans une forêt au crépuscule pour transformer une branche morte en serpent, ou imaginer derrière le moindre bruit l'approche d'un animal sauvage prêt à nous attaquer. Où résident donc ce serpent et cet animal sauvage sinon dans les tréfonds de notre esprit? Ils symbolisent les peurs inconscientes qui conditionnent nombre de nos actions.

Ainsi, il est facile d'établir une correspondance entre la sécheresse du désert qui s'attaque aux terres fertiles et le personnage de Seth qui s'en prend à Osiris, mais là s'arrête la comparaison. Par exemple, au tout début de la légende, Seth apprend la tromperie de sa femme en parlant à sa fleur préférée ; comme celle-ci se flétrit au lieu de s'épanouir, il en conclut que Nephtys se trouve avec Osiris. Or, dans la réalité, Seth, le désert, ne pourrait pas rentrer chez lui et déduire du flétrissement de cette fleur que sa compagne l'a délaissé. Ce sont les hommes et les femmes qui forgent de tels liens.

Fondamentalement, les légendes ne nous parlent pas de la dynamique des éléments naturels mais bel et bien du drame inconscient qui se déroule chez les individus, drame qui se trouve projeté sur le comportement des forces de la nature. Le cinéaste ne fait pas autrement, consciemment cette fois, lorsqu'il suggère l'explosion d'un désaccord entre des amants en filmant une tempête déchaînée.

Il n'en va pas autrement de l'histoire de Jésus. Nous pouvons regarder la scène de sa crucifixion entre les deux larrons d'un point de vue historique, comme ayant une vérité objective extérieure. Mais la scène prend plus de force et de signification lorsque nous en faisons un drame personnel et subjectif : si Jésus symbolise l'amour universel, le bon larron représente les parties de nous qui s'associent aux forces bienfaisantes, tandis que le mauvais larron rappelle ce qui en nous s'oppose au triomphe de l'harmonie. Ce dernier évoque les aspects destructeurs qui font obstacle à la vie. Le tableau entier figure combien chaque être se retrouve fondamentalement écartelé entre ses tendances constructives et destructrices.

Comme je le suggérais précédemment, lorsque l'on désire faire une interprétation psychologique des thèmes d'une légende, on considère le drame comme reflétant les processus intérieurs et inconscients des individus. Dans le cas qui nous occupe, il s'agit pour chacun de se mettre dans la peau d'Osiris et de considérer les événements qui lui arrivent comme des événements qui se déroulent à l'intérieur de soi. Repris en termes psychologiques, nous dirions qu'Osiris représente le

Moi conscient de chacun de nous, alors que Seth, Isis et Horus représentent des sous-personnalités, ou si vous préférez des *complexes* qui assaillent ou qui aident le Moi conscient. Car, contrairement à la croyance populaire, les complexes ne sont pas toujours négatifs.

Les complexes sont composés d'un ensemble de pensées, de sentiments et de sensations qui ont tous la même teneur affective, la même couleur. Ils ont en leur centre une émotion forte, un *affect* qui sert de noyau attractif. Par exemple, si vous pensez au mot « dégoût », une série d'associations se présentera à votre esprit. Ces associations appartiendront aussi bien au passé lointain qu'au passé immédiat car l'inconscient ne connaît pas le temps. Les complexes possèdent une charge énergétique (l'émotion) et lorsqu'ils ont assez de pouvoir, dans une situation donnée, ils peuvent prendre le contrôle du Moi conscient. On a alors l'impression que la personne est « hors d'elle-même ». Elle est sous l'influence d'une sous-personnalité qui fait bel et bien partie d'elle-même mais qui a été refoulée. Le Moi est lui aussi un complexe. Mais à la différence de ce qui se produit avec nos autres complexes, nous nous identifions à lui et il occupe le centre du champ conscient. Pour cette raison, il nous permet d'avoir l'impression d'être identique à nous-même de jour en jour et de durer dans le temps.

À partir de là, nous pouvons lire la légende d'Isis et Osiris comme décrivant le mystère de la transformation de l'individu : Osiris représente notre Moi qui entre dans une phase de bouleversement et de transition. Un tel processus de transformation psychologique passe en général par différentes étapes : domination des émotions, enfermement et dépression, sentiment de stagnation, voire de pourrissement, et finalement, abandon de certaines attitudes. Ces étapes conduisent de manière ultime à une renaissance. Autrement dit, une période de malaise et de mal-être précède la naissance d'une nouvelle disposition qui apportera vitalité et fluidité à l'ensemble de la personne. Comme si un voile s'était défait et qu'un nouveau sens était trouvé.

Il importe de retenir que chaque personnage contient tous les autres. Nous pourrions, par exemple, mettre Seth au centre et imaginer qu'Osiris, Isis et Horus représentent des dimensions inconscientes de sa psyché. Nous pourrions procéder de la même façon avec Isis et Horus. Cette façon de faire a des conséquences importantes sur le plan psychologique et même sur le plan philosophique. Elle signifie qu'aucun d'eux ne représente le bien ou le mal en tant que tel. Chacun d'eux porte en lui les deux dimensions. Nous pourrions même aller jusqu'à dire que, dans cette légende, il n'y a pas de bien et pas de mal.

Prenons le cas de Seth. Son nom est la racine même du mot Satan qui, dans le monde chrétien, représente le mal absolu. Or, ce n'est pas le cas dans la légende égyptienne où la destruction a un aspect positif et constructif. Seth y joue un double rôle : oui, il détruit mais pour permettre une transformation. Il défait l'illusion mais en vue de soutenir une création ultérieure. Sur le plan psychologique, il représente notre dimension autodestructrice. Comme si l'être se servait de sa force destructrice contre lui-même afin d'aller vers une métamorphose. Comme s'il provoquait en lui une souffrance tellement intolérable qu'il se trouvait contraint au changement.

La prise de conscience de cette dimension active qui nous anime peut nous inspirer de la culpabilité, surtout lorsque nous en venons à considérer que nous sommes le bourreau de nous-même. Pourtant, à partir d'un éclairage plus large, celui-là même qui est proposé par la fable, on finit par comprendre que Seth agit en nous pour lutter contre des attitudes limitatives qui doivent être anéanties. En ce sens, il aide l'être à se détacher de ces attitudes, il épure, il affine. En cela, il sert le processus parfait de l'existence.

Vue sous cet angle, l'action du bourreau fait partie du mouvement créateur de la vie, elle nous aide à retrouver ce mouvement et à redevenir l'artisan de notre bonheur. Ce changement de regard porté sur la destruction et l'autodestruction peut faire toute la différence entre une vie qui a du sens et une qui n'en a pas. Pour les Égyptiens, Seth demeure le grand initiateur. Lorsque nous saisissons cela, nous pouvons « arrêter les dégâts » et entrer consciemment dans l'acte de transformation, l'essence du mouvement de Seth.

Je vous invite maintenant à entrer dans la danse. De chapitre en chapitre, elle se déploiera, suivant les personnages de la légende à mesure qu'ils montent sur scène. Les premiers chapitres seront ainsi consacrés aux hommes (Seth et Osiris). Je ne parlerai du rôle primordial d'Isis que plus tard dans le volume. Rappelez-vous sans cesse que, si chacun remplit des fonctions bien définies, il n'en sert pas moins une chorégraphie globale dont la beauté se révélera peu à peu.

corneau

Chapitre trois

Au début
était l'orgueil

Le malheur,
c'est chaque bouche pleine
de « aime-moi ».

Papyrus Ermitage 1116

Le premier piège

Je vous ai proposé tout à l'heure de vous mettre dans la peau d'Osiris, le personnage central de la légende. Pendant un instant, vous êtes ainsi devenu cet épi de blé souverain qui apporte la civilisation aux êtres humains. Ainsi vous avez pu goûter la force intérieure de la légende. À présent, je vous invite à esquisser un premier pas de danse pour aborder les thèmes centraux que la légende offre à notre réflexion.

Le premier de ces thèmes est, à n'en pas douter, celui de la gloire qui se transforme en orgueil. Je dis bien la gloire qui se transforme en orgueil car nous ne devons pas assimiler les deux termes.

De fait, la gloire n'est pas nécessairement source d'orgueil, et la non-gloire n'est pas gage d'humilité. Il est important de souligner cela car chacun de nous a vécu des moments de plénitude, des moments d'harmonie intensément ressentis qui ont tout à voir avec la gloire mais rien avec l'orgueil. Ces «moments de grâce» sont les points de repère essentiels de toute vie. Ils deviennent de l'orgueil seulement si une voix souffle à notre oreille que nous sommes en train de vivre quelque chose d'exceptionnel réservé à peu de gens. Cette fraction de seconde où nous commençons à nous comparer aux autres, à nous sentir supérieur ou inférieur (car la comparaison s'établit peut-être à notre désavantage), signale l'apparition de l'orgueil dans notre psychisme.

Mais, direz-vous, bien des motifs me poussent à me sous-estimer, ou à me surestimer. À n'en pas douter, vous avez entièrement raison. Et nous ne manquerons pas d'explorer ce point en détail car l'orgueil constitue le premier et le dernier piège d'une vie humaine qui cherche à se libérer de ses contraintes pour connaître un véritable bonheur.

En somme, rappelez-vous que, lorsque nous sommes dans un moment de grâce, nous ne sommes pas dans l'orgueil. Lorsque nous avons un orgasme, nous ne nous disons pas que nous vivons un moment spécial que les autres ne connaissent pas. Si c'est le cas, vous devriez songer à une bonne psychothérapie! Trêve de plaisanterie. Lorsque nous traversons un moment de bonheur, nous nous sentons porté par lui. Il nous ouvre. Il nous unit aux autres et à l'univers. Il ne nous retranche pas de l'humanité comme l'orgueil le fait.

Cette distinction m'a été confirmée lorsque j'ai entendu l'explorateur Bernard Voyer raconter sa victoire sur l'Everest. J'ai été touché de constater que ce ne sont pas la fierté et la supériorité qui émanaient de son discours. Il m'a plutôt semblé que l'amour et le respect pour la montagne et pour ses guides l'habitaient tout entier. En livrant son témoignage, il ne cherchait pas à être admiré, il souhaitait inspirer. L'essence de ce qu'il exprimait ne résidait pas dans le fait de s'être distingué par un exploit personnel, mais plutôt dans celui de s'être dépassé pour connaître des moments d'exaltation et de communion instantanée avec la nature, des moments qui transforment un être et lui rappellent son appartenance à tout ce qui existe. J'avais l'impression de l'entendre dire, à l'instar de Sir Edmund Hillary, le premier conquérant de cette montagne : « Je n'ai pas vaincu l'Everest, il m'a laissé passer ! »

Connaissez-vous la gloire ?

Même s'il n'a pas gravi plus de quelques volées d'escalier, chacun de nous a connu à son échelle des moments de gloire et d'exaltation. Fidèle à notre habitude, je vous propose donc, d'entrée de jeu, de faire un exercice pour explorer en vous le thème de la gloire et de la non-gloire.

Je vous invite à nouveau à prendre contact avec votre propre présence. Observez vos pensées, vos sentiments, vos sensations, en acceptant sans jugement tout ce qu'il y a en vous, que ce soit agréable ou désagréable. Observez simplement, sans vous accrocher. Peu à peu, entrez en contact avec votre souffle et laissez-vous bercer un moment par ce doux mouvement.

Lorsque vous êtes prêt, laissez monter en vous le souvenir d'un moment de bonheur. Acceptez ce que l'inconscient vous présente spontanément, sans tergiverser sur la nature ou la simplicité de ce qui vous vient. Revivez ce moment comme si vous y étiez à nouveau, autant que c'est possible. Rappelez-vous qu'il ne s'agit que d'un jeu. Si rien ne se présente, soyez patient, ou passez simplement à la seconde phase de l'exercice, sans vous juger et sans vous dénigrer intérieurement.

Dans un deuxième temps, laissez venir à vous le souvenir d'un moment peu glorieux, un moment où vous avez pu éprouver de la honte — honte de vos pensées ou de vos actions. Encore une fois, accueillez le tout sans jugement. Quand vous aurez terminé, faites une note mentale de ce que vous avez entrevu ou écrivez-le, si le cœur vous en dit.

Lorsque nous faisons de tels exercices, il est important de laisser les évocations se présenter spontanément de l'intérieur et d'en suivre le fil. Autrement dit, il est important de laisser jouer notre autonomie psychique car nous possédons des mécanismes autoguérisseurs qui nous présentent automatiquement ce que nous devons considérer en premier lieu, dès que notre espace mental est détendu. Cela nous permet également d'être surpris, de nous rendre compte que notre psyché se souvient d'absolument tout. C'est comme si nous lancions une ligne de pêche à l'eau et que le mot inducteur, le mot « bonheur » dans ce cas-ci, jouait le rôle d'hameçon.

Pour ma part, du côté des moments peu glorieux, une scène apparemment anodine me revient souvent. J'étais en quatrième année d'école élémentaire, complètement amoureux de mon institutrice, Madame Perron. Elle voulait nous parler du système solaire. Je proposai d'apporter le globe terrestre que nous avions à la maison. Vint l'heure tant attendue. Elle choisit des élèves pour figurer les différentes planètes. À mesure qu'elle avançait, je réalisais que je ne serais pas choisi. Je fis alors une crise de colère en pleine classe, exigeant de représenter le Soleil puisque c'était moi qui avais apporté le globe terrestre. J'ai toujours eu honte de cette manifestation d'orgueil spontané, et je me suis souvent demandé combien de fois j'avais agi ainsi dans ma vie : exiger une position centrale parce que j'avais largement contribué à un projet.

Ce que vous avez fait revivre en vous va vous guider dans ce chapitre au cours duquel nous allons explorer les aléas de l'orgueil, facteur principal de notre attachement à ce que nous vivons en positif comme en négatif. Pour ce faire, allons retrouver Osiris lui aussi aux prises avec ce sentiment.

Osiris glorieux

Avant de reprendre le récit, de façon plus détaillée cette fois, j'attire votre attention sur les précisions suivantes. Les Égyptiens ne nous ont pas laissé de récit construit de leur légende centrale. La première version complète que nous ayons eue date du Ier siècle environ après Jésus-Christ et elle nous vient de l'auteur grec Plutarque. Dans son *Traité d'Isis et Osiris*, celui-ci nous raconte les principales péripéties du mythe, confirmées depuis lors par le déchiffrement des hiéroglyphes.

Cependant, à travers le temps, nombre d'écrivains se sont plu à nuancer le propos de Plutarque, donnant de la chair à des personnages schématiques et imaginant les mobiles de leurs actions. L'auteur américain Norman Mailer est un de ceux-là. Dans un livre intitulé *Nuit des temps*, il raconte à sa façon les événements. Il imagine, par exemple, que la jalousie de Seth n'a pas pour unique origine son avidité — seul mobile invoqué par Plutarque — mais aussi l'orgueil aveugle d'Osiris.

Bien que, pour l'essentiel de mon interprétation, je m'en tienne aux événements rapportés par Plutarque, il me semble intéressant de suivre à l'occasion les suggestions d'autres auteurs, notamment celle de Mailer. En effet, d'un point de vue psychologique, son interprétation éclaire de façon convaincante la transformation qu'Osiris doit subir une fois qu'il se trouve entre les mains de son cadet. Il ne faut pas oublier que Seth est un dieu lui aussi — son action est donc censée être parfaite en elle-même.

Par ailleurs, comme je l'ai dit précédemment, chacun des personnages porte tous les autres en lui. Dans cette perspective, Seth représente la partie autodestructrice d'Osiris, mais une partie qui sert le mouvement créateur. Si ce dernier devient la proie du mouvement autodestructeur qu'il porte en lui, c'est parce qu'il s'est refermé sur lui-même, parce qu'il est devenu orgueilleux. Autrement, Seth n'aurait pu entrer en action puisqu'il n'y aurait pas eu d'illusion à détruire, rien à transformer.

La naissance des dieux

Osiris naquit le premier jour et, au moment de sa naissance, on entendit une voix annoncer que le maître de toutes choses arrivait à la lumière. On l'associa aux crues annuelles du Nil et à la renaissance de la végétation. Le deuxième jour naquit Horus le frère. Le troisième jour, Seth vint au monde, non pas à terme et par la voie ordinaire, mais en s'élançant du flanc de sa mère, qu'il déchira. Il est à l'image du désert sec, brûlant, et aride. Isis, couverte de rosée, naquit le quatrième jour dans des marais. Elle représente la terre fertile et luxuriante de l'Égypte. Enfin, le cinquième jour, Nephtys vint au monde et reçut aussitôt le nom de Victoire ou de Vénus, tant elle était belle. Ils étaient tous et toutes les enfants de Nout, la déesse du Ciel.

On ajoute qu'Osiris et Horus-le-frère eurent pour père le Soleil (Râ), dieu de la Connaissance, qu'Isis était la fille de la Lune (Thot), dieu de la Médecine, et que Seth et Nephtys étaient les enfants de la Terre (Geb).

On apprend aussi qu'Osiris ne fut pas seulement le premier roi d'Égypte, il en fut aussi le plus grand. Dès qu'il fut monté sur le trône, il sortit les Égyptiens de la vie sauvage et misérable qu'ils avaient menée jusqu'alors. Il leur enseigna l'agriculture, leur donna des lois et leur apprit à honorer les dieux. Ensuite, parcourant la terre, il adoucit les mœurs des hommes. Il eut rarement besoin de la force des armes ; il attirait les peuples par la persuasion, par les charmes de la parole et de la musique.

Il fut, dans chaque cour royale, l'objet d'une telle adoration qu'à l'heure de son retour en Égypte il était devenu excessivement conscient de sa beauté et de son charme. Or la belle Nephtys, épouse de Seth, était malheureuse. Elle souffrait du tempérament de feu de son mari, qui lui incendiait le ventre. Isis, sa sœur, jouissait, elle, des faveurs d'Osiris, dont le corps était frais comme l'ombrage d'une oasis. Il arriva donc que Nephtys trompa Seth avec Osiris. Ce qui eut pour effet d'enclencher la rage meurtrière de son époux[9].

---

9. Les deux premiers paragraphes sont adaptés du livre de Plutarque, *Traité d'Isis et Osiris*, traduction de Ricard, Paris, Sand, coll. « Sagesse et spiritualité », 1995, p. 21 ; le dernier, du livre de Norman Mailer, *Nuit des temps*, traduction de Jean-Pierre Carasso, Paris, Robert Laffont, 1983, p. 56-57.

On dit donc du grand souverain Osiris, époux d'Isis, qu'il conquiert le monde connu par la force de la douceur. Cela lui attire des éloges nombreux, et, flatté, Osiris finit par croire à la rumeur populaire. N'est-il pas vrai que l'orgueil, ou la honte, sa contrepartie négative, sont généralement suscités par le regard des autres, et que le jugement d'autrui influence l'image que nous avons de nous-même ainsi que nombre de nos actions ? La plupart du temps, d'ailleurs, nous avons complètement intériorisé ce regard extérieur qui nous valorise ou nous dévalorise, au point que nous ne nous rendons plus compte que celui-ci trouve sa source chez nos parents, nos patrons ou nos amis. Il agit alors d'autant plus efficacement dans notre inconscient.

Osiris est devenu à ce point orgueilleux qu'il va jusqu'à coucher avec la sœur de sa femme, la belle Nephtys, elle-même épouse de son frère Seth. Nous pourrions dire qu'Osiris, se croyant invincible, abuse ainsi de son pouvoir. On le reconnaît comme si bon et si généreux qu'il finit par croire en sa propre bonté et en sa propre générosité. Dès lors, au lieu de servir la force civilisatrice en la représentant, il croit ce que l'on dit de lui, à savoir qu'il est cette force même : il ne sert plus *la* gloire, il sert *sa* gloire. Il ne conçoit plus la bonté et la beauté comme sources de son action. Il se croit la source même de la beauté, du charme et de la générosité. En psychologie, lorsque la grenouille veut se faire plus grosse que le bœuf, nous parlons d'un phénomène d'inflation psychique. C'est ce dont il s'agit ici, et cette inflation va sceller le destin d'Osiris.

En effet, lui, le principal protagoniste de la lumière, le représentant même du dieu-soleil Râ auprès des humains, croit tout à coup que, sans ses crues, il n'y aurait pas de lumière et pas de blé. Il se croit soudain indispensable, irremplaçable, différent et meilleur que les autres. Nous retrouvons le même thème dans la Bible : Lucifer, le porteur de la lumière, se veut lumière. Cela lui vaudra d'être exclu du rang des anges et des archanges et d'être précipité en enfer où il sera privé de la vue de Dieu.

Tout comme Lucifer, Osiris devient prisonnier du rôle qu'on lui a assigné, il s'enferme dans sa fonction. Il devient comme un acteur qui ne saurait plus enlever son costume. Il se séquestre dans son personnage, celui qui est conditionné par le regard des autres. Lui dont l'individualité servait le mouvement universel, lui qui répondait parfaitement et harmonieusement à l'élan vital, se met à croire qu'il en est la source même. Il ne se sent plus appartenir à l'univers, non, tout à coup, l'univers lui appartient.

Je vous parle de cela parce que bien que ce passage de l'état de gloire à l'enfermement sur soi ne soit généralement pas conscient, là se situe la genèse véritable de l'état de victime qui nous concerne tous. Nous n'avons point souvenir de nos premiers états de gloire. Ils appartiennent à la période pré-verbale, alors que, fœtus en gestation dans le ventre de notre maman, nous vivions dans une symbiose paradisiaque. À noter cependant qu'il n'en fut pas ainsi pour tous et toutes. Les recherches actuelles en neuropsychiatrie estiment qu'un enfant sur trois n'a pas connu un tel état paradisiaque parce qu'il a été porté par une mère stressée par toutes sortes de choses ou accueilli dans une famille où l'on ne savait pas aimer[10].

Par la suite, la plupart d'entre nous avons connu des enfances plus ou moins normales, avec des hauts et des bas. Malheureusement, fort malheureusement, devrions-nous dire, le résultat est que, la plupart du temps, nous nous identifions avec la même intensité aux expériences dévalorisantes qu'aux expériences positives. En effet, la plupart d'entre nous commençons à prendre conscience de nous-même sous l'impulsion de la souffrance, alors que nous sommes déjà contracté, refermé, défensif, et à mille lieues de la gloire. À moins que nous ne soyons en train d'expérimenter une gloire toute extérieure, qui ne nous nourrit pas suffisamment !

Force est de constater que nous nous identifions fortement à nos enfances, heureuses ou malheureuses, tout simplement parce que

---

10. Cyrulnik, Boris, *Le Point, Entrevue avec Stephan Bureau*, Montréal, Société Radio-Canada, 2002.

cette identification nous donne le sentiment d'exister, nous donne le sentiment d'avoir une identité, nous offre, en quelque sorte, une fondation. Et puis, parce que nous ne pouvons tout simplement pas faire autrement. Quelque chose en nous a besoin de devenir une personne en se constituant une identité et en élaborant une personnalité.

Prenons l'exemple d'un fruit. Sa peau est sa personnalité. À la fois, elle exprime l'état intérieur du fruit et protège cet intérieur des coups de l'extérieur. Pourtant, qui aurait la folie de penser que la pelure représente la totalité du fruit ? Même lorsque l'écorce est très élaborée, nous pouvons ouvrir le fruit et en trouver la chair et le cœur.

L'extérieur n'est que l'expression de surface de ce qui se passe en profondeur. La peau du fruit témoigne de sa santé interne. Elle n'est pas l'essentiel du fruit. À l'évidence, le fruit subit des attaques extérieures qui le marquent, mais il suffit souvent d'enlever la pelure ou une petite partie de la chair et le reste du fruit est bon. Alors que si le fruit est pourri de l'intérieur, nous ne pouvons pas en bénéficier.

La personnalité résulte d'un compromis entre le monde intérieur et le monde extérieur. Elle nous donne une apparence à laquelle nous nous identifions mais force est d'admettre qu'il n'y a rien de très personnel dans ce que nous appelons l'identité ou la personnalité. Elle se constitue d'un ensemble de réactions conditionnées qui ne reflètent qu'une partie de ce que nous sommes. Ces réactions représentent la manière dont nous avons vécu et réagi à notre passé, et elles justifient bien souvent la manière dont nous continuons à réagir à notre vie présente.

Jung a proposé le terme de « Persona » pour parler du pont que nous établissons entre nous et le monde extérieur. Il avait emprunté ce mot au latin. Ce terme renvoie au masque que l'acteur portait dans la tragédie grecque pour faire « sonner sa voix » (du latin *per sonare* ou « pour sonner »). Jung explique ainsi que lorsque le professeur s'identifie à son savoir et qu'il endosse son personnage public sans plus jamais s'en départir, donnant des leçons du matin au soir, il devient prisonnier de sa Persona, de son masque. Un masque qui à la fois le fait valoir mais qui peut devenir une prison. J'utilise le terme de «personnalité» de la même façon, mais en étirant le concept jusqu'à y inclure tout ce que nous croyons être.

Je vous donne quelques exemples dans lesquels je souligne la mécanique psychologique responsable de la formation de la personnalité, de la peau du fruit, de l'épiderme de l'individu entier.

Henri, le fils à maman

Fils unique, Henri est un fils à maman. Il vit sous le regard admiratif de sa mère, pour laquelle il est ni plus ni moins un enfant divin. Il vit avec elle une sorte de mariage symbolique, d'autant plus qu'elle a fort à se plaindre d'un mari absent qui entretient une maîtresse. Henri devient peu à peu le «petit homme» de sa mère, son époux de remplacement. Même que celle-ci l'installe au bout de la table, à la place du père, quand ce dernier n'est pas là. L'enfant vit dans la gloire fabriquée par cet état de fait, et il ne demande pas mieux. Dans sa petite tête, il cherche à deviner ce qui ferait plaisir à sa mère. Il s'applique aux tâches qui la font sourire et il lui rend tous les services qu'il peut lui rendre.

Peu à peu, il se prend au jeu. Il finit par mépriser ce père qui rend sa mère malheureuse, surtout depuis que celle-ci a fait de son jeune fils le confident de ses déboires conjugaux. Henri s'imagine que c'est de cette façon que l'on gagne la faveur des femmes : il suffit de les écouter et de leur rendre service. En étant bon et doux, on s'attire toute leur mansuétude. Mais il y a un prix à payer : pour conserver le bénéfice de cette mansuétude, il faut refouler toute velléité de colère ou de rébellion et, parfois même, nier sa propre individualité au profit de l'autre qui prend toute la place. Dans son enfance, Henri n'a pas appris à aimer, il a appris à être aimé et à se laisser de côté.

Plus tard, il trouve à se marier et le scénario se répète. Jusqu'à ce qu'un enfant se présente. À la joie de devenir père se mêle bientôt un autre sentiment beaucoup plus amer : celui de ne plus être l'unique centre d'attention de sa femme. Il doit maintenant parta-

ger sa disponibilité et cela devient vite intolérable. L'ex-petit roi se trouve soudain aux prises avec une jalousie insurmontable. Il vient de perdre son royaume : le regard exclusif d'une femme sur lui. Il n'a plus de béquille et son équilibre s'écroule. Il tente de dominer la situation, proteste avec de plus en plus de véhémence, accumulant les éclats de voix et se confondant en excuses le lendemain. Pour retrouver sa position centrale et le regard admiratif d'une mère de remplacement, il prend une maîtresse. Il reproduit ainsi la stratégie de son père. La situation évolue rapidement vers une séparation amère des conjoints, à peine conscients du drame qui vient de se dérouler.

Henri tombe alors dans une dépression sévère dont rien ne peut le tirer. Il s'accroche du mieux qu'il le peut à la garde de son enfant, mais sa femme conteste durement son droit, jusqu'en cour, suggérant qu'il est un père négligent. La descente aux enfers d'Henri va continuer jusqu'à ce qu'il trouve la force de réagir. Il engage un avocat pour faire valoir ses droits. Peu à peu, il pose un regard différent sur lui-même. Avec le temps, il finit par bâtir une estime de lui-même qui ne repose pas sur le regard de l'autre mais sur l'exercice de ses véritables talents.

Qu'est-il arrivé au juste ? Henri était devenu prisonnier de son personnage de bon garçon. Il croyait fermement qu'il s'agissait là du passeport qui lui permettrait de conquérir le cœur de toutes les femmes. L'absence de son père ne lui avait pas permis de se structurer. Il n'avait pas appris à négocier avec la réalité de la frustration. Aucune limite n'avait été posée à l'inceste platonique qu'il vivait avec sa mère. Ce faisant, il ne s'était pas construit intérieurement. Jeune, il n'avait pas appris à négocier avec les sentiments de dépression qui assaillent l'enfant auquel on refuse quelque chose ou que l'on écarte un moment pour se retrouver entre conjoints. Plus tard, il n'a donc pas su comment négocier avec l'absence d'attention féminine. Son équilibre narcissique, à savoir l'estime qu'un être s'accorde, prenait source dans ce regard posé sur lui. Lorsque ce regard ne le soutenait plus, Henri s'écroulait, révélant ainsi la fragilité que masquait sa belle assurance.

D'une certaine façon, nous pourrions dire qu'Henri avait besoin que la vie remette brutalement en question l'image complaisante qu'il avait de lui-même. En effet quoi de pire pour un tel être que de se retrouver traîné en justice sous le coup d'une accusation de négligence ? Dur destin. Pourtant, de cette façon, il a pu découvrir qu'il était bien plus qu'un bon garçon souriant. Des talents insoupçonnés existaient en lui qui ne demandaient qu'à s'affirmer.

Nombreux sont les hommes qui, comme Henri, apprennent dans l'humiliation d'un divorce qu'ils ne sont pas seuls au monde, que les autres existent aussi. Ainsi Seth accomplit-il son œuvre en ouvrant une brèche dans un monde clos sur lui-même. Mais je devance notre propos. Restons encore un moment du côté de la construction de l'identité pour constater, cette fois à travers le cas d'Hélène, que notre personnalité procède en général d'un attachement à des réactions limitatives.

Hélène, la négligée

Hélène grandit dans une famille de cinq enfants dont elle est le dernier. De taille plus petite que ses frères et sœurs, elle souffre d'un léger complexe d'infériorité. Littéralement et psychologiquement parlant, elle ne se juge pas « à la hauteur », et il se trouve toujours un membre de la famille pour lui renvoyer cette image d'incompétence. Réprimant toute une gamme d'affects qui vont de la frustration à la rage, elle devient vite rondelette pour camoufler ses sentiments et se protéger du monde. Elle se « coussine ».

Cela n'arrange guère la situation. Elle devient la cible des moqueries et des humiliations de ses frères. Pour survivre dans ce milieu qu'elle trouve hostile, elle cache sa peine au fond d'elle-même. Elle continue toutefois à sourire et à servir afin d'arracher ce qu'elle peut d'affection à une mère qu'elle trouve dominatrice et distante.

Hélène sort de son enfance avec une estime d'elle-même vacillante : elle ne s'aime pas, ne se fait pas confiance et n'ose pas montrer ses talents de peur qu'on ne voie que ses défauts. Bref, elle est convaincue qu'elle est un vilain petit canard.

Tout à fait inconsciente de la dynamique qui se joue en elle, elle espère trouver réparation du côté de l'amour. Elle pense rencontrer dans les yeux d'un amoureux l'attention et l'estime nécessaires pour renverser ce destin adverse. Pas de chance, elle devient victime d'hommes qui profitent de sa gentillesse pour la dominer ou exercer sur elle un abus d'ordre affectif. À chaque rupture importante, elle éprouve des sentiments terribles de dévalorisation et d'injustice. Elle se révolte, mais, en secret, une partie d'elle, une partie inavouable, chuchote qu'elle mérite ce qui lui arrive et qu'elle n'aura jamais rien d'autre.

Jusqu'au jour où elle entrevoit sa dynamique inconsciente : les blessures de son enfance font en sorte qu'elle a ardemment besoin d'un partenaire qui saurait la découvrir et la mettre en valeur. Si bien qu'elle s'amourache du premier homme qui lui porte la moindre attention. Ses amoureux, ne pouvant pas répondre à cette attente excessive (et inconsciente), finissent invariablement par la décevoir. Pourtant, elle s'accroche à des situations dans lesquelles elle ne se sent pas respectée jusqu'à ce qu'elle se voie devenue une « moins que rien » aux yeux de l'autre.

Finalement, après quelques échecs, elle fait cette constatation : tout en cherchant un partenaire valorisant pour réparer une enfance humiliante, elle est tellement convaincue qu'elle n'en vaut pas la peine que, de relation en relation, de rupture en rupture, elle ne fait que renforcer l'opinion négative qu'elle a d'elle-même. Le peu d'amour qu'elle se porte à elle-même la fait se jeter dans les bras du premier venu et devenir profondément dépendante au niveau affectif : elle finit ainsi par tolérer des situations accablantes par peur de perdre le peu d'amour qu'elle parvient à récolter.

En somme, elle répète son enfance, une enfance pendant laquelle elle avait réprimé sa rage pour ne pas perdre le peu d'estime qu'elle pouvait encore trouver chez les siens. Autrement dit, elle porte en elle une profonde contradiction : d'un côté, elle cherche désespérément l'amour, de l'autre, elle est certaine de ne pas en mériter.

Hélène se trahit en entretenant cette image négative qu'elle a forgée d'elle-même. En agissant de la sorte, sans le savoir, elle se fait ce qu'elle reprochait à sa mère et à ses frères de lui avoir fait : la diminuer, la dévaloriser. Elle joue « petit » dans l'espoir qu'on l'aimera d'autant plus. Elle s'efface et néglige ses besoins pour plaire à ses partenaires, mais ils finissent par la rejeter parce qu'elle ne se respecte pas. Au fond, ils ne l'estiment pas plus qu'elle ne s'estime elle-même.

Les prétentions de notre propre personnage

Nous venons de dessiner — à traits grossiers il va sans dire — deux profils psychologiques qui correspondent à la façon d'être d'Hélène et d'Henri sur la scène du monde. Je souhaitais illustrer de la sorte ce que nous pouvons entendre par le terme « personnalité ». Elle se constitue d'un ensemble de réactions conditionnées par les peines et les joies du passé ainsi que par l'interprétation qu'en a faite l'enfant dans son monde limité.

Cette façon de concevoir la personnalité ne vous est peut-être pas familière, mais vous pourrez constater à l'usage qu'elle est très pratique. Elle n'est pas facile à saisir parce que nous nous identifions complètement à nos blessures passées et aux besoins qu'elles engendrent. Pour le moment, car nous reviendrons en détail sur tout cela, il s'agit de comprendre que la personnalité est une sorte de mécanisme qui amène une personne à répéter sans cesse les mêmes comportements au sein de situations récurrentes — la personne est pour ainsi dire prisonnière de ses façons de faire et de penser à elle-même et aux autres.

Des interprétations contraignantes, des interprétations que nous pouvons appeler « croyances », sont à la source de ces comportements inconsciemment programmés. Si, comme Hélène, nous parvenons à mettre en lumière ces croyances, nous avons une chance de sortir du mécanisme ou de nous en dégager suffisamment pour en être moins victime.

Comme je l'ai suggéré précédemment, ces interprétations limitées sont en somme les conclusions erronées auxquelles est arrivé l'enfant à l'issue de certaines expériences. Ainsi, à son insu, d'elle-même ou parce qu'elle l'a entendu, Hélène, enfant, a conclu de ses misères qu'elle était laide, qu'elle n'était pas à la hauteur, et qu'elle ne méritait pas qu'on l'aime. Elle aurait donc toute sa vie à jouer « profil bas » si elle voulait avoir sa part du gâteau. Henri, de son côté, a conclu qu'il était beau, gentil, agréable et tout à fait digne d'amour. Il croit que, en se mettant en valeur de façon chevaleresque, il obtiendra toujours les faveurs de sa bien-aimée. Dans son esprit, il possède déjà sa part du gâteau, et la désillusion est grande lorsque sa bien-aimée le quitte.

C'est la croyance en une image diminuée d'elle-même qui apparente Hélène à Osiris. Tout comme c'est la croyance en une image gonflée de lui-même qui rapproche Henri de notre souverain. Henri croit en sa gloire, Hélène croit en sa non-gloire. Henri croit en sa dignité absolue de bon garçon. Hélène croit en son indignité de fille négligée. Voyez le parallèle : son peuple adule Osiris, cela devient son piège ; sa famille rejette Hélène, cela devient son épreuve ; Henri se croit digne d'un amour inconditionnel, cela le perd. Dans les trois cas, le même enfermement dans une interprétation limitée de soi, la même croyance en cet ensemble de conditionnements qu'est la personnalité. Et, dans les trois cas, la même destinée : être démembré pour que la croyance se défasse.

D'un certain point de vue, la croyance en notre propre personnage est une prétention, et cette prétention qui relève de l'orgueil bloque notre ouverture. Malgré ses limitations, ce personnage nous rassure parce qu'il nous donne une histoire. Il nous offre une sécurité identitaire : « J'ai été battu ! » clame l'un. « Ta souffrance n'est rien. Moi, j'ai été abusé sexuellement ! » clame l'autre. Un troisième se targue de n'avoir rien connu de tout cela et affirme qu'il a eu des parents aimants et une enfance de roi dont il ne peut qu'être fier !

Il peut sembler ridicule, de prime abord, de penser qu'un passé d'enfant battu, par exemple, puisse offrir une quelconque sécurité et même devenir un point d'ancrage pour l'orgueil. C'est pourtant le cas. Ce passé offre la sécurité d'une identité psychologique : « Je sais ce que je suis. Je suis un enfant battu ! Je possède quelque chose de spécial qui me démarque et que les autres n'ont pas vécu. » Il va sans dire que vous n'êtes pas obligé d'accepter d'emblée cette vision des choses. Il faut prendre le temps de se familiariser avec elle. Je la présente cependant car je suis convaincu qu'elle projette un éclairage sensé sur les écueils de nos vies. Ainsi, nous devenons tous et toutes des acteurs et des actrices sur la scène de la vie, jouant notre rôle du mieux possible. Paranoïaques, obsessionnels, anxieux, narcissiques, dépendants, phobiques, tous et toutes nous rencontrerons les événements heureux ou malheureux qui sauront nous bouleverser de manière telle que nous aurons à remettre en question notre identité, c'est-à-dire ce que nous pensons et connaissons de nous-même.

Se prendre au sérieux

Si nous devions traduire en des termes plus habituels la sorte de prétention dont nous sommes en train de discuter, nous pourrions dire tout simplement que nous nous prenons trop au sérieux. Ce faisant, nous traitons très superficiellement la force de vie qui nous anime. Nous nous prenons trop au sérieux au sens où nous croyons de façon inébranlable à l'histoire qui est la nôtre, du moins à ce que nous en savons car, la plupart du temps, elle est ignorée même de nous. Nous ne la remettons pas en cause parce que nous sommes collé à elle. Notre croyance scelle la prison de la personnalité et nous ne savons plus l'ouvrir. Pourtant, pour que la personnalité puisse être comprise, relativisée et éventuellement dépassée, la prison doit être ouverte.

Ce qui doit être dépassé ici n'est pas l'histoire en tant que telle puisque le passé ne peut pas être refait. Ce qui est arrivé est arrivé. Ce qui doit être remis en question, c'est notre façon de nous situer par rapport au passé. Nous devons nous interroger sur notre interprétation du passé, sur notre fabrication d'une identité à partir de lui, et sur notre compréhension du phénomène. Tant que nous mettons de l'avant le sentiment que nous avons de notre propre importance, réaffirmant sans cesse que nous sommes victime de notre histoire personnelle, nous nous prenons trop au sérieux. Nous espérons des sauveurs qui viendront tout changer par magie. Nous souhaitons des amours qui nous délivreront de nous-même. En vain, car personne n'a vraiment le temps de s'occuper de nos problèmes.

Paradoxalement, nous affirmons que nous ne nous accordons pas d'importance, alors que nous ne cessons de désirer que les autres nous reconnaissent. En fait, nous nous accordons beaucoup d'importance. Nous sommes même fasciné par nous-même et éprouvons de la difficulté à renoncer à cette fascination. Pour sortir de cet état, il faudrait que nous nous prenions réellement au sérieux, pas comme nous le faisons habituellement, en tirant presque une gloire de notre mal, mais en nous penchant vraiment sur notre propre cas pour constater que nous sommes bel et bien emprisonné, que nous sommes en partie responsable de la situation, et que nous ne pourrons pas en sortir si nous ne nous efforçons pas de comprendre la nature des éléments qui nous emprisonnent.

Une telle démarche se fait généralement en thérapie. Or ce sont précisément les gens qui vont en thérapie que nous accusons d'être nombrilistes, de se prendre trop au sérieux. Il est vrai que la psychothérapie représente un moment de transition pendant lequel nous nous accordons beaucoup d'importance, mais l'entreprise vise à nous délivrer des attentes naïves, et à nous faire prendre en main notre propre destin. Un de ses effets est d'aider la personne à sortir du piège inconscient de l'orgueil et de l'amener à s'accorder une importance plus modérée de façon à ce qu'elle entende davantage les autres voix qui veulent se faire entendre en elle et autour d'elle.

La force des répétitions

Nous nous drapons dans notre propre importance ! Ainsi le drame est scellé. Ainsi, le drame se met en place. Ainsi les rôles sont joués. Nous pourrions dire avec Freud que, malgré nos prises de conscience, changer véritablement sa personnalité demeure difficile puisque nous sommes entraîné à répéter systématiquement les mêmes erreurs et les mêmes comportements, conformément à ce qu'il a appelé la *compulsion de répétition*. Une force de répétition qu'il a mise en lumière dans ses études sur le transfert en psychanalyse.

Dans la suite de la pensée freudienne, nous pouvons concevoir les répétitions comme autant d'occasions de nous rendre compte de ce qui ne va pas afin que, fort de cette prise de conscience, nous puissions modifier notre scénario intérieur et nous mettre en accord avec notre mouvement fondamental. Je me permets d'insister sur cette hypothèse car elle ouvre une voie possible de guérison.

Cela ne signifie pas que, dans nos vies, la tendance à la répétition mise de l'avant par Freud ne se vérifie pas abondamment. Hélas ! pourrions-nous dire. Pourtant, si nous voulons que nos comportements répétitifs servent à quelque chose, il faut rafraîchir notre vision et en tirer un enseignement. La possibilité qu'ouvre l'hypothèse évoquée s'apparente aux crues du Nil représentées par Osiris : elle permet d'entrevoir une moisson. Attention, cependant, à ne pas afficher un optimisme à tout crin qui viendrait nier la sombre réalité des répétitions ; bien au contraire, il s'agit de reconnaître l'action des parties destructrices en soi pour être en mesure de changer d'attitude.

Qu'est-ce qui engendre ces répétitions ? Ce sont les agglomérations de sentiments, de comportements, de besoins, de croyances et d'attitudes dont nous avons parlé et qui se nomment en psychologie des complexes. Or les complexes ne sont pas des choses mortes, loin s'en faut. Ce sont des forces, des valeurs, des émotions, des facteurs. Ils conditionnent notre destin à notre insu et nous en rendent victime. Pour employer une métaphore, disons qu'ils attirent comme des aimants des situations qui ressemblent à celles de notre enfance, des situations venues du même genre d'expériences que celles que nous avons déjà vécues. En somme, les complexes inconscients sont les principaux responsables des drames répétitifs et des situations récurrentes de nos vies.

Si vous n'aimez pas l'idée d'une force attirant à elle, du fond de votre inconscient, les conditions qui vous révéleront dans quelle prison psychologique vous vous démenez, pensez plutôt que les complexes vibrent en vous et vous mettent en accord avec un certain ordre de réalité. Comme si vous voyagiez sur une certaine longueur d'ondes et ne rencontriez que des gens que vous croyez connaître. Les complexes vous font voir et interpréter le monde d'une certaine façon. Ils sont comme des lunettes qui teintent la réalité ainsi que le ferait un verre fumé. Les conditionnements de l'enfance colorent le verre, pour ainsi dire, et cette couleur, c'est votre personnalité.

Hélène ne sait pas que son désir ardent d'affection, fondé sur le manque d'amour qu'elle a connu durant son enfance et sur la conviction de ne rien valoir qu'elle en a retirée, colore de noir la réalité et attire à elle des hommes incapables de la soutenir. Ces hommes n'ont rien d'abject. Conditionnés eux-mêmes par leur propre passé, ils réagissent par des réflexes de domination dans le but de ne plus avoir mal. Ces mécanismes sont inverses des mécanismes de soumission qu'emploie Hélène. Étant complémentaires, ces gens s'attirent parce qu'ils ont quelque chose de commun à se révéler les uns aux autres.

Henri, pour sa part, porte des lunettes roses. Il ne sait pas que sa belle confiance édifiée sur l'expérience d'un amour fusionnel le jette à la merci de la première frustration venue. Il se trouve donc dans des situations qui le conduisent à éprouver impuissance, méfiance et rejet, tout simplement parce que sa façon d'être spontanée consiste en une fausse confiance. Son apparente indépendance n'est qu'un bluff qui cache sa dépendance au regard d'autrui.

En somme, il n'y a pas de méchants dans l'histoire. Il n'y a que des êtres blessés et ignorants de leurs blessures. À travers les frictions et les fictions qui vont naître entre eux, ils seront amenés à répéter quelque chose qui ressemble à l'enfance. Je sais que tout cela peut sembler affreusement complexe ou affreusement simpliste selon le point de vue où l'on se place. Pourtant, véritablement, vues par le thérapeute, nos vies suivent souvent ce schéma.

Freud le premier, dans son interprétation de la légende grecque d'Œdipe, a mis en lumière la force des répétitions et des attractions inconscientes. En résumé, voici ce que cette légende raconte :

> *Pour échapper à une prophétie selon laquelle il deviendrait l'amant de sa propre mère et le meurtrier de son père, on exile Œdipe alors qu'il est encore tout jeune. Plus tard, il quitte sa contrée d'adoption pour partir à la recherche de ses origines. Il rencontre un homme en chemin. Une rixe éclate. Œdipe tue le vieillard sans savoir qu'il était son père, le roi de Thèbes. Arrivé dans cette ville, il résout l'énigme du sphinx et reçoit pour épouse la reine Jocaste, ignorant qu'elle est sa mère. Sans le savoir, il a ainsi réalisé la prophétie.*

Cette tragédie a fait dire aux historiens Jean-Pierre Vernant et Pierre Vidal-Naquet : « Œdipe est double. Il constitue par lui-même une énigme dont il ne découvrira le sens qu'en se découvrant en tout point le contraire de ce qu'il croyait être[11]. » Ainsi, chaque vie, comme celle d'Œdipe, se découvre bien différente de ce qu'elle croyait être, parfois radicalement différente. Chaque être constitue une énigme pour lui-même, une énigme qu'il va découvrir en chemin selon sa capacité de soutenir la force de ses découvertes, notamment celles qui concernent sa part d'ombre. Car cette dernière l'obligera à réévaluer tous les jugements qu'il portait sur lui-même et sur le monde, allant jusqu'à le jeter dans une incertitude confondante à propos de ce qui est bien et de ce qui est mal.

---

11. Vernant, Jean-Pierre, Vidal-Naquet, Pierre, *Mythe et tragédie en Grèce ancienne*, Paris, La Découverte, 1986, p. 105, cité par Aimé Agnel dans *L'Homme au tablier, Le jeu des contraires dans les films de Ford*, Rennes, La Part commune, 2002, p. 10.

Pourtant, au cœur de cette ombre, l'individu peut découvrir la véritable lumière qui se trouve cachée en lui. Ainsi, dans les temples égyptiens, le saint des saints se trouve toujours dans l'obscurité totale. Comme si la lumière ne pouvait être découverte qu'au cœur de la noirceur, une noirceur qui est toujours une épreuve pour l'être. Chaque vie apparaît liée à l'incertitude et au chaos alors qu'on la croyait claire et unifiée. Chaque vie se révèle écheveau complexe à démêler, nœud à défaire, avant de retrouver la simplicité et la splendeur de son élan.

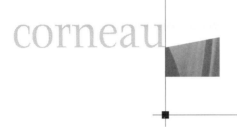

corneau

Chapitre quatre

Qu'est-ce qu'on attend pour être heureux ?

Il n'existe pas de rivière qui se laisse dissimuler,
car elle rompt la digue qui la cachait.
MÉRIKARÊ

Il est bon que les hommes connaissent la gloire

Si vous êtes francophone, vous connaissez sûrement la chanson *Qu'est-ce qu'on attend pour être heureux ?* Elle commence par ces mots et se poursuit ainsi : « Qu'est-ce qu'on attend pour faire la fête ? Les oiseaux chantent, le ciel est bleu, qu'est-ce qu'on attend pour être heureux ? » Il s'agit d'une très jolie chanson, qui, de par sa naïveté même, pose une question fantastique à laquelle je tenterai de répondre dans ce chapitre. Pour cela, je distinguerai le bonheur du bien-être, les élans des besoins, la fête qui dure de celle qui ne fait que passer.

La réponse à cette question apparemment naïve est en lien direct avec le chapitre précédent : nous ne pouvons pas être heureux parce que nous sommes trop occupé à faire valoir notre personnalité. Nous sommes voué à devenir quelqu'un! Nous n'entendons pas les oiseaux chanter. Le ciel bleu ne touche pas notre regard. Nous avons des choses plus importantes à faire. Nous nous prenons tellement au sérieux que nos fêtes finissent par appartenir, elles aussi, au domaine des obligations quand ce n'est pas à celui des relations publiques! Mon affirmation vous surprend peut-être. Après tout, la famille, l'école, voire la publicité nous poussent à «devenir quelqu'un», pourquoi donc remettre en question cette réalisation de soi et la qualifier de prétention?

Eh bien! pour nous en faire une idée, faisons un pas en arrière dans notre chorégraphie et retournons à l'état d'«avant la chute», pour ainsi dire, alors qu'Osiris vit dans la gloire. Ce mouvement éclairera notre propos, car il nous révélera à la fois notre point de départ et notre point d'arrivée.

Ce dont nous allons parler maintenant pourrait en effet tout aussi bien venir à la fin du volume. Cependant, comme nous utiliserons souvent des termes tels que «élan vital», «élans universels», ou «élans créateurs», j'ai pensé qu'il valait mieux d'emblée en éclaircir le sens et les distinguer de la notion de «besoin». Nous aurons donc l'air de nous éloigner de notre sujet mais c'est afin d'y revenir avec plus de force.

Le thème de la gloire dans la vie a attiré mon attention car on le retrouve dans plusieurs mythes qui sont à la base de grandes religions. Ainsi, la religion hindoue, une des plus vieilles du monde, nous présente des situations fort similaires à celles de la légende osirienne. Le trône d'Arjuna, l'héritier royal, a été usurpé par son oncle, exactement comme le royaume d'Horus a été usurpé par son oncle Seth. Arjuna réunit donc une armée de fidèles pour venger l'injustice qui lui a été faite. Cependant, alors qu'il se trouve au milieu du champ de bataille, il connaît un moment de désespoir intense qui l'empêche de donner le signal du combat.

«À quoi bon se battre, dit-il au conducteur de son char, si je dois tuer mes oncles, mes tantes et mes maîtres spirituels pour reconquérir mon siège royal?» Le dieu Krishna, qui se cache sous la peau du conducteur en question, se révèle alors à lui et dit: «Il est bon que les hommes connaissent la gloire!» Même son de cloche du côté chrétien: chaque dimanche à la messe, on invite les fidèles à rejoindre Jésus dans la gloire.

De quelle gloire s'agit-il donc? Je poserai l'hypothèse suivante: la gloire dont il est question ici est celle que connaît l'être qui vit en harmonie avec l'élan vital et universel qu'il porte et qui le porte. Elle ne doit pas être confondue avec l'orgueil car elle en est l'opposé exact. Voilà pourquoi j'ai tenu dans le chapitre qui précède à distinguer les notions de gloire et d'orgueil. Si la gloire peut mener à l'inflation psychique et au sentiment exagéré de sa propre importance, elle peut aussi irradier une juste lumière.

Les façons programmées de se comporter, pour beaucoup, résultent de croyances qui se forgent en réaction aux manques et aux blessures du passé. Elles tissent la trame de notre personnalité, mais elles n'embrassent pas toute notre individualité. Cette individualité semble influencée par des élans d'ordre collectif, à savoir des pulsions communes à tous les êtres, et non par des réactions émotives personnelles aux situations passées.

Toutes les fois qu'un être partage ces élans universels et en devient un protagoniste conscient, il connaît le bonheur, il connaît la «gloire» dont nous parlent les mythes. Cet être connaît un état d'union et d'unité avec l'humanité et avec l'univers qui le libère et le rend disponible pour la véritable joie de vivre.

La recette du bonheur

La pulsion d'union

La distinction entre les élans et les besoins a mis quelques années à prendre place dans mon esprit. Elle s'est dessinée graduellement au cours de nombreuses discussions survenues au sein de l'équipe de Productions Cœur.com[12]. À mesure qu'elle se précisait, enrichie par les expériences et les réflexions faites par des participants, elle m'est apparue sous un nouvel éclairage, très bénéfique, et c'est lui que je voudrais partager avec vous dans les prochaines pages. Je commencerai par spécifier la notion d'élan.

Quelle est donc la nature de ces élans qui permettent d'atteindre le glorieux bonheur humain ? Le philosophe Bergson nommait élan vital le « mouvement vital, créateur, qui traverse la matière en se diversifiant[13]. » Il considérait que cet élan était « fini » au sens de donné une fois pour toutes, et qu'il était permanent. Cette notion se rapproche de la conception que je désire faire valoir dans ce livre, selon laquelle l'élan vital se diversifierait sans cesse en élans secondaires, éprouvés sous la forme de goûts profonds. Nous pourrions qualifier cet élan vital et créateur d'« élan d'union ».

La psychologie parlerait ici de pulsion. Elle dirait que la première des pulsions qui permette à l'être de s'élancer, celle qui habite chacun et chacune de nous, celle qui englobe toutes les autres, est la pulsion d'union, qui donne naissance au désir de s'unir. Freud lui a donné le nom de pulsion sexuelle. Il précisait que l'expression avait un sens plus large que le désir de s'unir sexuellement, et la définissait comme le mouvement qui nous entraîne à sortir de notre égocentrisme pour nous unir aux autres.

Cet élan d'union prend toutes sortes de figures et peut même être perverti. Dans sa forme pure, il est union amoureuse et intérieure avec l'humanité entière, et même avec tout l'univers. Il est communion avec le mouvement universel. Je parle d'union amoureuse, car

---

12. Ces échanges ont mené à la création d'un séminaire intitulé *Paix au-dedans, paix au-dehors. Un séminaire sur la nature de nos conflits avec les autres et avec nous-même*. Pour un complément d'informations, voir le site Internet des Productions Cœur. com : www.productionscœur.com.
13. Robert, Paul, *Le Petit Robert 1 - Dictionnaire alphabétique et analogique de la langue française*, Paris, Société du Nouveau Littré, 1982, p. 613, sous le terme Élan.

comment décrire le mouvement fondamental qui nous anime sinon en parlant d'amour?

Dans sa forme limitée, cette pulsion peut devenir perversion sexuelle, union amoureuse avec un être que l'on essaiera de posséder jalousement ou bien encore union avec les seuls membres de son clan, de sa nation, de sa religion ou de sa race, à l'exclusion de tous les autres. Le mouvement d'union connaît alors une limitation, et le bonheur recherché, illusoire, finira par se transformer en souffrance: ce qui apportait le bonheur hier sera insatisfaisant demain, et source d'affliction après-demain.

Ce mécanisme est clairement observable chez les drogués. Les chercheurs ont en effet remarqué que la stimulation répétée des mêmes centres de plaisir finit par provoquer de la douleur. Si bien que la drogue, qui menait aux portes de l'extase en faisant goûter le nectar de l'union intime avec l'univers, conduit finalement au cauchemar.

Plus communément, le terrain d'expression par excellence de la pulsion d'union est le couple, puis la famille. C'est elle qui nous pousse à unir notre destinée à quelqu'un. Pourtant, ici encore, que de désillusions avant qu'un être se rende compte que ce n'est pas en tentant de changer l'autre ni en changeant constamment de partenaire qu'il trouvera le bonheur! Par ailleurs, chaque heurt de la vie à deux indique que la pulsion d'union ne cesse de rencontrer des obstacles qui interrogent la personne en profondeur. Il nous renvoie à un travail de compréhension de nous-même. Et ce travail nous conduira à prendre conscience que le bonheur que l'autre devait nous apporter réside d'abord et avant tout en nous-même.

Le goût de s'exprimer

Demandons-nous maintenant ce qui est essentiel au bonheur humain et qui, par conséquent, sert le mieux la pulsion d'union. Au premier rang des nécessités de l'être, pourrait-on dire, vient assurément l'élan d'expression individuelle. Lorsqu'un être se trouve empêché d'expression, bâillonné en lui-même, dans sa nation ou dans son couple, il est malheureux. Que l'inhibition vienne de l'extérieur ou de l'intérieur, elle entrave le bonheur. Empêchez un enfant de s'exprimer de façon spontanée et il deviendra agressif ou soumis, psychologiquement ou physiquement malade. Il pourra même devenir incontrôlable. Par ses gestes, il tentera d'exprimer ce qu'on lui interdit de ressentir ou de mettre en mots. La même réaction vaut pour toutes les catégories de répression. Celles-ci finissent par donner naissance à un sentiment d'aliénation, c'est-à-dire une sensation ou un sentiment d'étrangeté à soi-même.

Cela est si vrai que si un enfant abusé sexuellement par un proche bénéficie d'une oreille attentive à qui confier sa détresse, il aura de meilleures chances que celui qui se trouve isolé de neutraliser les séquelles potentielles de l'agression. Il pourra partiellement intégrer ce qui lui arrive sans avoir à nier ce qu'il ressent comme une partie souillée de lui-même, ni à s'y identifier.

Vaste sujet que l'expression individuelle. Retenons pour le moment qu'un être qui ne s'exprime pas à travers son activité professionnelle, son couple, sa famille ou ses amitiés, a plus de chances que les autres de connaître le malheur et la souffrance. Formulation plus exacte : un être que son activité professionnelle, sa vie de couple ou de famille, ou ses amitiés ne reflètent pas, court plus de risque que les autres de perdre le goût de vivre.

Ainsi, un être qui réprime sans cesse ses réactions émotives tombe plus facilement malade. On peut même émettre l'hypothèse que, si les hommes vivent en moyenne sept ans de moins que les femmes, c'est parce qu'ils n'expriment pas par le langage les émotions qui les habitent. Ils le font d'autant moins que leur socialisation les entraîne à penser qu'« endurer son mal en silence » est une vertu masculine[14].

Voilà pourquoi l'expression créatrice devrait occuper une place de choix dans l'arsenal thérapeutique ; l'expression remet les pensées

---

14. Le sociologue Germain Dulac a écrit un excellent ouvrage à propos de la socialisation des hommes, *Aider les hommes… aussi*, Montréal, VLB éditeur, 2001.

et les affects en circulation, ce qui constitue déjà une partie de la guérison. Ainsi, demandez à un être qui souffre de dépression de peindre son état ou d'en faire un poème, il se sentira aussitôt moins dépressif. D'abord parce qu'au lieu d'être empêtré dans la dépression, il l'objective en la mettant à l'extérieur, en la *pressant hors de lui*, selon l'essence même du mot « ex-pression ». Deuxièmement, parce que cette objectivation lui donne un miroir de lui-même, miroir avec lequel il peut dialoguer intérieurement. Troisièmement, tout simplement parce que l'expression le remet dans le mouvement de la vie. Le mouvement expressif rapproche de la vie, même si la personne ne comprend pas exactement le sens de ce qu'elle fait, parce que notre univers est mouvement. Si bien que lorsque nous stagnons, nous sommes en porte-à-faux avec la réalité universelle.

Le mouvement d'expression, parce qu'il est d'abord et avant tout mouvement, facilite la reprise du flux vital. Voilà également pourquoi on a pu constater que, dans certains cas, un changement de milieu social ou d'environnement professionnel pouvait avoir des effets bénéfiques sur la dépression. Le mouvement, voire le changement, constitue la loi même de notre être.

Le goût de participer

L'élan d'expression se conjugue à un autre élan, celui de la participation. J'emploie le mot « participer » au sens de « se sentir partie d'un tout en apportant sa présence et sa contribution ». Nous aurons une meilleure idée de ce que cet élan peut représenter en nous remémorant notre adolescence. À cet âge de la vie, en effet, la plupart d'entre nous avons éprouvé le besoin tout naturel de nous retrouver en groupe, en dehors du milieu familial. Nous avons ainsi incarné l'élan de participation dans sa forme la plus pure. Le désir de l'adolescent d'être avec les autres ne relève pas de la dépendance affective. Il s'agit plutôt d'une pulsion naturelle, d'un besoin irrépressible de participer au monde; au point qu'il y a lieu de s'inquiéter de l'état psychologique d'un jeune qui s'isole, qui n'a pas le goût d'être avec les autres. Il s'agit d'être ensemble dans le simple but de se sentir une appartenance. Les autres, avec leurs différents points de vue, contribuent alors à notre ouverture et à l'expansion de notre conscience.

Ce goût de participer à une communauté, dans le cadre d'une paroisse, d'une ville, d'un organisme ou d'un regroupement quelconque, est un facteur de santé physique et psychologique reconnu aujourd'hui par la recherche scientifique. Nous savons maintenant, grâce aux études qui ont été menées auprès de personnes souffrant de maladies coronariennes, que celles qui ont la chance d'avoir un milieu affectif, ne serait-ce qu'un groupe de parole à l'hôpital, guérissent plus vite et survivent plus longtemps à leur opération[15].

L'être humain est un animal social, et la participation à une société contribue à son bonheur. La proximité, l'intimité et la possibilité de partager nos vulnérabilités en confiance sont autant de facteurs de santé qui influent de façon positive sur notre espérance de vie. À l'inverse, l'isolement engendre la méfiance et peut entraîner des habitudes de vie destructrices — on ne se sent plus utile à personne. La durée de l'espérance de vie s'en trouve réduite.

Prenons le cas d'un veuf, ou d'une veuve, que la mort de son conjoint change en solitaire. Se sentant inutile, manquant de stimulations sociales, cette personne finit par se négliger. Lentement, elle perd le goût de vivre, et la mort vient clore cette lente agonie.

Il en va ainsi pour chacun de nous car se sentir utile constitue une façon privilégiée de participer à l'aventure humaine. Le sentiment que notre vie sert à quelque chose est, à n'en pas douter, un facteur de sérénité. En revanche, si le service à autrui entre en conflit avec l'élan d'expression individuelle et nous conduit à négliger nos goûts et nos talents, une telle attitude ne favorisera pas notre épanouissement. Ce fut le cas pour nombre de nos parents qui vécurent dans une idéologie religieuse selon laquelle il était jugé « égocentrique », à la limite du

---

15. Ornish, Dean, *Love and Survival, 8 Pathways to Intimacy and Health*, New York, Harper Collins Publishers, Harper Perennial, 1999, p. 51. Un livre qui, de façon très convaincante, passe en revue des recherches sur le sujet.

péché, de penser à soi. La personne dont l'élan d'expression individuelle est ainsi frustré n'aura bientôt plus que ses petits ou ses grands
malheurs pour attirer sur elle l'attention dont elle a légitimement
besoin pour exister. En fait, elle devient dépendante des autres, car,
toutes les fois que nous nions un de nos élans fondamentaux, c'est
comme si nous remettions notre pouvoir entre des mains étrangères.
Le peu d'attention que nous portons à notre propre personne nous
met à la merci de ceux qui veulent bien se préoccuper du sort des
autres, parfois dans le dessein d'exercer un pouvoir sur eux.

Il va sans dire qu'à l'inverse, une attitude qui privilégie l'expression
personnelle au mépris de l'élan de participation et du service à autrui,
comporte aussi sa part d'insatisfaction. L'hyperindividualisme qui a
cours dans nos sociétés nous le démontre : les êtres, satisfaisant de plus
en plus leurs besoins propres sans se soucier des autres, n'atteignent pas
de bonheur durable.

Le goût de créer et de transformer

Le troisième élan qui projette un être dans la gloire se nomme
l'élan de création, l'élan de transformation. Comme nous participons,
consciemment ou non, à un univers en mouvement perpétuel, où le
changement est la règle de base, le fait de transformer ou de participer
à une transformation favorise le bien-être en nous. Nous sommes
essentiellement des êtres créateurs et lorsque nous créons, nous nous
sentons vivants.

J'ai donné précédemment l'exemple d'une personne dépressive
dont l'état se transforme lorsqu'elle l'exprime en peignant, par la
vertu de ce geste qui remet le moteur psychique en mouvement. Tous
les thérapeutes qui utilisent des techniques d'expression pourront vous
confirmer cet effet de la créativité sur l'état intérieur des patients. Cela
est dû au fait, observable, que la plupart de nos maux dérivent d'un
ralentissement du flux normal de l'activité.

Ainsi, un mal de foie tient du ralentissement de la production de
bile. De même, les symptômes de la dépression sont liés à des obsessions

qui font que la personne est submergée bien malgré elle par une marée d'idées noires qui diminue sa vitalité. Nous pourrions multiplier les exemples. Contentons-nous de dire que ce n'est pas pour rien que les gouvernements lancent des campagnes publicitaires visant à promouvoir le sport et l'activité comme facteurs de santé dans la population. Nous avons besoin de bouger. Parce que nous sommes des êtres en transformation constante. Parce que nous sommes des êtres de création.

« De toute façon, ça bouge, me direz-vous, qu'on le veuille ou non ! » Effectivement, ça bouge. Nous sommes malmené par la vie, poussé dans toutes sortes de directions par nos besoins et par nos désirs, percuté par les deuils, illuminé ou assombri par nos amours, alourdi ou stimulé par nos travaux. Tout l'art d'une vie consiste donc à participer consciemment à la transformation, à choisir le cap d'un changement personnel. Il s'agira d'entrer dans une sorte de jeu avec l'existence, observant, vérifiant et modifiant la direction de certains élans dans le but de parvenir au bonheur.

La transformation automatique qui se trouve essentiellement conditionnée par des désirs inconscients et aveugles change alors de nature. Elle devient création, création de soi. Et cette création de soi ne peut se faire que dans la découverte sans cesse renouvelée de la partie universelle de l'être d'où jaillit l'élan créateur, l'élan de transformation.

Créateur, créativité et création

Cela m'amène à discuter de l'utilisation des termes « créativité » et « création ». Dans le langage courant, par créativité, nous entendons souvent l'utilisation d'outils d'expression comme la peinture, l'argile, le dessin. Nous l'assimilons au bricolage. Cette créativité nous apparaît comme étant l'apanage de l'enfance. De la même façon, nous confinons l'emploi du mot « création » au domaine artistique ou religieux. Ainsi, nous nous privons de percevoir que tout geste est une création qui parle de nous.

Une famille, un couple, un travail, un plat que l'on cuisine s'avèrent autant de créations qui témoignent de l'élan qui nous habite. Les artistes ne sont pas les seuls à côtoyer cet élan. Chaque jour, des ménagères et des gestionnaires y touchent eux aussi dans leur manière de gérer des situations difficiles; pourtant nous ne les regardons jamais comme des créateurs. En allant plus loin, nous pouvons concevoir nos sentiments, nos pensées et nos états intérieurs comme autant de créations personnelles. Il va sans dire que, pour en arriver là, il ne faut plus se sentir victime de ce qui se passe en soi.

Une partie du problème tient au fait que, dans le monde chrétien, nous avons appris à parler du Créateur, des créatures et de la Création. En souscrivant à un tel vocabulaire, nous, les créatures, nous plaçons hors de nous le Créateur et la Création. Je désire souligner que cette conception risque de faire de nous des éternels pénitents, admirateurs de ceux qui osent créer, des victimes des circonstances de la vie, ignorant que c'est nous qui créons ces circonstances. Ne pas nous rendre compte que nos réalités émanent en grande partie de notre source créatrice équivaut à rester étranger à nous-même.

L'idée d'une source de création intérieure qu'il faut laisser couler me semble plus féconde que celle d'une autorité extérieure qui juge ses créatures et leurs créations. Une conception qui extériorise créateur et création risque de « désapproprier » ceux et celles qui se sentent animés par l'élan essentiel de création et de transformation, un élan qui relie à toute l'humanité parce que nous partageons tous et toutes cette passion. Sommes-nous jamais plus heureux que lorsque nous créons quelque chose et que la chose en question exprime ce qui nous habite profondément? Nous participons alors consciemment au mouvement universel, à la respiration fondamentale. Voilà une des principales raisons pour laquelle nous éprouvons du plaisir à créer.

Il ne suffit cependant pas de créer pour être heureux. De nombreuses œuvres ont été générées dans une douleur intense. Et de nombreux artistes ont craint de perdre leur créativité si on les délivrait de leur mal de vivre. Ainsi l'admirable poète Rainer Maria Rilke, qui, souffrant de dépression chronique, a refusé de faire la psychanalyse que lui proposait son amie Lou Andreas-Salomé de peur de tarir les sources de son inspiration.

Pourtant, l'artiste dont l'expression est motivée par ses problèmes et ses désirs connaît un bonheur limité à se livrer. On peut penser que, si un artiste voulait que son art le libère véritablement, il devrait passer d'une création inspirée par les manques, les peurs, les blessures et les besoins, à un acte qui reflète les maux et les joies des autres et finalement l'universalité de l'être. Tout bonnement parce que lui aussi doit cesser de s'identifier à son propre personnage pour aller vers un bonheur durable.

Lorsque quelques dizaines d'artistes se sont réunis pour créer la chanson *We are the World* au profit de la famine en Éthiopie, il m'a semblé qu'ils avaient goûté là un moment de bonheur intense. Sans doute parce qu'ils incarnaient ainsi plusieurs des courants qui constituent l'élan d'union caché en chacun de nous, c'est-à-dire un élan d'expression individuelle joint à un élan de participation humanitaire, d'utilité communautaire et de création. Le titre même de leur chanson, *We are the World*, qui se traduit par «Nous sommes le monde», exprime parfaitement cette réalité fondamentale.

Chacun de nous est le monde et l'exprime à sa façon. Nous ne faisons pas que participer au monde, nous sommes le monde. Or le monde que nous connaissons est animé par un immense mouvement de transformation perpétuelle. Nous sommes donc ce mouvement de transformation. Il devient ainsi compréhensible que, lorsque nous exprimons cette réalité et y participons plus intensément et plus consciemment, cela crée en nous des états de joie spontanée. Ces états nous rapprochent de la gloire affichée par Osiris exprimant par ses créations la bonté, la beauté et la générosité même de l'élan universel.

Si nous sommes le monde, nous sommes par le fait même mouvement créateur. Les efforts que nous faisons pour stabiliser nos vies relèvent sans doute de notre insécurité profonde et peut-être même de la peur que nous avons de notre nature fondamentale. Pour employer le langage de la physique quantique, qui nous apprend que certains éléments de la matière peuvent être observés à la fois comme particules et comme ondes, nous préférons nous imaginer comme particules et non comme ondes. Nous préférons nous concevoir «solides et stationnaires» plutôt qu'«en mouvement». L'idée d'être un mouvement est inquiétante en regard des efforts que nous déployons pour stabiliser nos vies.

Je suis conscient que ces idées demandent réflexion. Il faut les fréquenter longuement avant qu'elles ne commencent à prendre forme en nous. Rappelez-vous qu'il s'agit d'hypothèses, d'angles de vue. Il me semble cependant que ceux-ci permettent d'embrasser plus largement la réalité. De toute manière, nous aurons à revenir sur ce paradoxe fondamental de l'identité humaine qui nous conduit à nous concevoir comme fixe dans un monde en mouvement, entraînant ainsi une partie de notre malheur.

Le goût du sublime

Le quatrième élan qui nous lance à la poursuite du bonheur s'appelle la recherche du sublime. Une pulsion innée pour ce qui est sublime habite chacun de nous. Nous recherchons le vibrant frisson qui nous informe que nous sommes devant quelque chose d'extraordinaire. Encore une fois, il est important de ne pas confiner ce sens du sublime aux seuls territoires artistique ou mystique. Cet élan anime chacun de nous, et, que vous soyez en train de cuisiner votre plat préféré ou de faire du ménage, vous le reconnaîtrez. Vous reconnaîtrez la joie particulière que l'on retire d'une tâche où l'on met le meilleur de soi. Ce sentiment constitue votre première et en réalité votre véritable récompense.

Lorsqu'un théorème tient du sublime, le mathématicien parle de l'«élégance» de la formulation. Le philosophe discute de l'«esthétique» d'une pensée. Mais chacun de nous, dans chacune de ses actions, peut être mû par une certaine élégance d'âme, qu'il s'agisse de rendre un service ou de gérer une entreprise.

Cette recherche du sublime va de pair avec nos valeurs et notre idéal. Les êtres qui ont de l'idéal ont plus de chance que les autres de connaître le bonheur, parce qu'ils respectent des valeurs qui les dépassent. Ainsi, ils échappent à l'égocentrisme habituel. Il est cependant très important de ne pas faire de cet idéal un but, car, alors, il devient immanquablement porteur d'insatisfaction et de désillusion.

Combien de mes compagnons de route des années 1970 ont aujourd'hui abandonné les beaux idéaux entrevus alors parce qu'ils ne se sont pas réalisés ! En pensant de la sorte, on passe à côté du principal. Lorsqu'un être sent en lui la forte motivation d'un idéal qui le pousse à ne plus compter ni ses heures ni sa fatigue, il se trouve déjà récompensé, pour ainsi dire, puisqu'un puissant moteur s'est déclenché en lui. Cette force motrice le conduit à révéler son potentiel inconnu, à se révéler à lui-même la puissance créatrice qui l'habite. La jouissance de l'énergie mobilisée par cette mise en action produit une sensation de bonheur bien indépendamment de la réalisation ou non des idéaux projetés. Encore une fois, ce qui est ressenti intérieurement constitue la principale récompense de celui qui agit.

Je ne veux pas dire que la réalisation concrète des idéaux n'a pas son importance. Elle demeure cruciale. Pourtant, le fait de traiter l'idéal et la poursuite du sublime comme une force motivante et non comme un but à atteindre permet de rester vivant dans l'action, surtout quand les résultats tardent à venir. Elle permet également de se situer d'emblée dans l'atmosphère intérieure d'un tel idéal. En « goûtant » la force motivante, on a d'autant plus l'impression de participer de façon créatrice et personnelle à la transformation de l'humanité. Il va sans dire que cette recherche de l'ineffable atteint des sommets lorsqu'elle touche le domaine de la transformation personnelle et de la connaissance de soi. Quelle est, en effet, l'œuvre la plus sublime qu'un être puisse accomplir sinon se transformer lui-même, devenir en toute conscience l'artisan de sa propre libération, l'artisan de sa propre recréation, l'artisan de son propre bonheur ?

En d'autres mots, si vous aimez chanter, continuez à chanter même si vous chantez mal (selon les critères reconnus). Car le véritable objet de toute quête consiste en la transformation de votre état intérieur. Et le chant transformera votre état.

J'espère que vous avez pu négocier avec facilité le pas en arrière que nous venons de faire en discutant des élans. Car les élans ne sont pas choses mystiques ou ésotériques. Si vous prenez un moment pour vous remémorer votre adolescence, vous le constaterez. Retrouvez le goût de participer au monde qui était le vôtre à ce moment-là, et votre désir d'être utile et de vous exprimer pleinement sur le plan individuel. Touchez à nouveau à votre soif de transformer ce qui vous entoure et de goûter au sublime. Il s'agit là des élans créateurs de l'être, et nous les portons tous même s'ils s'expriment différemment selon l'individu. Pour avoir une échelle de votre bonheur personnel demandez-vous ce qui est arrivé de chacune de ces dimensions de vous-même. Si vos besoins de confort, de sécurité, de renommée et de reconnaissance ont étouffé l'adolescent en vous, je doute que vous alliez très bien. Car les besoins ne sont pas les élans. Voilà maintenant la piste où notre danse va nous entraîner.

Besoins, bien-être, élans

Qu'est-ce qu'un besoin?

Au début de ce chapitre, je posais la question «Qu'est-ce qu'on attend pour être heureux?» en me référant à une chanson populaire, et je mettais en cause le désir de devenir quelqu'un. Si devenir quelqu'un ne fait pas partie des élans de l'être — parce que les notions de comparaison, de supériorité ou d'infériorité sont absentes de ces élans —, comment qualifier une telle impulsion? Nous pourrions en parler comme d'un besoin. Devenir quelqu'un, avoir de l'ambition, vouloir être reconnu, tout cela fait partie des besoins associés à la personnalité. Les besoins sont multitude et pourtant, étrangement, si l'on vous demandait à brûle-pourpoint de les énumérer, vous risqueriez de ne pas avoir grand-chose à dire. Cela nous renseigne sur le fait que, la plupart du temps, ils demeurent inconscients.

Le dictionnaire définit le besoin comme « une exigence née de la nature ou de la vie sociale ». Le besoin renvoie aux mots « appétence, appétit, désir, envie, exigence, faim, goût, nécessité, soif ». Au pluriel, les besoins deviennent « les choses nécessaires à l'existence ». Il s'agit aussi bien des besoins naturels (manger ou uriner), que des besoins matériels (confort ou argent) ou affectifs comme le besoin d'avoir quelqu'un auprès de soi, ou celui de crier. On mentionne également qu'ils peuvent mener à l'accoutumance, par exemple dans le cas de la toxicomanie[16].

Les praticiens de la communication non violente (CNV), une méthode initiée par le psychologue Marshall Rosenberg, un disciple de Carl Rogers, ont établi une liste des besoins qu'ils nous présentent divisés en neuf ordres ou catégories. Je vous en propose un court résumé[17] :

- Ordre de la survie : abri, air, eau, mouvement, nourriture, repos, sécurité, etc.
- Ordre de la nourriture : affection, chaleur, confort, loisirs, douceur, toucher, etc.
- Ordre de l'autonomie : affirmation de soi, indépendance, liberté, solitude, etc.
- Ordre de l'intégrité : authenticité, équilibre, estime de soi, respect de soi, etc.
- Ordre de l'expression de soi : accomplissement, créativité, croissance, évolution, etc.
- Ordre mental : clarté, compréhension, concision, stimulation, précision, etc.

---

16. Robert, Paul, *Le Petit Robert 1…*, *op. cit.*, p. 178.
17. L'excellent livre de Thomas d'Ansembourg, *Cessez d'être gentil, soyez vrai ! Être avec les autres en restant soi-même*, Montréal, Les Éditions de l'Homme, 2001, p. 237s., offre la liste complète des besoins préparée par le Centre pour la communication non violente.

- Ordre social : acceptation, confiance, honnêteté, intimité, amour, affection, etc.
- Ordre spirituel : amour, espoir, inspiration, joie, paix, sacré, sérénité, espoir, etc.
- Célébration de la vie : communion, fête, humour, deuil, naissance, ritualisation, etc.

Comme vous pouvez le constater, les besoins sont multiples. Nous avons pourtant avantage à les identifier et à les nommer parce que, tant que nous ne les reconnaissons pas, ils possèdent la capacité de nous tyranniser de l'intérieur. Ils deviennent comme nos premiers bourreaux et c'est d'eux, avant tout, que nous sommes victimes. Le psychosociologue Jacques Salomé, pour sa part, différencie le besoin du désir. Il explique, par exemple, que si un enfant a besoin de baskets pour jouer avec ses copains, cela constitue une nécessité à laquelle le parent a la responsabilité de répondre. En revanche, si l'enfant désire les baskets les plus chères du magasin, nous venons d'entrer dans l'ordre du désir, un désir auquel l'enfant a la responsabilité de répondre par lui-même. Ainsi, le parent peut tenir ce discours à son adolescent : il reconnaît son besoin de baskets et accepte de lui en procurer mais il lui demande de travailler ou d'offrir un service en échange de la satisfaction de son désir, à savoir porter des vêtements de luxe. Jacques Salomé souligne ainsi qu'il y a bien des moyens de satisfaire ses besoins et qu'une composante psychologique importante se mêle à l'affaire.

Prenez, par exemple, un besoin aussi essentiel que celui d'un abri. Avez-vous besoin d'une tente, d'une roulotte, d'un appartement modeste, d'une maison confortable ou d'un château luxueux pour le satisfaire ? Votre attitude découle de votre histoire. Il est possible que, ayant vécu dans une maison cossue où vous vous êtes senti contraint, vous optiez pour un appartement de petite dimension. Ou bien qu'à partir de la même expérience, vous ne puissiez pas concevoir d'appeler « abri » autre chose qu'une demeure qui a de l'importance.

Les besoins portent l'empreinte des blessures du passé

C'est dans cette marge entre le besoin de base, essentiel et indéniable, et la recherche d'une satisfaction qui le dépasse amplement, que je veux situer notre discussion. Prenons l'exemple, tout à fait hypothétique bien entendu, d'une querelle de couple :

> *Alice se met en colère parce qu'encore une fois, André vient de terminer sèchement une conversation où elle tentait de livrer ses états d'âme le plus sincèrement du monde. Elle l'accuse d'être froid et de ne pas savoir communiquer. André se défend en prenant ses distances, en se renfrognant. Il fuit dans sa caverne, comme d'habitude, pour échapper au sermon quotidien sur son inhabilité sentimentale. Il trouve sa compagne exigeante et contrôlante. Histoire de se venger, il lui impose un silence de mort. Or, pour Alice, rien de pire que l'indifférence affichée. Après quelques heures, elle sombre dans le désespoir car ce n'est pas la première fois. Puis, ayant passé en revue toutes les épreuves qu'André lui a fait traverser depuis qu'ils vivent ensemble, elle perd toute confiance en elle-même et dans leur couple. Elle devient amère et acerbe. André est tout surpris lorsque, quelques heures plus tard, ayant oublié de quoi la querelle était faite, il la retrouve profondément triste et cassante. Et la ronde des reproches reprend.*

Nous pouvons faire des pieds et des mains pour aider ce couple, rien ne fonctionnera tant que nous n'établirons pas entre eux un dialogue sur le thème des besoins. Car derrière les jugements et les accusations se cachent des attentes qui témoignent de besoins frustrés. Alice éprouve un besoin de proximité par rapport à André, l'homme. Elle ne cherche pas tant à être entendue qu'à rester en sa compagnie. André ne cherche pas à fuir sa compagne mais, pour sa part, il réclame plus de distance, faute de quoi il étouffe ; et c'est pourquoi il trouve sa conjointe trop demandante.

Or, il se trouve que, dans son enfance, Alice a souffert de l'absence de son père. Elle cherche auprès d'André à se rassurer sur sa propre valeur en tant que femme. Lui, de son côté, a vécu l'emprise maternelle comme une prison; il craint de retomber sous la coupe d'une femme qui tente de contrôler sa vie. Si nous aidons l'un et l'autre à comprendre leurs besoins réciproques et la source de ceux-ci, ils auront une chance d'aménager une situation dans laquelle l'un et l'autre se sentiront respectés.

L'exemple d'André et d'Alice nous permet de comprendre que, d'un point de vue psychologique, nos besoins s'articulent la plupart du temps à des blessures passées. De quoi a besoin l'être qui s'est senti incompris dans son enfance? Assurément d'être compris et même deviné — stratégie catastrophique car personne ne peut nous comprendre mieux que nous-même et personne n'a le mandat de nous deviner. De quoi a le plus ardemment besoin l'être qui ne s'est pas senti aimé? D'amour bien sûr, et cela le mettra à la merci de la première personne qui lui témoignera de la sollicitude. Il s'installera ainsi dans de la dépendance affective et se maintiendra dans un rôle ingrat jusqu'à ce qu'il prenne conscience de ce qui empoisonne sa vie. De quoi a besoin celui ou celle qui a souffert d'une grande emprise parentale? De distance. Et ainsi de suite.

Pour tenir compte de cette réalité, nous aurions avantage à distinguer les élans des besoins. En effet, il me semble qu'en plus des différenciations clarifiantes apportées par Marshall Rosenberg et par Jacques Salomé, nous pourrions bénéficier d'un éclairage qui considère les élans d'une part, et les besoins de l'autre. Car une grande partie des besoins (ceux de l'ordre de la survie mis à part) repose sur les conditionnements de l'enfance. Ce qui n'est pas le cas des élans qui, comme je l'ai dit plus haut, appartiennent à l'essence de l'être. On peut tergiverser avec les besoins et les désirs, mais non avec les élans.

Sans une telle distinction, il est certes possible d'aider des êtres humains à prendre conscience de leurs besoins personnels, ce qui est déjà une avancée. Mais si nous oublions de leur dire que ces besoins ne sont pas une fin en soi et qu'ils peuvent même contrarier la satisfaction des élans profonds, nous ignorons une partie du chemin. Je sais d'expérience que, de fait, les bons praticiens sont ceux qui aident leurs patients à se centrer sur des valeurs fondamentales qui correspondent aux élans dont nous avons parlé — mais pourquoi ne pas commencer par faire une distinction au niveau du langage même ?

La ronde des béquilles

Les besoins répondent à des blessures du passé mais ils peuvent également devenir compensatoires. Si vous avez absolument besoin d'un château au lieu d'une maison modeste, s'il vous semble que vous ne sauriez trouver votre bonheur autrement, vous êtes sans doute en face d'un besoin compensatoire. Selon le dictionnaire, la compensation consiste en un «mécanisme psychique inconscient permettant de soulager une souffrance intime, comme un sentiment d'infériorité ou une déficience physique, par la recherche d'une satisfaction supplétive ou même par des efforts acharnés pour redresser la fonction déficitaire[18]». La compensation sert donc à suppléer à un manque ressenti. Ce manque crée une tension et cette tension appelle une réponse propre à y mettre un terme. Comme la personne ne sait pas exactement ce qui la tend ainsi, ou ne peut pas répondre pour le moment au besoin réel, elle utilise des palliatifs. Ces derniers apportent une satisfaction de remplacement qui se substitue à la satisfaction réelle. Cette satisfaction de remplacement en arrive parfois à faire oublier le besoin de départ.

Ainsi, si l'on fume pour répondre à une angoisse liée au sentiment de solitude, on finit par avoir besoin d'une cigarette sans plus jamais entrer en contact avec le manque affectif. La carence affective a engendré un besoin de chaleur et de présence auquel on a répondu par le fait de fumer et, maintenant, on a besoin de cigarettes sans trop savoir pourquoi on fume. En effet, la plupart du temps, la tension ressentie ne

---

18. Robert, Paul, *Le Petit Robert 1…*, *op. cit.*, p. 349.

renvoie pas à la situation à laquelle on cherche à suppléer. Un besoin
en a engendré un autre.

Pour illustrer mon propos, je vous livre la lettre de Mireille, une
femme qui a entrepris une démarche personnelle afin de se sortir de difficultés liées à toutes sortes de dépendances. Son courrier est intéressant
car sa prise de conscience est en rapport avec ce que nous sommes en
train de discuter.

« À douze ans, j'ai commencé à prendre du LSD et à ingérer
pas mal d'alcool. À dix-sept ans, on ajoute le Valium pour faire
un joli cocktail. Plus tard, viendront d'autres médicaments. Tout
cela pour fuir ma réalité familiale. La compensation dans la bouffe,
le sucre et le café est venue plus tard lorsque j'ai laissé derrière moi
l'alcool, les médicaments et la drogue. Un autre de mes moyens de
compensation a été la cigarette. Pendant des années, j'ai fumé
deux paquets et demi par jour. La ronde des béquilles !

À un certain moment, j'ai commencé à me regarder manger.
Je me suis laissée aller jusqu'au bout. Je me voyais manger, surtout les fins de semaine où j'étais seule, alors que je n'avais même
pas faim. Télé et bouffe… Birk ! J'avais dix kilos en trop et je me
trouvais laide. Je ne laissais plus aucun homme m'approcher. Un
certain soir, avec un brin d'humour, je me suis dit que si la bouffe
n'entrait plus j'allais pousser pour que ça continue à entrer.
Incroyable ! Je me suis vue très clairement, ce soir-là. J'étais devenue consciente.

C'était très douloureux car mon « look » a toujours été très
important pour moi — le mot est faible ! Je me voyais manger sans
avoir faim, je me voyais engraisser et je ne pouvais m'en empêcher, alors même que toute ma valeur était reliée à mon apparence. Mais à cette époque, je n'arrivais pas à transformer les
choses. C'est comme s'il ne restait plus que cela dans ma vie. Je
traversais un désert. La nourriture me tenait compagnie. À part
cela, il n'y avait que du manque, que du vide. Alors, je remplissais

cet énorme trou béant à l'intérieur de moi. Je ne savais comment le combler autrement.

Je me suis beaucoup questionnée par rapport à ma dépendance à toutes sortes de substances. Ce qui m'est apparu un jour spontanément, c'est que presque toutes impliquaient la bouche : sexe, alcool, médicaments, nourriture, cigarettes, sucre. Le sucre : la douceur. J'ai trouvé intéressant de réaliser cela. Cela avait-il un rapport avec ma mère, avec le sein maternel ? C'est incroyable tout ce que nous mettons dans notre bouche...

La compensation, c'est un geste qui me réconforte, quelque chose qui m'accompagne, comme un point de repère. C'est surtout, dans mon cas, un remède contre la solitude. J'avais besoin des humains, mais je les fuyais en même temps en m'isolant parce que j'avais été très blessée par eux.

La compensation, c'est le court terme, une vieille habitude, un geste qui réconforte rapidement. Ce petit geste de compensation est une sorte de gratification instantanée et j'y suis habituée. À force de compenser pendant des années, je suis devenue ce que j'ai pratiqué si longtemps. Je dois maintenant désapprendre et m'habituer à de nouveaux comportements. Il y a des périodes où c'est plus facile et d'autres où je retombe dans mes vieux gestes comme dans de vieux vêtements confortables.

Lorsque je dessine un mandala, que je marche, que je vais à la gym, que je jardine ou que je fais du ménage, je ne pense même plus à manger. Je n'ai pas besoin de me retenir, le désir n'est même pas là. La créativité me satisfait totalement. Parfois, lorsque j'écris, j'oublie l'heure et j'oublie de manger. Je me sens remplie, unie, bien que je sois encore seule chez moi. J'associe mon sentiment de vide à l'absence d'un amoureux ou d'ami. Le contact avec la nature me comble également. Finalement, je me demande si mon vide intérieur ne serait pas relié plutôt à ma relation avec moi, à mon union avec cette autre partie de moi, à ma relation avec l'univers. »

Quelques remarques sur cette lettre. Vous noterez que ce système de compensation peut débuter très tôt. Mireille est consciente d'avoir commencé à l'utiliser à l'âge de douze ans, mais en fait il se met en place longtemps avant. Bien qu'elle ne nous dise pas pourquoi, elle mentionne que tout cela s'est enclenché en réaction à des blessures familiales. Pour répondre à ces blessures, elle a eu tendance à s'isoler, pensant de la sorte échapper à la source de ses maux. En d'autres termes, le besoin d'être aimée ou reconnue dans sa famille s'est transformé en un besoin d'être seule. Mais quel enfant de douze ans peut marcher seul? Il va se chercher des béquilles qui l'aideront à avancer et à trouver un certain équilibre. Ainsi, le besoin d'être seule, qui masque le besoin d'être avec sa famille, devient peu à peu le besoin de substances supplétives à la compagnie des siens. Peu à peu, ces compensations apportent un bien-être et c'est d'elles que Mireille aura besoin, finalement. Des dépendances sont ainsi créées. Dans ses mots, elles agissent à titre de «points de repère», comme de «vieux vêtements confortables» que l'on retrouve après l'effort.

Sur le plan théorique, nous pouvons penser qu'à l'origine une situation intenable ou un conflit répété a agi comme une empreinte induisant un certain mode de réponse. Ce conflit a engendré un conditionnement chez Mireille, qui pourrait se comprendre ainsi: lorsque j'ai besoin des autres, je m'isole pour ne pas être blessée à nouveau, et j'utilise des substances qui me permettent d'oublier mon mal. Le besoin compensatoire agit donc pour répondre à la situation de base qui, elle, demeure inconsciente et inchangée: «Je traversais un désert. La nourriture me tenait compagnie», écrit Mireille. Pour moi, cette phrase énoncée par une personne qui a commencé à prendre conscience d'elle-même résume à elle seule le rôle des compensations.

Des façons de se comporter protègent l'individu de la perturbation associée à la perception de sa solitude, mais l'empêchent du même coup de prendre conscience du manque réel et de résoudre le problème. Même si nous pouvons reconnaître que, dans un premier temps, la négation du problème de base ou son étouffement par toutes sortes de substances a sans doute permis à Mireille de survivre, il nous faut aussi remarquer que son mode conditionné de réponse s'est révélé destructeur avec le temps parce qu'elle s'est retrouvée enfermée dedans. Ainsi, bien qu'attachée à son image corporelle, à un point donné de sa vie, cette jeune femme qui veut être belle et garder la forme s'est vue manger sans être capable de s'arrêter.

En réalité, les besoins compensatoires masquent toujours un conflit inconscient. Dans ce cas-ci, le conflit se résume ainsi : « J'ai besoin des autres mais je ne peux pas m'approcher d'eux. » Ou encore : « Je veux surveiller mon alimentation pour plaire aux autres et me rapprocher d'eux, mais je mange parce que si je me rapproche d'eux, ils vont me blesser. » La plupart du temps, nous n'allons pas vers le dévoilement de ce conflit dont les motifs profonds nous échappent parce que la démarche nous déchire et nous rappelle trop de souvenirs douloureux. Pourtant, manifestement, la compréhension psychologique de nos antécédents est une des seules portes de sortie possibles.

Je ne veux pas écrire, je veux fumer !

Pendant un certain temps, notre système de compensation fonctionnera très bien. Nous nous consolerons de nos peines et nous célébrerons nos victoires en l'utilisant. Arrivera pourtant un moment où ces gratifications sembleront perdre le pouvoir de nous combler. Nous redoublerons alors d'ardeur dans leur consommation en espérant que l'intensité de leur effet nous procurera une satisfaction plus profonde. Il s'agit là, vous l'aurez compris, du chemin qui mène tout droit à une dépendance.

À ce propos, laissez-moi vous raconter une anecdote au sujet du poète français Apollinaire. Pour limiter sa consommation de tabac, celui-ci ne s'autorisait à fumer qu'en écrivant. Aussi, un jour, commença-t-il sa journée en inscrivant sur sa feuille de papier : « Aujourd'hui, je ne veux pas écrire, je veux fumer ! » De prime abord, l'histoire est drôle mais la franchise des mots nous révèle la présence d'une compensation devenue une dépendance. La dépendance, c'est la hantise du paquet de cigarettes qui se vide. C'est l'obsession du fond de la bouteille de vin. C'est la peur de ne rien trouver d'intéressant à la télévision.

En somme, la répétition fréquente du même comportement fait en sorte que le système de compensation se rigidifie avec le temps. Il produit ainsi un assujettissement. Si on n'est plus capable d'éviter un type particulier d'action qui entraîne la consommation d'une substance particulière, invariablement la même, on est dépendant. On est loin, alors, de lutter pour satisfaire le besoin réel ou pour comprendre les blessures qui le sous-tendent. On est en train de passer à l'acte sans réfléchir, pour se débarrasser d'une tension intérieure. Même en mobilisant toutes ses forces contre la substance en question, pour arrêter de fumer par exemple, on risque d'aboutir à un échec si on n'accepte pas de prendre conscience des mobiles de fond.

Avide de reconnaissance

Pour espérer sortir un jour d'un système de compensation, il est important de saisir que, dans leur essence, les compensations et les dépendances constituent autant d'actes de reconnaissance de soi-même. Je parle bien ici d'un acte de reconnaissance de soi à soi. Considérez un instant la position de l'enfant qui vient de rendre service à ses parents en exécutant une tâche ; il attend sa récompense. Nous savons tous que la véritable gratification ne se situe pas dans le cadeau matériel, mais bien dans le geste de reconnaissance que le parent a pour l'enfant. Adulte, comme nos parents ne sont plus là pour nous récompenser par leur regard bienveillant et que les autres négligent souvent de le faire, nous nous consolons avec des substances, des objets, ou tout autre type de consommation. Nous oublions que l'essence d'une récompense réside principalement dans l'attention reçue.

L'assuétude au sexe, à la nourriture, à l'alcool révèle la présence en soi d'un personnage avide, assoiffé et affamé de reconnaissance. Elle dévoile l'existence d'un vide intérieur difficile à affronter. En fait, nous devenons tellement attaché à nos maigres récompenses que nous finissons par les défendre chèrement, au point de douter que des satisfactions plus grandes et plus durables puissent exister.

Les compensations deviennent dépendances à des choses dont nous ne pouvons plus nous passer parce que nous craignons de ne plus connaître aucun autre plaisir si nous les abandonnons. Arrive un point où nous ne voulons plus rien changer de peur de perdre le peu de satisfaction que nous avons à vivre. Même si nous sommes un peu plus conscient, notre système de compensation peut nous apparaître comme un pis-aller temporaire en attendant un bonheur plus grand.

Pour mieux comprendre, je vous invite à identifier tout de suite une forme de plaisir qui vous apporte une grande satisfaction. Il peut s'agir, par exemple, de manger au restaurant avec des amis ou encore de faire l'amour ou bien de déguster une simple crème glacée. Une fois que vous avez identifié ce plaisir, tentez maintenant de comprendre à quoi il vous sert. Est-ce que ce plaisir vous amène à célébrer la vie ? Ou n'est-il pas plutôt utilisé pour vous défouler, par dépit, parce que la joie pure n'est pas au rendez-vous et que vous avez besoin d'une reconnaissance pour continuer à vivre ?

Encore une fois, il n'y a pas de jugement à poser. Il est vrai que si ces compensations n'existaient pas nous aurions vraisemblablement plus de difficulté à fonctionner car nous devrions nous occuper des besoins de fond non résolus. Pourtant, il ne s'agirait là que d'une phase transitoire, car la compréhension des besoins réels nous libère peu à peu de leur tyrannie, que nous les satisfassions ou non. En attendant, le petit bonbon, le carré de chocolat, le restaurant, la cigarette, le verre d'alcool nous récompensent de nos labeurs et nous donnent le courage de faire le pas suivant.

Pour le moment, il s'agit simplement de constater une mécanique psychologique : en voulant remédier à un manque de reconnaissance, nous nous enfermons dans un système de compensation qui mène à la dépendance. Vous aurez déjà compris que le meilleur antidote réside dans le fait de se reconnaître soi-même, de s'estimer, d'accorder de l'attention à ses besoins et de se demander ce qui pourrait constituer une récompense véritable autre que nos réponses habituelles. C'est le chemin de la liberté, hors de la tyrannie des besoins inconscients.

Au fait, qu'est-ce qui n'est pas réellement reconnu en nous et qui ne le sera sans doute pas tant que nous resterons du côté des compensations? Ce sont les élans fondamentaux. Bien simplement, les compensations suppléent au manque d'élan lorsque les besoins étouffent notre pulsion de vie. Si nous ne pouvons pas nous exprimer individuellement, et si nous n'avons pas l'espace ou le courage pour le faire, alors nous compensons en nous offrant une immense télévision. Si nous nous sentons isolé, sans compagnon ou sans compagne de vie pour partager les moments heureux, nous compensons par la pornographie ou la nourriture. Si nous sommes plus passif que créateur et si nous ne trouvons pas l'énergie de changer quoi que ce soit en raison d'un sentiment d'insécurité, alors nous compensons par l'achat d'objets qui nous sécurisent de plus en plus mais qui nous alourdissent. Si nous touchons plus souvent l'ennui que le sublime, nous nous offrons des substances de plus en plus fortes ou des jeux sexuels de plus en plus endiablés pour garder l'impression de vivre intensément.

Et si tout cela venait à manquer? Oui, si tout cela venait à manquer? Ce serait le désespoir parce que les dépendances apportent à la longue leur lot de souffrance et de déplaisir. La course effrénée au plaisir immédiat n'est pas garante de bonheur. Au mieux, elle amoindrit le malheur et permet de vivre dans un confort relatif.

Il faut donc nous méfier d'une société qui nous invite à répondre rapidement à tous nos besoins, à chercher pour ceux que nous ne pouvons pas combler des produits de substitution. Nous faisons alors le jeu de la publicité, qui s'acharne à éveiller nos élans dans le dessein de créer des besoins artificiels, besoins auxquels nous pourrons répondre temporairement en nous offrant des produits supposés les satisfaire.

Les réunions familiales et amicales où l'harmonie idéale est au rendez-vous constituent d'ailleurs une banque d'images inépuisable pour les publicitaires — nous sommes tellement loin du compte dans nos vies personnelles! Quand nous devenons acteur et artisan de nos propres vies, quand nous choisissons d'assumer nos élans, la publicité a moins de prise sur nous. Plus conscient de nos besoins, nous nous affranchissons de leur tyrannie. Nous nous affranchissons également de la tyrannie du «tout, tout de suite», cri par excellence de l'être qui croit encore qu'un autre jouet, une autre relation, un autre travail sera à même de remplir le vide intérieur. Rien ne peut remplir le vide intérieur si ce n'est la vibration heureuse de celui qui devient transparent à ses élans.

Les gratifications associées à des comportements destructeurs

Si vous prenez la mesure exacte de ce que je vous raconte, il y a de bonnes chances pour que votre personnage intérieur soit en train de s'agiter comme un diable dans l'eau bénite. Vous éprouvez peut-être même une envie d'arrêter votre lecture sur-le-champ. Rien de surprenant! Votre personnalité se sent menacée; elle ne veut pas perdre son emprise. Dites-lui simplement que, pour le moment, il ne s'agit que de vagues considérations intellectuelles. Cela la rassurera… momentanément.

De toute façon, utiliser une compensation tout en ayant conscience que le geste cherche à satisfaire indirectement un besoin de reconnaissance et un élan ignoré, fera perdre du pouvoir à votre personnage. La conscience change d'emblée quelque chose. Elle est l'amorce d'un mouvement intérieur. Peu à peu, vous oserez prendre contact avec votre véritable souffrance, avec vos véritables conflits, et alors les choses commenceront véritablement à se modifier. Pour le moment, nous ne faisons que considérer des actions possibles.

Afin de résumer la situation et d'«enfoncer un peu plus le clou» comme le dit l'expression populaire, je vous invite maintenant à vous mettre dans la peau d'une personne timide, du genre de celle dont on dit qu'«elle ne ferait pas de mal à une mouche». Mon but est de souligner le fait que, si nous ne changeons pas facilement, même après avoir reconnu que nos conditionnements nous enferment, c'est parce que des récompenses cachées sont liées à ces conditionnements négatifs.

Disons, donc, que vous êtes une personne timide qui a beaucoup de difficulté à s'affirmer en public. La peur d'être exposé aux autres fait naître en vous de la sueur, des rougeurs et des angoisses malvenues. Nous pourrions remonter dans votre enfance et découvrir que, lors de vos premières tentatives d'expression, vous vous êtes senti ridiculisé. Depuis lors, vous hésitez à vous montrer par peur de revivre l'offense.

Avec le temps, vous avez développé la certitude intime qu'il valait mieux laisser la place aux autres, et que, de toute façon, peu importe comment vous vous y prendrez, vous serez toujours rejeté. Vous affichez donc un comportement de réserve. Vous ne haussez jamais le ton, vous ne dites pas de choses déplaisantes qui pourraient engendrer des confrontations, vous ne prenez pas parti dans les conflits et, en général, vous évitez les situations où vous pourriez vous retrouver sur la sellette. Si l'on vous demandait d'énumérer vos besoins principaux, vous répondriez qu'ils sont de l'ordre de la paix, de l'harmonie et de la douceur.

Pour survivre à cette vie de timide, vous avez dû adopter quelques compensations. Il vous arrive de prendre un petit verre de trop à l'occasion, c'est même ce qui vous permet de vous exprimer dans les réunions de famille ou les rassemblements collectifs. Cette compensation anodine est devenue une dépendance, si bien qu'aujourd'hui vous ne pouvez plus imaginer affronter un quelconque attroupement sans quelques verres d'alcool. Avec le temps, votre univers s'est rempli d'autres habitudes, comme celle d'écouter vos émissions de télévision favorites en solitaire. Vous préférez même souvent regarder la télé plutôt que de rencontrer des amis. Vous vivez seul et cela aussi vous semble moins compliqué.

Ainsi donc, à la liste de vos besoins, nous pourrions ajouter le besoin d'alcool, le besoin de produits télévisuels et même le besoin d'une certaine solitude. Pourtant, occasionnellement, vous souffrez de cette vie en solo. Il vous apparaît parfois que vous êtes trop isolé. Vous manquez de la stimulation qu'apporte la fréquentation d'autres êtres humains. De temps à autre, la pensée que vous êtes inutile vous traverse l'esprit.

Il vous semblerait sans doute bizarre qu'un psychothérapeute vous parle ainsi : « Des besoins aussi essentiels que la paix et la douceur reposent chez vous sur des peurs qui vous gardent de répéter certaines expériences traumatisantes du passé. » Cela vous semblerait bizarre parce que la paix et la douceur semblent tant manquer, dans ce monde. Mais, dans votre cas, s'agit-il vraiment de paix et de douceur ? L'harmonie que vous souhaitez ne sert-elle pas à masquer un conflit ouvert qui se déroule au cœur de vous-même ? En réalité, vos besoins personnels répriment vos élans fondamentaux, ceux qui constituent l'essence de votre individualité et qui vous mettent en lien avec l'humanité et l'univers qui vous entourent.

Comme nous le disions plus haut, et bien que cela s'exprime différemment chez chacun, tous les êtres connaissent un élan fondamental d'expression individuelle. Il leur est également nécessaire de se sentir utiles aux autres et à la vie. De la même façon, la pulsion d'union qui les habite les pousse à sortir de l'isolement pour favoriser un contact créateur avec les autres.

Même si l'on vous expliquait tout cela, il se peut fort bien que, tout en souhaitant sortir de la timidité qui est la vôtre pour jouir du sentiment de participer à la vie collective, vous ne bougiez pas. On pourrait, au moyen de certains exercices, vous amener à entrevoir une vie débarrassée de cette gêne inhibitrice. Pour quelques instants, vous arriveriez à la goûter avec délectation. Néanmoins, il y a de bonnes chances que, revenu de ces exercices thérapeutiques, vous retombiez dans vos habitudes, tout simplement parce que celles-ci comportent des récompenses cachées. Il y a de la sécurité, de la paix et de l'harmonie dans votre univers. Vous n'êtes en conflit avec personne ; le tiraillement avec les autres n'est pas votre lot.

Cette douce harmonie, que certains pourraient qualifier d'artificielle, n'en constitue pas moins un bénéfice secondaire important qu'il est difficile de supprimer au profit d'un plaisir peut-être plus vif mais toujours susceptible d'être soumis à des bouleversements intérieurs et relationnels. À n'en point douter, vous auriez besoin pour vous réorienter de toute la fougue de Seth, de sa capacité à trancher. Il y a de bonnes chances que vous n'empruntiez pas ce chemin par vous-même.

Il est cependant naïf de penser qu'en privilégiant vos besoins aux dépens de vos élans fondamentaux vous n'ayez pas à faire face à ces derniers. Un jour ou l'autre, un événement inattendu viendra crever cette bulle de douceur. Une maladie, une injustice commise à votre égard, la mort d'un proche ou encore l'accroissement de votre sentiment de solitude qui vous poussera aux frontières du suicide, trahiront la présence d'ombres dans les profondeurs de votre être.

Cet événement provoquera chez vous stupeur, révolte, horreur. En détruisant des formes vides, en révélant vos forces vives et en soufflant sur les braises qui gisent sous la cendre, l'ardeur à la fois destructrice et créatrice de Seth vous tendra à nouveau la main. Il ne tiendra alors qu'à vous de suivre cet élan de transformation pour tenter de toucher au sublime de l'être. Vous pourrez refuser cette main tendue mais il n'est pas sûr que vous soyez quitte pour autant. Si vous n'exercez pas la discrimination qui aide à séparer les élans fondamentaux des besoins relevant de la personnalité, votre style de vie risque de se retourner contre vous. Pas d'une façon maléfique, mais tout simplement parce que la souffrance est le signal d'alarme qui, chez les êtres humains, manifeste qu'ils sont en porte-à-faux avec l'élan central de la vie en eux.

Un mur de bosses, ça vous dit quelque chose ?

Reprenons cela sous un autre angle. Disons maintenant que vous êtes dans la peau d'un skieur de niveau intermédiaire qui décide d'affronter un mur de bosses. Vous gérez déjà avec habileté la plupart des pistes, à l'exception des pistes noires. Vous pourriez vous contenter de skier de la sorte jusqu'à la fin de vos jours et cela vous procurerait une certaine satisfaction. Cependant, au fond de vous-même, vous avez toujours eu l'ambition de pouvoir négocier avec aisance un mur de bosses et vous êtes déterminé à suivre votre élan.

Pour ce faire, vous devez maintenant envisager de quitter le confort des pistes moyennes. Cela nécessitera une longue période d'adaptation et votre beau style risque d'en souffrir. Vous devrez changer certaines positions qui vous permettaient de skier avec élégance. Vous constaterez même qu'elles sont des facteurs de rigidité face aux obstacles importants. Vous aurez ainsi à vous exposer au regard des autres dans toutes sortes d'attitudes disgracieuses. Votre personnage risque d'en souffrir quelque peu. Il se peut même que vous abandonniez l'exercice lorsque vous vous rendrez compte que vous ne serez jamais un expert dans les bosses. Car le regard admiratif des autres, qui, intériorisé, prend la forme d'une voix intérieure vous parlant lorsque vous descendez les pistes, représente, dans ce cas particulier, la gratification cachée. Sans parler du sentiment de maîtrise et de sécurité que vous éprouvez en restant sur les pistes plus faciles.

Vous finirez sans doute par penser : « Pourquoi diable quitter le bien-être des pistes intermédiaires pour s'affirmer comme un athlète mineur dans les murs de bosses ? » Eh bien ! justement pour le plaisir de prendre conscience de l'emprise qu'a sur vous votre personnage ! En effet, si vous avez l'audace de tenter une telle expérience, vous vous rendrez compte qu'une bonne partie du malaise que vous éprouvez sur les pistes noires ne vient pas tant des bosses elles-mêmes — après tout, on peut prendre son temps — mais bien de votre orgueil. C'est votre orgueil qui se tortille d'impatience sur les pistes difficiles, et c'est votre orgueil qui vous amènera à y renoncer. À moins, bien entendu, que vous vous rendiez compte que vous n'avez plus l'âge pour les acrobaties, qu'il est temps de céder la place aux jeunes… mais laissons là cette autre partie du débat qui pourrait s'avérer tout aussi instructive en ce qui concerne l'orgueil.

D'une certaine façon, mon exemple est mal choisi car, en ce qui concerne les élans fondamentaux, il ne s'agit pas de devenir un expert dans leur expression, et ils ne représentent pas non plus des obstacles à surmonter. Au contraire, ils pulsent en nous de l'intérieur; il s'agit beaucoup plus de consentir à les laisser se manifester que de chercher à être un spécialiste de leur expression. On pourrait même dire qu'une telle expertise aurait de bonnes chances de vous entraîner du côté de la performance et de vous jeter dans la gueule du jugement et de l'évaluation personnelle comme dans celle d'un lion. Votre individualité profonde n'a cure de votre place dans la classe; peu importe que vous soyez premier ou dernier. L'important est de se nourrir à la source créatrice qui coule inlassablement en chacun, même au cœur des situations les plus désespérées.

Chaque comportement limitatif comporte des gratifications cachées, et il n'est pas facile de se l'avouer. Pourtant, là réside le principal obstacle au changement, la principale bosse à surmonter. Et pour dire la vérité, il n'est pas facile de s'aventurer dans cette voie avec élégance.

Le bien-être : une simple absence d'insatisfaction ?

Revenons un instant à la lettre de Mireille citée plus haut car je voudrais relever un dernier point. Lorsqu'elle nous parle de jardiner, de se balader dans la nature, de dessiner des mandalas ou de s'entraîner physiquement, elle oppose la satisfaction immédiate d'un besoin à la satisfaction durable.

Cela me conduit à préciser qu'il est très important de ne pas confondre bien-être et bonheur. Le bien-être résulte de la satisfaction des besoins. Pourtant, on peut se poser la question suivante: ce bien-être consiste-t-il dans une véritable satisfaction ou plutôt dans une absence d'insatisfaction ? Par exemple: vous rencontrez un homme ou une femme qui se révèle être une véritable bombe sexuelle. Tous vos besoins de sensualité s'en trouvent comblés et vous pensez avoir atteint le septième ciel. Combien de temps croyez-vous qu'un tel paradis saura vous rassasier sans vous lasser? Vous venez d'acheter la voiture de vos rêves… Combien de temps durera la lune de miel? En fait, la satisfaction des besoins n'entraîne pas le bonheur, mais plutôt un bien-être qu'il faudrait interroger: es-tu bonheur véritable ou éloignement temporaire du malheur?

Si nous nous attachons trop à nos bien-être passagers, ils risquent de nous garder prisonnier de notre personnage et d'empêcher la satisfaction des grands élans qui, eux, sont porteurs de bonheur. C'est d'ailleurs un point qui apparaît dans la lettre mentionnée plus haut. Son auteur nous dit clairement que, lorsqu'elle est dans un processus de créativité, elle ne voit plus le temps passer, qu'elle se sent remplie. Elle ne souffre pas alors de son vide habituel. Elle est nourrie par la vibration créatrice.

Les grands élans favorisent le bonheur parce qu'ils sont porteurs de représentations qui donnent du sens et qui permettent de tolérer l'angoisse, les difficultés et même la non-satisfaction de certains besoins. Même la frustration de besoins fondamentaux comme la nourriture ou le gîte peuvent être transcendés. Nombreux sont ceux qui ont su sacrifier la satisfaction immédiate de leurs besoins pour s'inscrire dans la poursuite du sublime. Qu'il s'agisse d'artistes, de pacifistes ou de mystiques, la quête de l'idéal permet souvent d'atteindre le bonheur là où la satisfaction des besoins ne le peut pas. Mieux, la poursuite de cet idéal permet de faire l'expérience de joies très intenses qui transforment l'être au mépris de la satisfaction de certains besoins, et même dans la privation de certaines satisfactions.

L'exemple de Bernard Voyer parlant de l'Everest me revient à l'esprit de nouveau. Que de privations endurées et de frustrations ressenties pour à peine quelques minutes de joie sur le toit du monde! Pourtant, cette joie est la marque d'un triomphe, non seulement sur une montagne, mais sur la tyrannie des besoins personnels. Citons d'autres exemples: Mère Teresa en Inde, l'abbé Pierre en France, ou Nelson Mandela en Afrique du Sud…

Moi, je construis une cathédrale !

En résumé, la satisfaction des besoins apporte du bien-être à notre personnage mais ne remplit pas notre être d'un bonheur durable. À cet égard, l'anecdote que rapporte Charles Péguy à propos des tailleurs de pierres de la cathédrale de Chartres est éloquente.

Le premier ouvrier que Péguy rencontre n'est pas satisfait de son sort. Il ne trouve aucune joie dans une telle existence ; il se sent humilié et victime. Le deuxième travaille, lui, pour satisfaire ses besoins et ceux de sa famille. Il vit dans un confort relatif grâce au travail qu'il a à exécuter. Le troisième ouvrier répond à Charles Péguy que, lui, il bâtit une cathédrale. Il participe à une œuvre commune sublime. Il est conscient de l'utilité de son action et il est heureux.

Comme le note le psychiatre Boris Cyrulnik, qui relate cette anecdote, remarquez à quoi tient le bonheur du troisième ouvrier : d'abord et avant tout, à sa participation à une représentation mentale de lui-même comme créateur d'une œuvre. Il faut en conclure que l'imagination joue un grand rôle dans notre sérénité.

Je vous invite à noter également que, dans cet exemple, la réponse à l'élan profond ne s'inscrit nullement *a contrario* de la satisfaction des besoins personnels. L'ouvrier qui bâtit une cathédrale nourrit sa famille, lui aussi, et sans doute que, bien souvent, il sue et plie sous le poids de la tâche. Pourtant, son regard sur lui-même et sur sa participation à l'univers fait toute la différence. Quelque chose d'aussi intangible qu'un angle de vue devient source de bonheur, bien plus efficacement que la récompense matérielle qui se trouve attachée au travail exécuté.

Imaginez que vous êtes éboueur dans une grande ville. Vous pourriez vous sentir humilié parce que vous êtes confiné dans le ramassage des déchets des autres. En revanche, si vous entrevoyez la valeur indispensable de votre action, votre perspective peut changer. Sans vous, la ville serait livrée en quelques semaines à la vermine, et ses habitants à la maladie. Grâce à votre action, vos concitoyens connaissent l'hygiène publique et un bien-être qui leur permet, s'ils ont la sagesse de l'utiliser au mieux, de s'exprimer, de créer et d'aller vers le bonheur.

Vous êtes donc vous aussi en train de construire une cathédrale : la cathédrale du bonheur humain.

La même affirmation vaut pour un enseignant, un mannequin ou un gestionnaire dans une grande institution. Votre action est utile ; potentiellement, elle permet aux autres de se diriger vers le bonheur. Comment se servent-ils de votre action, c'est une autre histoire. Nous pourrions aller jusqu'à dire que, pour chacun de nous, le plus important consiste à entrer en contact et à rayonner de la joie d'être, car cette joie simple stimule chez les autres le goût du bonheur.

La splendeur oubliée

Vivre dans la gloire consiste donc à vivre dans le moment présent, le cœur disponible à la beauté des êtres et de l'univers, en s'aidant de notre imagination et de nos représentations mentales pour donner sens à notre action. Vivre dans la gloire consiste à vivre en harmonie avec les élans fondamentaux, à les goûter en soi et à les exprimer le plus pleinement possible. Vivre dans la gloire consiste à vibrer d'amour, sans raison, le cœur débordant du plaisir de l'union.

En réinterprétant sur un plan psychologique des mots tels que gloire, création ou encore sublime, des mots d'ordinaire réservés aux carrières à succès ou au domaine religieux, nous nous les réapproprions. En plaçant ces expériences dans un cadre psychologique commun à tous, nous les rendons accessibles à chacun de nous. Étudiant, écrivain, mère de famille, chauffeur de taxi, comptable peuvent connaître des moments sublimes et des moments de gloire, puisqu'ils ne sont pas associés à des succès extérieurs qui rendent esclave du regard des autres, mais plutôt à des expériences intérieures, c'est-à-dire à ce qui est puissamment ressenti, à un frisson de contentement, à un état de plénitude, à une splendeur oubliée.

Ce n'est pas si évident, je le sais. Voilà pourquoi je vous en parle en détail. Mais c'est du point de vue de votre personnage, empêtré dans ses besoins et ses peurs du jugement, que l'harmonie avec les élans fondamentaux vous semble difficile et même illusoire. En fait, cette harmonie menace votre personnage car elle vous encourage à ne plus vous soumettre au regard des autres pour aller vers une vie plus satisfaisante.

D'un autre point de vue, rien de plus facile à réaliser que cette harmonie puisque ces élans sont toujours en nous. Il n'y a qu'à nous «brancher» sur eux, qu'à les accueillir et à accepter de les incarner à notre échelle, sans jugement, et sans comparaison, en goûtant leur mouvement intérieur au lieu de nous préoccuper sans cesse de notre personnage, qui nous dit que notre image risque d'en être compromise.

Nous portons en nous une splendeur oubliée. Nous sommes splendeur oubliée, négligée, laissée pour compte. Nous sommes lumière voilée. Nous sommes créativité frustrée. Nous sommes des élans de joie qui attendent leur délivrance. Ce ne sont pas les autres qui ont oublié notre splendeur, c'est nous-même. Tenter de la faire reconnaître par autrui en la faisant valoir par tous les moyens relève d'une terrible méprise et, en fait, d'un mépris inconscient de soi. Pourquoi être inquiet? Pour paraphraser les mots du sage Mérikarê que j'ai mis en exergue, je dirais que les élans sont comme une rivière puissante qui ne peut se laisser dissimuler. Un jour ou l'autre, ils rompent la digue qui tente de les contenir.

Pour terminer je vous propose d'identifier chez vous un élan qui se trouve particulièrement en souffrance, et de vous permettre de l'exprimer dans les prochains jours en prenant note des craintes et des difficultés que vous rencontrerez mais sans vous polariser sur elles. Soyez plutôt à l'affût de l'état de joie réelle qui pourra en résulter.

corneau

Chapitre cinq

La peur en nous

Le deuxième piège

Quiconque possède craint de perdre!

Notre développement sur les élans fondamentaux nous ramène automatiquement à la question des pièges qui emprisonnent la force de ces élans et amoindrissent notre capacité à les incarner. Nous avons parlé plus haut du premier de ces pièges : l'orgueil. Nous avons entrevu le sentiment exagéré de notre propre importance comme un mouvement d'identification et d'attachement à notre personnalité, à ce que nous croyons être. En suivant cette ligne, nous constaterons rapidement que le premier piège en fabrique nécessairement un second : la peur.

La peur est intrinsèquement liée à l'orgueil, car le mouvement d'acquisition va engendrer un mouvement de crainte : quiconque possède craint de perdre. Qu'il s'agisse d'une automobile ou d'une maison, qu'il s'agisse de l'amour de notre conjoint ou de celui de nos enfants, qu'il s'agisse encore d'un talent ou d'un don particulier, aussitôt que nous nous y identifions, aussitôt que nous le faisons nôtre, aussitôt qu'il nous sert à appuyer la formation de notre identité, les inquiétudes naissent : nous craignons de voir le tout s'évanouir. Nous nous contractons, nous nous refermons, nous nous défendons, et nous perdons le contact avec nos élans de vie !

Derrière les besoins, les compensations, les dépendances et les blessures du passé, il y a la peur. Elle est le facteur qui conditionne la chaîne des réactions inconscientes. Elle nous garde contracté sur nos besoins, attaché à nos récompenses cachées. Elle nous tyrannise et nous paralyse. S'il existe une chose dont nous soyons tout autant victime que des besoins inconscients, c'est bien de la peur. Elle est véritablement à la source de ce qui nous enferme, et par conséquent à la source de ce qui nous rend vulnérable aux autres, à leur pouvoir, dans notre vie personnelle et dans notre vie collective.

Je consacrerai ce chapitre à l'exploration de la peur en nous. Dans la danse que nous sommes en train d'exécuter, nous allons faire un pas de côté, guidé par l'inspiration et, cette fois encore sans l'appui de la légende, car les héros ne peuvent pas montrer qu'ils ont peur. Le plus souvent, dans leur cas, ce mobile demeure caché car, aux yeux de l'histoire classique, un héros qui tremble n'est plus un héros. Les déesses peuvent s'inquiéter, se lamenter et pleurer, mais les dieux, jamais !

Essentiellement, il s'agit de comprendre que des peurs superficielles nous accaparent, au point qu'elles motivent la plupart de nos actions quotidiennes. Prenons comme exemple une peur banale : celle de salir ses vêtements... Eh bien ! je peux avouer que cette peur a occupé une bonne partie de mon existence ; et qu'elle m'a tenu à l'écart d'expériences qui m'auraient apporté plus de bonheur que d'inconfort. Je me rappelle qu'étant jeune, rester propre était une obligation. Il fallait donc choisir avec soin les endroits où nous ébattre sans trop souiller nos vêtements. Les feuilles en automne ou la neige en hiver étaient nos éléments préférés. Je me souviens encore de la texture, de l'humidité et de l'odeur des feuilles que nous amassions en énormes tas dans le simple but de nous y jeter. Car, pour l'enfant, participer à la nature signifie tout naturellement s'en imprégner entièrement.

Une fois adulte, j'ai continué à m'imposer la même propreté. Je ne me suis pas étendu sur l'herbe des parcs sans couverture et je ne me suis pas roulé sur la terre pour mieux entrer en communion avec la nature. Je suis resté sur la réserve. J'ai eu toute ma vie des vêtements impeccables mais l'enfant créateur et sensuel en moi en a souffert.

Lors du dernier voyage que j'ai organisé en Égypte, une des participantes, qui retrouvait son pays après vingt ans d'absence, a éprouvé le besoin de s'étendre à même le sol d'un temple, retrouvant spontanément le geste de l'enfant qui veut communier avec ce qui l'entoure. J'enviais tant de candeur, mais j'avoue qu'à sa place j'aurais craint pour mes vêtements. Que me serait-il arrivé si je m'étais sali, si j'avais dû passer la journée dans des vêtements souillés? Mon image en aurait sûrement souffert, or j'avais un groupe à diriger et si je perdais mon image, m'aurait-on encore fait confiance? Et ainsi de suite… de peur en peur.

Vous voyez quelles sont les conséquences d'une simple crainte comme celle de salir ses vêtements. Imaginez maintenant le tissu d'inquiétudes attaché à une peur comme celle de ne pas être aimé!

La somme de toutes les peurs

À mesure que j'avance dans ce livre et dans ma vie, je me rends compte combien je suis encore loin de maîtriser cette chorégraphie. Je cherche les pas, tout comme vous. Comme je le disais dans le premier chapitre, je vous invite, en somme, à partager un éclairage. Je vous ai convié pour vous dire: «Voyons ce que ça donne lorsque nous regardons les choses à la faveur de cette lumière…» Je n'ai pas la prétention d'avoir dépassé mes peurs, de ne plus être l'esclave de mes besoins, et de vibrer joyeusement au rythme de mes élans. Je suis en travail. Je suis en chantier. Et je vous invite à me rejoindre dans ce questionnement sur le sens de la vie. En fait, je rêve d'un livre, d'un atelier, d'un lieu où, sans honte et sans culpabilité sur ce qui a pu se passer dans sa vie, chacun tenterait simplement d'en apprendre quelque chose en la passant en revue et en l'expliquant aux autres. Ce serait déjà être au delà du personnage.

Lorsque nous pénétrons sous la peau du personnage, nous découvrons vite jusqu'à quel point ses craintes font partie de nous, combien notre être les a acceptées comme étant lui-même. Pourtant, elles doivent être remises en question. Dans ce but, j'ai moi-même participé à un atelier au cours duquel on nous invitait à dresser la liste de nos peurs. Je travaillais au sein d'un petit groupe de sept personnes. Au départ, je croyais, tout comme vous peut-être, que je n'en avais pas beaucoup en moi. Je peinais à en énumérer quelques-unes comme celles de mourir ou de vieillir. J'étais loin de m'attendre à la longue liste que nous avons élaborée en vingt minutes.

À mesure que j'avançais dans cet atelier, la pertinence du point de vue que les animateurs nous présentaient s'imposait à moi[19]. Peu à peu, la peur m'est apparue comme le véritable facteur conditionnant, la clé de voûte de l'édifice. Cela me rappelait d'ailleurs un livre de sagesse indienne que j'avais lu plus jeune ; il commençait par affirmer qu'il n'y avait que la peur. Pour vous inspirer, je vous livre pêle-mêle et sans discrimination la liste des peurs que nous avons établie dans mon groupe. Vous remarquerez qu'elle est déjà impressionnante bien que loin d'être exhaustive. En fait, j'en ai trouvé plusieurs autres depuis.

Liste de peurs : peur d'aimer, d'être aimé, de ne pas être aimé, d'être jugé, de se tromper, de déplaire, peur de manquer de caresses, de manquer de sexe, de décevoir, d'être incapable, peur de vivre, de se dissoudre dans l'univers, d'être inadéquat, d'être malade, de souffrir physiquement, d'être rejeté, de ne pas être compris, d'être abandonné, peur de changer, de perdre, d'être malheureux, d'être heureux, de

---

19. Cet atelier sur le thème de la peur s'intitulait « Le jeu de la vie ». Il était animé par Pierre Lessard et Josée Clouâtre et offert par l'association Rayon Violet.

s'engager, de prendre des responsabilités, peur des injustices, des serpents, des araignées, du nouveau, de la vie, de la mort, du mensonge, du ridicule, de l'intimité, des OGM, de la dégénérescence physique, de l'autorité, de la puissance, peur de ne plus être libre, d'être médiocre, d'être condamné, d'être stupide, peur de parler, de confronter, de blesser les autres, de perdre ceux que l'on aime, de dépenser, d'être regardé, de ne pas être vu, peur de la violence, de la violence verbale, des conflits, peur de manquer d'argent, de manquer de temps, de mal utiliser son temps, peur de prendre sa place, de prendre trop de place, de déranger, d'abuser des autres, de manipuler, d'être manipulé, peur de ne pas réussir, peur de manquer de quelque chose, d'être nu, de chanter, de s'ouvrir, de se tromper, de vieillir, de perdre ses cheveux, de prendre du poids, de regarder ses rides, peur de la saleté, peur de se salir, de salir, de perdre la face, de passer pour un idiot, d'être trop spontané, d'être vulnérable, de pleurer, peur d'avouer une dépendance, de développer une dépendance, peur de l'orgueil, peur de perdre ses amis, de perdre son public, d'étouffer, de suffoquer, de rester seul, d'avoir à choisir, peur du succès, peur des émotions, peur de sa sensibilité, peur de s'abandonner, peur que sa vue diminue, peur d'avoir à porter des lunettes, etc.

Cette liste est assez impressionnante, n'est-ce pas? Si le cœur vous en dit, faites l'inventaire de vos propres peurs. Vous pourrez ainsi vous amuser dans les prochains jours à observer combien vous êtes leur jouet. Si vous n'avez pas de goût pour l'exercice, relisez simplement la liste ci-dessus en notant les peurs qui vous correspondent. Vous constaterez que le jeu est fascinant; il saura, je l'espère, vous donner le goût de la liberté véritable. À moins qu'il n'engendre d'autres peurs...

La hiérarchie des peurs

À l'évidence, les peurs énumérées plus haut n'exercent pas toutes la même emprise sur l'être. Ainsi, les animateurs du séminaire nous poussaient à découvrir, d'exercice en exercice, qu'il existait plusieurs catégories de peurs. Nous pourrions qualifier les premières de « circonstancielles ». Elles sont de nature réactives et émotionnelles. Parmi elles, la peur de perdre ses cheveux, d'avoir la vue qui baisse, de se tromper ou encore de se blesser.

D'autres peurs sont de nature plus « essentielle ». Celles qui ont trait à l'expression, par exemple, ou à l'amour, parce qu'elles sont liées aux élans de base dont nous avons parlé. Je pense ici à la peur du non-amour, de la solitude, de ne pas pouvoir s'exprimer, de ne pas pouvoir être utile ou encore de rater sa vie, c'est-à-dire de ne pas arriver à incarner ce que l'on désire au fond de soi. De prime abord, ces peurs semblent moins vivaces car elles ne sont pas liées aux événements quotidiens. Pourtant, elles composent un filet d'angoisse permanent qui, lui, est lié aux circonstances de notre vie au grand complet.

Finalement, il y a des peurs que nous pourrions qualifier d'« existentielles ». Elles ne sont pas liées aux circonstances de notre vie et elles viennent probablement au monde en même temps que nous, c'est-à-dire au moment où nous quittons l'univers unitaire du ventre de la mère pour vivre notre première expérience de séparation. On peut certes reconnaître parmi elles la peur de mourir, de ne plus exister au sein du Tout, celle de ne plus jouir, ou encore la peur de se dissoudre dans l'univers. Il ne s'agit pas là de craintes de surface car elles nous accompagnent toute notre vie durant et sous-tendent les autres peurs. Il ne s'agit pas d'émotions circonstancielles non plus. Ce sont des angoisses de fond qui colorent toute l'existence.

Sur le plan fonctionnel, on peut constater qu'un niveau de peur nous protège du niveau plus profond. Je reprends l'exemple de la crainte circonstancielle de se salir : le niveau superficiel correspond à la peur d'abîmer ses vêtements. Ce qui cache une inquiétude plus essentielle, moins immédiate dans mon cas : celle de voir l'état de mes vêtements me faire perdre la confiance et l'affection des autres — facteur d'exclusion qui m'empêcherait d'exercer une activité importante de ma vie, l'enseignement. Et, enfin, ce deuxième niveau cache le niveau existentiel qui est l'angoisse de séparation, la peur de ne plus exister au sein du Tout.

En réalité, ça marche à l'inverse. La peur de ne plus exister est la peur primaire et fondamentale. Elle engendre l'angoisse de ne plus pouvoir s'exprimer par l'enseignement ou de ne plus être aimé. Ce qui, en définitive, conditionne la crainte de salir ses vêtements et les comportements qui lui correspondent.

Je vous donne un autre exemple. Disons que vous avez un grand talent pour le chant, un talent en lequel vos parents n'ont pas cru. Votre élan d'expression a été contrecarré et vous avez choisi une carrière éloignée de votre essence. Aujourd'hui, vous souffrez parce que vous êtes en conflit avec votre élan d'expression fondamental. Vous vous êtes détourné de lui à mesure que les années avançaient, car vous aviez de plus en plus peur de chanter faux. Cette peur de faire des fausses notes, d'avoir l'air ridicule et de perdre la face a fait en sorte que vous n'êtes pas entré en contact avec l'angoisse qui vous collait aux tripes, à savoir l'impression que vous étiez en train de rater votre vie. Finalement, les peurs de surface vous ont permis de ne pas toucher à votre peur de mourir faute d'amour.

Nous ne pouvons sortir de ce tissu de peurs qu'en observant leur réalité en nous. Une fois que nous commençons à prendre conscience d'elles, leur emprise se relâche. En même temps, nous pouvons les diminuer en dépassant les peurs de surface pour exprimer les grands élans qui nous animent tout en sachant que la remise en question des peurs de surface nous conduira nécessairement à entrer en contact avec les peurs essentielles et les peurs existentielles. En chemin, vous constaterez que s'il est trop tard pour faire une carrière de chanteur professionnel, il ne l'est certainement pas pour chanter devant des amis, des enfants ou des personnes âgées.

À mesure que l'on avance dans la prise de conscience des peurs, les joies redeviennent accessibles parce que l'on répond mieux aux élans de fond et que l'on obéit moins aux craintes de surface. L'expression des grands élans apporte des moments de bonheur, alors que le respect des peurs mène à des plaisirs timides et à des peines exagérées. Après tout, chanter est l'essentiel, n'est-ce pas ? À moins que le besoin de reconnaissance s'en mêle : il vous semble alors que votre élan ne peut être satisfait que si vous chantez devant un grand auditoire. Ce qui me conduit à mieux préciser les notions de personnalité et d'individualité.

Personnalité et individualité

La personnalité sert de bouclier

Lorsque vous consacrez un peu de temps à l'examen de ces peurs qui, fondées sur les blessures passées, donnent naissance aux besoins, vous prenez conscience qu'elles constituent une sorte de filet de préoccupations dont le but, semble-t-il, est de vous protéger de la répétition d'expériences négatives. Elles constituent donc une sorte de bouclier psychique. Le problème est que ces craintes finissent par nous couper de nous-même. Nous devenons ainsi le jouet d'un ensemble de peurs qui s'associent à la répétition éventuelle d'un traumatisme au lieu de servir nos élans créateurs.

Ce bouclier de peurs a pour conséquence que l'élaboration de notre personnalité repose finalement sur des réactions aux heurts de l'existence. Notre personnalité se forme pour protéger notre individualité du monde extérieur mais, ce faisant, le bouclier devient une prison qui nous enferme et nous éloigne de nous parce que nous oublions en cours de route que notre individualité ne se limite pas à notre personnalité.

Une image facile. Lors d'un accident de voiture, vous vous recroquevillerez automatiquement dans le but de parer le coup ou, du moins, de le recevoir sur les parties du corps les moins vulnérables. Une fois la menace passée, il se peut que vous restiez crispé en un point de votre corps, et si vous gardez la contracture trop longtemps, elle va devenir une sorte de prison qui vous empêchera de respirer aussi librement qu'auparavant.

Le choc initial a conditionné un comportement auquel vous avez recours régulièrement et qui vous semble maintenant naturel. Ce comportement semble programmé : voiture = possibilité d'accident = peur = épaules remontées, tête avancée, souffle court. En psychologie, nous appelons cela un réflexe conditionné.

Bientôt, vous ne vous souviendrez plus que votre état naturel différait sensiblement de cette attitude contractée qui résulte d'un choc ressenti et qui se prolonge pour vous protéger de l'éventualité d'un nouvel accident. Vous n'en prendrez conscience que si vous commencez à ressentir une douleur, à la nuque par exemple ; cette douleur peut vous pousser à consulter un médecin ou un ostéopathe, qui supposera l'existence d'un traumatisme passé. Vous remonterez alors jusqu'à l'accident, vous prendrez conscience de ce qui a pu se passer, vous arriverez à dissoudre la peur d'un prochain accident, et ferez les exercices de détente nécessaires à la correction de la posture. Tout cela vous permettra de retrouver une respiration profonde.

Voilà qui est clair. Il s'agit simplement de transposer le phénomène à nos vies actuelles. Nous nous réveillons un matin avec un cancer, avec une dépression, avec un conflit sur les bras. Nous souffrons et nous voulons savoir pourquoi. Nous cherchons les causes. Cependant, ces causes, habituellement, ne se situent pas dans notre âge adulte et conscient. Le choc est bien souvent survenu dans la petite enfance, voire au moment de la naissance. Vous vous dites sans doute : c'est le psychanalyste qui parle ; il va nous ressortir la rengaine sur l'importance du passé. En effet. À la vérité, ce passé n'est pas passé justement, il « programme » encore nos comportements actuels.

Disons que, sortant du ventre tout chaud de votre maman, vous découvrez, au lieu d'un milieu accueillant, un environnement froid et hostile. Ce choc agit de la même façon que celui de l'accident. Il provoque des angoisses existentielles, comme la peur d'être arraché au paradis, qui conditionnent des attitudes de défense et de protection, même à un âge aussi précoce. Si votre mère connaît à ce même moment une période difficile, son état psychologique ne lui permettra pas de bien vous accueillir, et vous associerez à son image votre peur existentielle. Peu à peu projetée sur l'ensemble du sexe féminin, celle-ci se transformera en une peur fondamentale des femmes.

Cela pourra vous pousser à adopter une série de comportements programmés, allant de la plus grande gentillesse à la plus grande hostilité, dans le seul but de ne pas vous engager, c'est-à-dire ne pas nouer de liens intimes avec la personne la plus susceptible au monde de réveiller votre peur existentielle. Ces comportements seront voilés par des peurs circonstancielles de surface : peur de manquer d'espace vital ou de ne pas pouvoir vous exprimer librement en compagnie d'une personne de sexe féminin, qui servira de justification.

Voilà donc comment la personnalité, qui nous sert à la fois d'image et de bouclier, vient au monde. Elle se forme d'abord en réaction à des heurts et à des souffrances individuelles. Par la suite, nous adoptons de plus en plus souvent un comportement de défense, et à force de répéter les mêmes opérations internes destinées à nous protéger, nous développons un réflexe conditionné, une sorte de « programme » ou, si vous aimez mieux, un rôle constamment et inconsciemment emprunté. Je le répète, en exécutant ce programme, en incarnant ce rôle, nous n'avons en aucune façon l'impression de jouer à quoi que ce soit ni d'avoir un choix quelconque car cette façon de réagir est devenue notre identité. Nous nous identifions si totalement à cet ensemble d'attitudes réflexes que nous avons la ferme conviction de n'être rien d'autre qu'elles.

En réalité, il peut être choquant de concevoir sa chère personnalité comme un rôle que l'on joue sur la scène du monde. Pour ma part, je ne trouve pas facile de relativiser ainsi la notion de personnalité. Tout de même, l'idée me parle car elle me semble permettre la croissance psychologique. Si les traits de caractère que nous avons en partie hérités et en partie acquis dans l'enfance ne pouvaient pas être remis en question, il n'y aurait pas d'espoir. Nous serions irrémédiablement soumis au sort qui nous est échu et condamné au malheur. En revanche, si nous pouvons prendre conscience de la nature des rôles que nous empruntons, les racines du changement peuvent se développer ; nous sommes alors à même d'espérer un bonheur plus grand.

La personnalité ne représente qu'une partie de soi

Cette personnalité ne représente qu'une partie de soi ; il est nécessaire de la différencier de l'individualité, tout comme nous avons pris la peine, au chapitre précédent, de distinguer les termes besoin et élan.

Pour mieux comprendre, imaginez que vous êtes un chevalier pendant un tournoi à la cour. Vous défendez les couleurs de votre pays ; pour lui, vous réalisez des prouesses ; vous êtes imprégné de sa beauté, de sa grandeur et vous exprimez votre amour par vos exploits. Vous êtes alors dans la position d'un individu qui est en relation avec l'univers, vous vibrez des élans qui en émanent. Votre individualité sert alors la vie et vous éprouvez une grande joie.

Disons maintenant que vous éprouvez au cours de la joute l'ardent besoin d'être vu et admiré. Vous vous comparez et vous vous jugez, vous voulez être meilleur que les autres. Votre individualité glisse alors du côté du personnage, du côté de la personnalité. Ce sont les peurs et les besoins qui vous motivent ; peu à peu vous en deviendrez le jouet. Vous exécutez les mêmes prouesses et vous portez encore la force de l'univers en vous, mais vous avez besoin d'être reconnu pour la façon dont vous incarnez cette individualité. Votre bouche est pleine de « aimez-moi ! », et non plus de « j'aime ».

Prenons un exemple radicalement différent pour avoir une idée de ce qu'est une individualité dégagée du souci de la personnalité. Regardez un chien. Chaque chien est individuel, sans honte de ce qu'il est et sans souci pour son image. Même chose pour un arbre. Voilà pourquoi la compagnie des animaux et de la nature est si riche d'enseignement. Elle nous délivre du poids de notre propre importance. Bien entendu, les chiens ne peuvent pas composer de symphonies. Pour cela, il faut un individu conscient du fait d'exister et qui possède à sa disposition une certaine quantité d'énergie libre, ce que nous appelons la volonté.

Reprenons tout cela dans les termes de la psychanalyse. Le Moi conscient est le véhicule, l'organe, l'instance psychique qui nous permet de dire «je, me, moi» et d'avoir une représentation mentale de nous-même. Il occupe le centre du champ de la conscience subjective et individuelle. Il permet à l'individualité de s'orienter, de se mettre en mouvement et d'affirmer sa présence dans le monde. Non seulement, le Moi conscient constitue le cœur de notre conscience subjective, mais il est également le seul élément de notre psyché que nous puissions véritablement connaître. En effet, le reste, la plus large part, se situe dans ce qu'il est convenu d'appeler l'inconscient, un terme technique qui désigne simplement ce qui est en dehors du champ de la conscience.

Nous pouvons cependant abuser du Moi. Lorsque nous l'utilisons de façon excessive pour affirmer notre personnalité, nous devenons la proie de l'orgueil. Notre personnage se consolide alors. Il devient le point de référence central et l'*ego* devient ainsi le siège de l'égocentrisme.

Il est important cependant de garder à l'esprit qu'ego ne signifie pas obligatoirement égocentrisme. Autrement, nous en arriverions aux aberrations selon lesquelles il faut «casser le Moi», une expression répandue dans certains milieux du courant de la spiritualité. Mais lorsque notre Moi est cassé, il n'y a plus personne à la maison, pour ainsi dire. Les gens dont le Moi est cassé se retrouvent à l'hôpital psychiatrique. Les gens dont le Moi est mangé par la maladie mentale ne se sentent pas *comme* Jésus-Christ ou *comme* Jules César en se levant le matin. Ils croient fermement qu'ils *sont* Jésus-Christ ou Jules César. Ils en ont une conviction inébranlable.

C'est la référence constante à «je, me, moi» qui peut devenir problématique, non le fait que le Moi existe. S'il n'existe plus, l'individualité ne peut plus se propulser de façon cohérente.

Jung a été un précurseur dans cette façon de penser en proposant l'hypothèse du processus d'individuation, à savoir le processus par lequel un être devient réellement un individu. L'individu «individué»

a pris conscience de sa dimension globale. Il sait que son Moi conscient, cette instance qui lui permet de dire «je», n'est pas le véritable
centre de sa personne. Il ressent qu'un autre centre agit en lui : le Soi.
Il s'agit donc d'établir une relation consciente entre le Moi et le Soi,
un axe Moi-Soi. Jung considérait la réalisation de ce Soi comme
paradoxale : il s'agit de devenir le plus originalement possible ce que
l'on se sent appelé à être comme individu, tout en prenant conscience de sa parenté, de sa similarité avec le Tout, l'universel. Pour
Jung, donc, l'individualité repose sur le lien avec l'universalité.
Autrement dit, l'être individué incarne les grands élans créateurs,
ceux qui sont déposés en chacun de nous, qui sont commun à l'espèce
humaine[20].

Je veux insister sur la nature paradoxale de cette prise de conscience : à mesure que l'être se rend compte de sa véritable spécificité,
à mesure qu'il devient «individuel», il réalise que cette individualité
ne constitue qu'une des déclinaisons possibles de l'élan vital. Pourtant, le moi individuel est essentiel. Il demeure la seule porte d'entrée
possible pour avoir accès au Soi. Comme je viens de le dire, dans une
crise psychotique, le Moi éclate et disparaît. Les vagues de l'océan
universel submergent l'îlot de l'individualité. Dans une névrose, le
contraire se passe : le Moi nie qu'il puisse y avoir un océan.

L'existence du Soi, comme celle du Moi, est une hypothèse. On
ne peut la prouver. Cependant, pour peu que l'on abandonne la façon
habituelle de penser, on peut l'éprouver sous la forme d'une vitalité
accrue. En ce sens, l'hypothèse est intéressante car elle permet de saisir une dimension bien réelle de notre individualité.

Dans la perspective d'une évolution possible, vous comprendrez
que l'identification exclusive à la personnalité représente une terrible
limitation. Comme si notre chevalier dans sa joute s'identifiait à ses
apparats et à son bouclier. Comme si l'acteur que vous regardez à

---

20. Carl Gustav Jung nous livre l'essentiel de ses réflexions sur le sujet dans *Dialectique
du Moi et de l'inconscient*, Paris, Gallimard, coll. «Folio/Essais», n° 46, 1973.

l'écran avait effacé de sa mémoire qu'il existait en dehors de son rôle. Comme si, à l'instar d'Hélène et Henri, nous avions oublié que nous existons en dehors de nos blessures.

Il n'y a pas de jugement à poser. Il s'agit de la vie et de nos réactions à la vie. Il n'en demeure pas moins que, lorsque nous nous identifions complètement à ces réactions de défense, nous devenons prisonnier de notre personnalité ; elles nous empêchent de suivre les élans qui nourrissent notre individualité. Pensez à toutes les fois que vous avez réprimé un élan de joie ou un élan créateur par peur de déplaire aux autres, et vous aurez une idée de ce que je veux dire.

En résumé, le monde extérieur agit sur nous et la personnalité se développe en réaction à ces frictions agréables ou désagréables. La personnalité procède d'une identification à ces réactions. Comme nous l'avons vu, à ce titre, elle se compose d'un ensemble de réflexes conditionnés par le passé. Elle est réponse aux blessures de l'enfance. Elle est compensation active de certains déficits par des habitudes de vie qui permettent de se protéger et de survivre pour un temps. Elle se constitue également d'un ensemble de croyances, la plupart du temps inconscientes et limitatives.

La personnalité résulte d'un mécanisme d'identification à ces réactions répétées devenues des réflexes. Ce mécanisme qui crée l'identité personnelle est motivé par une peur profonde et inconsciente. Il s'agit de la peur de ne plus être, la peur de ne plus exister, la peur du mouvement de la vie, la peur de mourir, la peur d'être dissous dans l'océan de l'existence, la peur d'être fondu dans le Tout, la peur du néant. Cette peur de ne pas exister en tant qu'individu au sein du Tout engendre notre besoin d'être vu comme quelqu'un, de voir confirmé dans le regard des autres que nous existons, que notre personne existe. Nous avons peur que notre individualité disparaisse si nous abandonnons le souci constant d'exister comme une personne aux yeux des autres.

Je le répète, la personnalité ne résume pas l'individualité. Cette dernière n'est pas entièrement contenue par le personnage de surface.

L'individualité véritable exprime l'universalité. L'individualité est incarnation et spécification de l'élan vital universel. Alors que la personnalité est incarnation et spécification des besoins et des peurs. L'individualité représente une ouverture de l'être sur sa nature fondamentale, la personnalité relève d'une fermeture et d'une contraction.

Les goûts profonds d'un être s'associent à son individualité, car chacun de nous dispose d'une voie privilégiée pour exprimer l'universalité. La personnalité peut servir l'élan individuel-universel lorsqu'elle est ouverte, mais, en général, elle coupe l'être de sa nature fondamentale en érigeant un bouclier de peurs et de protection. Le problème survient lorsque cet ensemble de réflexes conditionnés a atteint une autonomie telle que nous nous identifions complètement à lui.

Encore une fois, je suis conscient que cette distinction entre le Moi et le Soi, entre les termes « personnalité », et « individualité », demande réflexion. Il faut les intégrer lentement, en commençant par ce qui résonne en soi. En ce qui me concerne, je trouve ces points de vue très stimulants. Ce sont eux qui m'ont mené du côté de Jung, en premier lieu. Ils sont à terme un instrument pratique. Ils portent en tout cas un espoir que la psychologie classique n'offre pas puisque, ne reconnaissant pas le Soi, elle n'a d'autre horizon que celui de la personnalité et de ses écueils.

Individualité et universalité

Quelques mots de plus sur la notion d'universalité, que j'emploie fréquemment. J'y tiens, même si la réflexion sur le sujet implique momentanément d'accélérer le tempo de notre danse, et d'oser des pas aventureux.

L'universalité est le mouvement qui anime l'univers, l'élan vital qui le meut. Pourtant, cette universalité n'est perceptible qu'à travers des phénomènes individuels. Ce qui fait que nous prenons conscience de ce qui existe au sein d'un immense paradoxe : les choses, les plantes, les animaux et les êtres humains nous sont abordables sous une forme à la fois semblable et à la fois différente. Malgré tout, nous avons une sorte de perception ou de conviction intime de cette universalité. Nous pressentons notre capacité à nous unir et à devenir Un avec tout ce qui existe. La peur, fortement ancrée dans notre personnalité, de voir notre individualité diluée dans le Tout pourrait bien s'avérer illusoire. L'univers se compose essentiellement de phénomènes individuels qui sont mus par l'universalité. Cet élan vital habite chaque fibre de notre individualité. Voyant cela, nous pourrions en somme émettre l'hypothèse que la personnalité meurt mais que l'individualité demeure.

Tout de même, individualité et universalité, individu et univers, quelle affaire! L'univers créerait-il des individualités pour qu'elles reviennent à leur universalité? Autant dire qu'au centre de chaque individu, vraisemblablement au cœur de chaque cellule, se trouve la marque de l'univers. Par exemple, la sève qui circule dans une pomme individuelle pendue au bout d'une branche constitue à la fois l'essence de la pomme et celle de l'arbre entier. Si on enlève la sève, l'arbre et la pomme mourront rapidement.

Nous pourrions également faire l'hypothèse que, pour assurer le développement de l'être humain, la nature a utilisé la même stratégie que pour créer des planètes. Nous savons qu'après le big-bang, il n'existait que des fragments de matière en flottement. Peu à peu, ces fragments ont formé des amas. Ces amas de matière éparse sont devenus à la longue des agglomérats qui, possédant de plus en plus de masse, ont acquis la propriété de s'arrondir et de produire des phénomènes de gravitation.

L'anthropologue et psychanalyste Erich Neuman décrit de la même façon l'émergence de la conscience chez l'individu[21]. Il émet l'hypothèse qu'il existe des fragments de matière psychique chez le nourrisson, dès la naissance. Autrement dit, des pensées embryon-

---

21. Neumann, Erich, *The Origins and History of Consciousness*, traduit par R.F.C. Hull, Princeton University Press, 1954. Dans ce livre fascinant, l'auteur porte un regard sur l'histoire de la conscience humaine, des points de vue historique et psychologique.

naires, des sensations crépusculaires, des sentiments vagues, des lumi-
nosités à peine perceptibles s'agglomèrent graduellement en lui jusqu'à produire un champ conscient autour d'un élément central : le
Moi. De la sorte, la conscience de soi peut advenir. Cette individualisation progressive du champ de la conscience et du Moi se fait sous
l'action d'un élément central, le Soi[22], qui tel un potentiel invisible
au sein de l'organisme assure la formation et la mise en place d'un
appareil psychique similaire d'un individu à l'autre.

Il ne sert à rien de tenter de personnaliser ou de localiser ce Soi.
En physique, nous parlerions d'une *propriété émergente* qui se comprend comme suit : lorsque nous considérons un amas de matière physique ou psychique, nous ne savons pas qu'elle recèle telle propriété ;
celle-ci émerge à mesure que l'amas se développe, exprimant ainsi la
force structurante qui guidait son développement, une force qui n'apparaît qu'une fois la forme manifestée. Il en va ainsi pour la forme psychique humaine.

Tout comme une graine de sapin va assurer le développement d'un
sapin et non d'un pin parce qu'elle possède en elle le plan du sapin, une
microscopique cellule humaine possède en elle les informations nécessaires au développement d'un corps et d'un cerveau parfaitement fonc-
tionnels. Cette cellule possède aussi une information selon laquelle
tous les êtres de l'espèce humaine pensent, sentent, ressentent et symbolisent de la même façon. Cette information est nommée archétype.
Elle assure le développement de tout l'appareil psychique avec ses différentes instances et ses différents organes.

Cependant, si nous observons une similarité de structure psychique
chez tous les êtres humains, il faut ajouter que cette structure s'accompagne chez chacun de caractéristiques individuelles. Sans doute est-ce

---

22. Avec l'Ombre, la Persona, l'Animus et l'Anima, le Soi est un des archétypes de l'inconscient collectif; «collectif» au sens où il est présent en chacun. Comparables aux
schèmes de comportements que l'on trouve chez les animaux, les archétypes assurent la
transmission de l'expérience humaine sur le plan psychique. Le Soi représente à la fois le
cœur de notre individualité et, en même temps, notre participation à l'humanité entière.

le reflet de ce qui se passe sur le plan physique : bien que possédant les mêmes caractères de base, les individus sont tous dissemblables. À partir de matériaux universels, la nature crée de l'individualité.

D'une certaine façon, du point de vue où nous nous trouvons, celui de la forme achevée, nous pouvons simplement constater la présence du Moi, c'est-à-dire la présence, chez la plupart des individus, d'une référence consciente à soi. À partir de cette constatation, nous pouvons émettre l'hypothèse d'une énergie formatrice qui guide ce développement. En réalité, comme je le disais, ce Moi conscient est tout ce à quoi nous avons vraiment accès. Nous sommes donc aux prises avec un facteur psychique déjà hautement individualisé. Il peut sembler difficile de concevoir qu'à travers lui se manifeste une structure universelle. Car, comme je l'ai dit, nous ne pouvons voir l'universalité, nous pouvons seulement conclure à son existence, ou encore, la pressentir comme agissant à l'intérieur de soi.

Au sein de l'universalité, une pulsion veille à la formation de notre individualité, il s'agit de la pulsion de différenciation. Il ne faut pas confondre cette pulsion avec les impulsions et les peurs qui, elles, contribuent à la naissance de la personnalité. La pulsion de différenciation est une des grandes pulsions de l'être. En ce sens, elle est irrépressible ; elle représente un destin à accomplir. Que nous le voulions ou non, nous devenons un individu différent des autres, tout comme nous naissons homme ou femme sans le choisir. Cette pulsion de spécification progressive témoigne de la croissance de la complexité en nous. Elle nous inscrit dans l'histoire de l'évolution. Mais cette croissance de la complexité s'avère ambiguë : elle peut devenir tremplin vers le Soi, ou sceller la porte d'une prison toute personnelle car la conscience d'une différence individuelle devient souvent source de confusion.

À coup sûr, une différence affichée et ressentie peut engendrer souffrance et enfermement. Comme elle constitue une sorte de resserrement par rapport aux possibilités universelles — puisque nous ne pouvons posséder tous les nez et toutes les bouches possibles, ni posséder toutes les qualités —, comme, de plus, la conscience de la différence naît au travers de frustrations vis-à-vis de notre entourage, nous en arrivons souvent à confondre l'histoire de ces frustrations avec notre individualité. Il n'en est rien. Même sans ces frictions négatives, nous serions devenu un individu différent des autres avec une conscience de cette différence. Cependant, peut-être qu'en l'absence de frustrations, la conscience d'appartenir à l'humanité aurait été plus forte que le sentiment d'en être séparé.

L'histoire de la peur en nous

Les peurs de notre personnage

En somme, en nous situant dans un contexte plus large, nous pourrions dire que, dans sa poussée d'individualisation, l'être humain rencontre des heurts qui engagent la formation de la personnalité. Celle-ci agit à titre de protection et son développement est inévitable. Le mal, si mal il y a, ne réside pas dans l'acquisition d'une personnalité mais plutôt dans les mécanismes d'attachement et d'identification, motivés par les peurs, qui vont faire en sorte que le Moi s'identifiera à ces heurts plutôt qu'à une individualité qui traduit l'élan vital et la joie de vivre. Il s'enferme alors dans une identité étroite qui devra être remise en question.

Autrement dit, la vie elle-même propose la formation d'une personnalité comme réponse aux heurts de l'existence. Cependant, cette personnalité devient étouffante quand le Moi se réfère exclusivement à son histoire familiale pour définir son identité. Il faut donc la dissoudre, ce qui signifie cesser de s'y identifier.

Plus vite dit que fait. Comme nous l'avons vu, nous craignons sans le savoir d'entrer en contact avec des peurs existentielles comme celles de la solitude ou du sentiment de ne plus exister. Nous sommes protégé de ce contact par la construction d'un personnage qui met en œuvre un ensemble de craintes de surface dont nous devenons littéralement prisonnier.

Des peurs superficielles comme la peur d'être jugé ou la peur de manquer de confort matériel nous protègent des terreurs de fond et contrôlent subtilement notre évolution. Le barrage que constituent ces peurs nous préserve d'un fléau plus grand, et cela, quelque chose en nous le sait. Nous ne remettons pas en question notre personnalité par crainte de rencontrer la solitude intrinsèque de l'être et de perdre nos repères vitaux. En effet, se délivrer des petites peurs pour aller vers des peurs plus grandes n'est pas une perspective très alléchante. Il s'agit pourtant du chemin que chacun est invité à suivre.

L'étape de la perfection initiale

Nos peurs ont une histoire fortement associée au développement de notre conscience subjective. Les hypothèses cliniques actuelles postulent qu'à l'état fœtal nous ne possédons pas de conscience subjective. Celle-ci n'est qu'un vague potentiel, tout au plus. Elle attend les conditions propices pour émerger. Nous vivons alors en symbiose avec la mère dans un monde unitaire et presque parfait. Nous flottons dans le liquide amniotique, bien au chaud, logé, nourri, et dans le meilleur des cas, aimé. L'empreinte de cet état en nous est, semble-t-il, d'une grande importance. Les psychanalystes en ont fait la métaphore du paradis perdu où nous voudrions inconsciemment retourner. Ils décrivent cet état comme une toute-puissance et une perfection initiale. Tout est Un et nous sommes ce Tout. Cela dit, il faudrait sans doute chercher aussi ailleurs l'origine de la trace de cet état paradisiaque puisque, comme je l'ai mentionné précédemment, les recherches montrent que de nombreux enfants ont une vie fœtale troublée par l'angoisse. La naissance, qui est à la fois séparation et délivrance, viendra perturber ce stade initial de perfection. Nul n'a conscience de sa naissance, pourtant, la trace semble rester en nous de cette première séparation. Le psychanalyste Otto Rank n'hésite pas à la décrire comme un véritable traumatisme.

En tout cas, nous pouvons certainement la concevoir comme la sensation profonde d'un abandon. Cette séparation d'avec la mère, ajoutée au fait de devoir quitter un milieu de satisfaction totale, laisse dans l'être une marque indélébile, origine d'une première peur de nature viscérale : la peur d'être abandonné à nouveau. Songeant à cela, nous pouvons mieux comprendre les réflexes ataviques de recherche de sécurité qui se déclenchent en nous dès qu'un changement important se profile. Nous pouvons mieux saisir la nature des problèmes de dépendance affective qui affectent une personne qui, tout en se sentant abusée par son conjoint, refuse de s'en séparer. Elle sait viscéralement qu'affronter la solitude va réveiller la terreur ancienne liée à la séparation.

De la sorte, nous pouvons éclairer la genèse de certains conflits inconscients qui animent les êtres humains : si notre ancrage dans l'universalité nous assure que le bonheur réside dans l'ouverture, notre entrée dans la vie nous apprend que l'ouverture nous expose à la peur de la séparation et de l'abandon.

Théoriquement parlant, la bienveillance des parents, la sollicitude de la mère, la chaleur d'un environnement humain bon et respectueux de la vie, tant dans notre nouveau foyer que sur la terre entière, devraient nous aider à faire sans trop de heurts la transition entre le ventre maternel et le ventre familial. Ce n'est pas si souvent le cas. Les parents font de leur mieux mais, inévitablement, des délais, des retards, des absences, des insécurités parentales ou des maux physiques vont venir signifier à l'enfant qu'il évolue maintenant dans un tout autre monde.

L'expérience de la première séparation engendre donc, dès le départ, un état de crispation et de renfermement sur soi, comme si le nourrisson interprétait instinctivement que, s'il s'ouvre à nouveau, il sera laissé seul. Elle est une tension avant la tension, si vous voulez.

Cette tension de fond demeure inconsciente et elle se relâche rarement, sinon jamais. Notre vie durant, elle demeurera le principal rempart que nous utiliserons pour faire échec à la perception de la solitude intrinsèque de l'être, solitude par laquelle il faudra pourtant passer avant de retrouver le sentiment de communion intérieure avec l'humanité. En réalité, non seulement un être humain devra passer par cette solitude pour se développer, mais il devra également faire face à la peur viscérale qu'il en a. C'est cette terreur qui, dans la plupart des légendes, prend la forme du monstre ou du dragon que le héros doit affronter.

À la suite du psychanalyste Wilhelm Reich, la psychothérapeute Marie Lise Labonté utilise le mot « cuirasses » pour qualifier le développement en soi de peaux protectrices qui nous évitent d'entrer jamais en contact avec nos terreurs. Elle parle ainsi de la cuirasse du mal-aimé, de celle du désespéré, et de plusieurs autres[23]. Nos cuirasses correspondent aux jeux que nous jouons sur la scène de la vie. Elles représentent nos personnalités, des boucliers qui nous protègent mais qui bloquent notre vitalité.

Se défendre contre le sentiment d'abandon

Les observations conduites par les chercheurs sur la vie du nourrisson témoignent de l'ampleur de la peur originelle de la solitude. Elles les ont conduits à poser l'hypothèse que l'enfant à peine né se défend déjà contre la perception de l'abandon et de la séparation. Il fait tout son possible pour rester dans le monde de la fusion unitaire. Pour donner sens à leurs observations, les théoriciens de cette partie de la vie parlent de la formation de pensées primaires chez l'enfant. Ce dernier se rassurerait sur le maintien de la totalité et de l'unité fondamentale du monde en se représentant mentalement comme une partie de la mère qui dort ou comme une extension de son sein. Ou encore il verrait la mère comme une partie de lui-même. Dans son esprit, ils continuent à former un tout uni et indifférencié.

Pourtant, tôt ou tard, les inconforts et les heurts inévitables de la vie de bébé, tels que retard dans les soins, délai imposé au moment de

---

23. Labonté, Marie Lise, *Au cœur de notre corps*, Montréal, Les Éditions de l'Homme, 2000. Dans ce livre, l'auteur associe la méthode de l'antigymnastique, développée par Thérèse Bertherat, aux théories de Wilhelm Reich, pour nous décrire comment nos carapaces psychiques sont devenues des cuirasses physiques.

la tétée, biberon trop chaud, vont venir dire à l'enfant qu'il n'est pas tout-puissant et que, par conséquent, le monde ne lui obéit pas. Chacun de ces heurts menace l'illusion qu'il a forgée pour retarder son entrée dans le monde de la dualité et de la différence, son entrée dans le monde de la peur. Il ne pourra bientôt plus nier qu'il existe au moins deux personnes distinctes dans l'univers.

Il se réconfortera alors en imaginant que, si l'univers comporte deux personnes, au moins est-il le centre puisque tout semble tourner autour de lui. Mais, inévitablement, cette illusion sera mise en échec, elle aussi. Bientôt, il devra se rendre à l'évidence : il est peut-être le centre de l'univers de sa mère, mais celle-ci a un autre centre d'intérêt : le père. Dans l'esprit du jeune garçon, celui-ci peut même devenir un dangereux rival car il met en péril le mariage symbolique qu'il vit avec sa maman.

La présence du père et le principe de triangulation qu'il représente vont à leur tour triompher. Ce faisant, l'enfant découvrira qu'il ne vit plus en fusion symbiotique avec sa mère, dans une relation duelle, mais bien dans une relation triangulaire. De surcroît, il s'aperçoit qu'il est de moins en moins le centre puisqu'on le met à l'écart de temps à autre. Papa et maman semblent exister de façon autonome, en dehors de lui, comme ce dimanche matin où il n'a pas pu, selon son habitude, forcer la porte de leur chambre. Un jour ou l'autre, chaque enfant rencontre sa peur de l'abandon, et doit trouver des ressources intérieures pour y répondre.

L'enfant-roi

D'un point de vue psychologique l'idéal serait que l'enfant rencontre tout cela au fur et à mesure d'un ensemble de frustrations mineures plutôt que par le biais de traumatismes insurmontables pour sa jeune conscience en formation. Les petites frustrations qu'un enfant peut intégrer le poussent à réaliser graduellement qu'il est bel et bien un être séparé, mais que ce n'est pas pour autant une catastrophe. Il se rendra compte alors que, s'il n'a pas tout le pouvoir, il n'en est pas totalement dénué puisque son entourage répond favorablement à l'expression de certaines de ses demandes. Autrement dit, la douceur et la bienveillance de la relation avec les parents compensent la terreur de la séparation ressentie.

J'ajoute au passage que les petites frustrations graduelles jouent un rôle très important pour la construction de l'autonomie réelle de l'enfant. Ainsi, l'enfant qui se trouve seul parce que les parents sont inaccessibles quelques heures durant sombrera immanquablement dans des sentiments dépressifs et dans des angoisses de séparation. Il devra pourtant négocier en solitaire avec ces sentiments en inventant des dialogues symboliques avec poupées et oursons, façon fantasmatique de s'adresser à ses parents. Il se crée ainsi un monde transitionnel intérieur qui le protège encore une fois d'une perception trop aiguë de sa solitude fondamentale. Il répond ainsi par ses propres moyens à la frustration et à l'angoisse que la peur d'être abandonné provoque en lui.

Développer sa capacité psychologique de puiser dans ses ressources intérieures pour faire échec à l'angoisse permet à l'enfant d'acquérir un détachement qui lui sera salutaire. Les jeunes en difficulté nous font prendre conscience que les enfants qui n'ont pas eu la chance de développer cette habileté parce que l'on a répondu à tous leurs caprices dans le but de leur éviter certaines désillusions et donc certaines peurs, sont restés dépendants de leurs parents et demeurent fragiles face aux revers extérieurs. Les enfants-rois, « frustrés de frustration », deviennent les compagnons d'infortune de ceux qui ont subi des désillusions massives. Ils souffrent, pour ainsi dire, d'un excès de confiance en eux-mêmes et d'une estime de soi artificiellement gonflée, qui s'écroulera fatalement lorsqu'elle sera assaillie par les épreuves de la vie. Il faut comprendre que la mise en échec graduelle et à petite dose des tentatives de l'enfant pour assurer une toute-puissance illusoire se révèle absolument nécessaire, même si elle engage, à l'occasion, la culpabilité des parents.

C'est exactement pour cette raison qu'il n'est pas conseillé de répondre au moindre caprice exprimé par un enfant, en ce qui concerne le choix des aliments, par exemple, ou celui des jouets ou des vêtements. Il est bon que les parents, qui ont plus d'expérience que leurs rejetons en ces matières, n'abandonnent pas toute autorité.

L'enfant habitué à compter sur ses propres ressources ne deviendra pas un adulte qui s'aplatit devant la moindre difficulté. Il chérira l'autonomie intérieure. Il développera moins de dépendance envers son entourage car il ne le concevra pas comme chargé de répondre à tous ses besoins et de parer à toutes ses craintes. Par conséquent, s'il doit affronter un obstacle, il ne se verra pas en victime du destin. En somme, un parcours accompli en douceur sert de fondation à l'établissement d'une saine estime de soi. Un tel être sait qu'il n'a pas tous les pouvoirs mais qu'il possède un pouvoir certain. De plus, parce qu'il a déjà pu expérimenter son propre pouvoir, il est moins soumis à la peur.

L'enfant-Cendrillon

À l'inverse de l'enfant-roi, nous trouvons l'enfant-Cendrillon. Pour faire image, disons que c'est celui qui n'a jamais trouvé la porte des parents ouverte ni le dimanche matin ni aucun autre jour. C'est celui qui ne s'est jamais senti accueilli ni compris. Parfois même celui qui a été violenté ou abusé sexuellement. Son parcours traumatique lui impose des sentiments de dévalorisation qu'il aura peine à surmonter par la suite. L'estime de soi risque de s'en trouver très vacillante, ce qui affectera grandement sa confiance en lui-même. Selon sa façon de réagir aux injustices subies, cela le jettera dans une quête de reconnaissance sans fin ou bien dans des comportements hostiles ou agressifs, qui témoigneront de sa profonde désillusion et de son désespoir.

Cet enfant vit dans le monde de la peur; il est aux prises avec des terreurs qui le submergent régulièrement. Bien souvent, le seul moyen de survivre qu'il trouve consiste à terrifier à son tour son entourage. La peur qu'il voit naître dans les yeux des autres lui est une confirmation par la négative de sa puissance. Pourtant, aussi étrange que cela puisse paraître, ces comportements de rupture demeurent à n'en pas douter des demandes inconscientes et répétées d'attention positive de la part des autres.

Cette attente de reconnaissance est cependant souvent d'ordre magique, et plus la carence est grande, plus la représentation fantasmatique de la réparation sera grandiose. Prenons par exemple le conte de *Cendrillon*. L'attente d'une reconnaissance magique y est figurée par la venue du prince charmant, et la dévalorisation menaçante par le carrosse qui, à minuit, se transforme en citrouille. Dans la vie, la situation parfaite que fantasme la personne traumatisée se présente rarement : le prince charmant n'apparaît pas et Cendrillon se promène plus souvent en citrouille qu'en carrosse. Mais en imagination, cette personne se construit un monde fantasmatique qu'il lui sera très difficile de remettre en question quand elle voudra affronter la réalité. Dans son monde imaginaire, la personne traumatisée est non seulement puissante mais toute-puissante — une toute-puissance fantasmée à la hauteur des traumatismes qu'elle a vécus.

En somme, le manque de réponse répété de la part de l'entourage à l'expression de besoins primaires, tels que nourriture, propreté, sécurité ou sommeil, aura des conséquences difficiles à surmonter. Surtout pour l'estime de soi. La personne se sentira nulle, dévalorisée ; elle risque d'être submergée par la honte. Elle aura tendance à réagir aux contrariétés en se réfugiant dans un monde fantasmé. Ou bien elle affirmera de façon brutale et agressive une toute-puissance illusoire, cherchant à exercer un pouvoir sur les autres, dont la réalité lui fait trop mal ou trop peur. Ou bien encore, elle se soumettra à la première autorité venue. La théorie psychanalytique nous décrit amplement l'effet de ces carences primaires, source de nombreux symptômes décelables chez les adultes, et, partant, de différents types de personnalités. Il faut sans doute chercher de ce côté-là la genèse de la plupart des problèmes de dépendance et de délinquance.

Qu'en est-il maintenant de l'enfant laissé à lui-même, en totale liberté, sans frontière aucune ? Peu importe le milieu d'où il vient, il risque de devenir un terrain propice pour la peur et l'insécurité. Les limites que posent les parents contraignent d'une part, mais, d'autre part, elles sont un facteur de sécurité intérieure. Elles permettent à l'enfant d'avoir un cadre pour évoluer et lui offrent du même coup un espace personnel et une possibilité de se centrer sur lui-même pour s'épanouir.

La différenciation sexuelle

Sur le chemin des désillusions nécessaires, la perception et la reconnaissance de la différence sexuelle constituent le choc qui va venir définitivement à bout du sentiment de toute-puissance illusoire de l'enfant, le sentiment par lequel ce dernier fait échec à la peur. Ne possédant à l'évidence qu'un seul des deux sexes, l'enfant se rend compte qu'il est tout au plus la moitié du monde. Encore une fois, il résiste car il craint ces prises de conscience. Il veut qu'on le rassure quant à la possibilité de retrouver la perfection perdue. Ainsi, un petit garçon demande à sa maman quand il pourra porter un enfant dans son ventre comme elle, ou une petite fille s'enquiert du moment où son pénis va pousser.

Une fois l'évidente différence constatée, commence un autre jeu: prouver qu'un sexe est supérieur à l'autre. Il s'agit de nier la cruelle dissemblance en dominant et en dévalorisant ceux ou celles qui possèdent la partie manquante. Les stratégies de négociation avec ce qui est distinct se révèlent brutalement dès le tout jeune âge. Certains êtres humains semblent même bloqués à ce stade, tentant leur vie durant de prouver la supériorité d'un sexe sur l'autre. La peur de la différence motive une telle entreprise.

La puberté et l'adolescence

La vie continue et la pulsion de différenciation poursuit son œuvre. Irrésistiblement, elle mène l'être à son autonomie. Une fois la différence sexuelle négociée, l'individu comprend peu à peu qu'il y a des avantages à être différent, à posséder une conscience individuelle.

Arrive alors la puberté, signal qu'il est temps de sortir du cocon familial. Ce moment constitue une avancée magnifique dans nos vies et une sorte de parenthèse bénie : c'est une des seules périodes qui voient la curiosité instinctive triompher presque spontanément des peurs viscérales inspirées par la perspective d'une nouvelle séparation.

Même si la puberté et l'adolescence sont de nouvelles épreuves pour l'affirmation personnelle, surtout chez ceux ou celles qui, par manque ou par excès de confiance en soi, continuent à souffrir de leur différence ou de la différence que les autres présentent, il n'en reste pas moins qu'à l'âge de quatorze ans l'être est prêt à prendre son envol. C'est d'ailleurs à cet âge que, dans les sociétés primitives, on se mariait.

L'adolescent ne syntonise plus la fréquence « parent » sur la bande de son baladeur ; il est branché sur la fréquence « amis ». Même les parents de ses amis ont plus d'intérêt à ses yeux que les siens. Il découvre le monde à sa façon, entreprend d'avoir une vision personnelle, et fait ses premières expériences sexuelles. Il franchit alors de nombreuses limites et de nombreuses peurs ; la liberté véritable lui semble à portée de la main.

De ce point de vue, l'adolescence coïncide en quelque sorte avec la maturité de l'être puisqu'elle porte l'élan de vie et d'autonomie à son maximum. Cette perspective ouvre de nouveaux horizons. En effet, nous pouvons constater que l'adolescent incarne tous les élans évoqués précédemment : il a le goût de s'affirmer individuellement, il a le goût de participer au monde, il veut créer et transformer, et il veut toucher au sublime. Cela ne veut pas dire qu'il est prêt ou qu'il a été bien préparé pour répondre à cet appel pur de la vie en lui. Mais il en a le plein potentiel.

Cela explique d'ailleurs pourquoi l'adolescence est devenue une période si troublée en Occident. Alors que la pulsion de différenciation et d'autonomisation se fait sentir avec force, l'être n'a pas été préparé à voler de ses propres ailes. Il arrive même parfois que des parents, pensant protéger un enfant, ou parce qu'ils en sont devenus dépendants, diffèrent le moment de cette prise d'autonomie. La crise n'en sera alors que plus virulente car quelque chose d'instinctif pousse l'adolescent à ouvrir les ailes, malgré ses peurs et malgré les peurs de ses parents. Tout ce qui s'oppose à cet envol provoque de la souffrance en lui, une souffrance que, bien souvent, il ne comprend pas lui-même.

La peur de la différence

Le paradis de l'enfance...

Lorsque j'étais enfant, mon activité préférée, après la bicyclette et la natation, consistait à me réfugier dans les pages d'un livre, à l'ombre, l'été. Ah! lire à l'ombre, dans l'herbe, avec un livre qui sent le vieux papier. Car, à l'époque, les livres avaient une odeur qu'ils ont maintenant perdue... Lire à l'ombre, c'était le paradis, un paradis où je me sentais en parfaite communion avec ce qui m'entourait. Des instants de bonheur total.

Nous vivions en bordure d'une petite ville, dans une rue que l'on venait d'ouvrir, un milieu en pleine mutation. Devant notre maison s'étendaient les champs d'un cultivateur, alors que derrière, il y avait un quartier d'immeubles dont les logements étaient alloués aux vétérans de la Seconde Guerre mondiale. J'y ai rencontré mes amis d'enfance. Ce quartier entre ville et campagne connaissait la violence familiale. C'était encore l'époque où l'on disciplinait les enfants à coups de claques, de règle ou de ceinture.

Peut-être les cauchemars des rescapés de la guerre et les rêves de ces hommes et de ces femmes au passé difficile se répercutaient-ils sur leur progéniture ; on aurait dit que la violence des parents agitait aussi les enfants : nos jeux étaient souvent cruels. Il y avait des bandes rivales, et nous nous livrions à de véritables batailles rangées. Nos compagnons d'un soir pouvaient devenir des ennemis jurés le lendemain.

Dans ce monde où la sensibilité n'avait pas beaucoup de place, j'ai vite découvert qu'il n'était pas de bon aloi d'être premier de la classe ni de suivre des cours de piano ou de diction. Mes meilleurs amis se retournaient contre moi s'ils me surprenaient revenant de ma leçon de musique, un cahier sous le bras. Si ce n'était pas la raclée, c'était la ronde des humiliations. Leurs railleries me transformaient sur-le-champ en « fifi », en « tapette », bref, en homo potentiel, la pire insulte que l'on pouvait imaginer dans le Québec profond des années 1950.

Lorsque j'allais à mes cours de diction, je n'avais pas de cahier à cacher mais, par contre, je devais affronter un quartier encore plus violent que le nôtre : pour pouvoir traverser certaines rues, il fallait payer une taxe. Si bien que je perdis comme par enchantement le goût de la bonne prononciation. Quant à être premier de la classe, je compris vite que ce n'était guère payant non plus. À la fin des cours, je rentrais chez moi, tout fier, avec les livres de prix que j'avais mérités, mais poursuivi par un voyou décidé à venger son malheur d'être dernier.

Lorsque j'étais jeune, lire à l'ombre d'un arbre représentait une activité dangereuse. Il y avait définitivement un serpent dans le paradis. Je ne savais pas pourquoi. Je ne savais pas que l'envie existait. Je ne savais pas que le goût de détruire celui qui est différent de soi était monnaie courante. Je ne le savais pas dans ma tête mais je l'avais compris dans mon cœur. Pour survivre, j'ai passé le reste de mes études primaires cantonné à la troisième ou quatrième place de la classe, histoire de ne pas susciter trop de convoitise et de rêver en paix.

Se diminuer pour vivre en paix, taire des parties de soi pour plaire aux autres ou par crainte des autres, je suis loin d'être le seul à avoir pratiqué ce jeu, je vous l'assure. Lorsque j'étais jeune, le monde dans lequel je vivais avait une peur bleue des différences. La différence, il fallait l'écraser, l'humilier, l'anéantir. Tout ce petit monde ne savait pas encore qu'en abolissant la différence autour de soi on l'abolit aussi en soi. Tout ce petit monde ne savait pas que ce que l'on fait aux autres, on se le fait aussi à soi-même. Dans mon enfance, le péché capital consistait à « péter plus haut que le trou ». Il fallait faire preuve d'ambition, mais il ne fallait pas « se prendre pour un autre ». Il fallait dépasser les autres, mais rester dans la moyenne. Nous étions nés « pour un petit pain » et lorsque l'on est né pour un petit pain, il ne faut pas avoir un gros appétit.

Je me souviens avoir fréquenté, adolescent, des fils de familles plus fortunées parce que j'étais follement amoureux d'une fille avec laquelle je pensais vraiment faire ma vie. Venant me reconduire chez moi après le ski, un des amis de ce milieu avait décrit notre maison familiale comme une « niche à chien ». Et moi, j'avais eu honte. Je n'avais pas honte de lui, j'avais honte d'avoir les parents que j'avais, de venir d'où je venais, d'être qui j'étais.

Quand j'étais jeune, il n'existait pas ainsi un seul serpent mais plusieurs dans mon petit paradis. Non seulement j'avais appris à me diminuer, mais j'avais aussi appris à me comparer, à avoir honte de ce que j'étais.

En fait, pour dire la vérité, tout ça n'est rien. C'est-à-dire que ce n'est que la surface des choses. Mais cela résume comment on peut devenir étranger à soi-même, étranger à ce que l'on aime, étranger à ceux que l'on aime pour plaire aux autres et par peur des coups. Je me demande combien de lâchetés sont commises chaque jour dans le monde par des individus qui ont peur des coups et qui désirent simplement ne pas être perçus comme différents... Je me demande combien de gestes méchants, voire cruels sont commis par chacun de nous chaque jour pour plaire aux autres et par peur du rejet...

Durant mon enfance, j'ai compris que j'étais différent et que cette différence n'était pas bienvenue. J'ai commencé à redouter cette dissemblance, à m'en méfier, à me la cacher. Je voulais être comme les autres. Puis, moi aussi, j'ai commencé à avoir peur de la différence des autres. J'ai commencé à avoir peur de ceux qui n'étaient pas comme moi, de ceux qui ne me comprenaient pas.

J'ai commencé à haïr. De toute la force de mon cœur d'enfant, j'ai commencé à haïr et à vouloir que des gens meurent. Je voulais que mes bourreaux meurent. Mon petit paradis d'enfant, où il faisait si bon lire à l'ombre d'un arbre et se promener à bicyclette, se gonflait de haine dès que je me sentais victime d'un abus. Il m'a fallu des années pour remettre en question ce qui s'était passé. Des années de maladie pour reconnaître que, si je ne m'acceptais pas tel que j'étais, personne ne le ferait à ma place.

Porter sa différence, assumer d'être différent, comme on dit, accepter son individualité, ce n'est pas toujours facile. Hier encore, j'ai vu une adolescente trisomique exiger que ses parents lui apportent sa nourriture dans la voiture familiale pour ne pas manger à la table de pique-nique où ils se tenaient. Elle devait en avoir assez du regard des autres. Elle devait en avoir assez de sa différence. Alors, elle mangeait dans son coin, quitte à crever de chaleur, les écouteurs sur les oreilles, dans son petit paradis, elle aussi...

J'arrête là ces confidences. Elles ont pour seul but de vous introduire de façon toute personnelle à cette idée : à mesure que nous progressons dans l'histoire de la peur en nous, celle-ci se trouve de plus en plus fortement associée à la peur de la différence (peur de sa propre différence et peur de la différence des autres). La résistance à la perception et à l'acceptation des différences individuelles est cause de la plupart des conflits tant domestiques que nationaux. Cette réalité se manifeste de plus en plus au fur et à mesure que l'être gagne de l'autonomie, et quand, une fois consommée la séparation avec les parents, il se tourne résolument vers le monde extérieur.

Le paradis du couple...

L'être humain vient à peine de se dégager du cocon qui a veillé à son développement qu'il en cherche un autre pour continuer à croître : le couple.

C'est principalement la pulsion d'union qui s'exprime ainsi, mais également la peur de la division ou de la séparation. Car, à chaque étape, se pose la même question, d'autant plus troublante que, cette fois, l'être doit y faire face par lui-même : est-il tolérable de vivre sans contrôler celui ou celle qui présente une dissemblance ? La réponse que le jeune adulte donnera à cette question témoignera de la force ou de la faiblesse de son estime de soi. Elle attestera également du développement ou de l'ignorance de ses ressources intérieures, et de la force de ses peurs inconscientes.

Nous assistons souvent, à ce moment-là, à la mise en place de réflexes de contrôle. Ceux-ci peuvent aller jusqu'à la prise de pouvoir sur l'autre, jugé différent et, par conséquent, source de peur et d'insécurité. C'est souvent le cas dans les jeunes couples (catégorie dans laquelle on trouve plus de violence que dans les autres d'après les statistiques). Les écueils qu'ils rencontrent sont compréhensibles si l'on songe que la terreur du consentement à la différence, à l'existence même d'autrui, les motive.

Nous retrouvons ici la même peur viscérale de la séparation qui avait déjà touché le nourrisson au moment de la naissance. Comme une vieille amie qui revient. Elle patientait dans l'ombre en attendant de pouvoir revenir sur scène. Elle attendait qu'un (ou des) événements la rappelle, lui permette de se manifester à nouveau. À n'en pas douter, la conscience doit faire face à la peur pour la dépasser. La peur chuchote toujours le même discours : « Ne t'abandonne pas, ne fais pas confiance, ne te laisse pas aller, ne t'ouvre pas, souviens-toi de la première douleur, souviens-toi qu'il y a un serpent dans tous les paradis ! » Tel est l'hymne de la personnalité.

Dans un couple, ne tentons-nous pas de contrôler ce qui nous semble distinct chez l'autre ? Nous supplions ce dernier de changer de manière, d'attitude, voire de caractère, parce que sa façon d'être nous irrite, nous désespère et, en secret, nous terrifie. Notre partenaire a beau nous expliquer d'où il vient et nous redire que c'était comme ça dans sa famille, ou qu'il réagit à des blessures d'enfance, rien n'y fait !

Nous voulons qu'il modifie son comportement. Nous exprimons de telles exigences parce que l'acceptation de son comportement demanderait une ouverture et un changement de niveau qu'il n'est pas facile de réaliser. En principe, nous devrions pouvoir retrouver avec lui une similarité de nature en dépassant les différences de surface. Pourtant, nous n'y consentons pas facilement, parce que cela nous oblige à un *lâcher prise* qui réveille la terreur ancienne et les peurs personnelles qui s'y sont greffées. Nous craignons tout autant de nous retrouver seul et divisé d'avec l'autre que de nous retrouver confondu à lui et similaire.

Tentons de résumer la situation. Le mouvement naturel de la vie conduit à l'abandon progressif d'une illusion de non-séparation et donc à l'affrontement avec des peurs d'abandon et de solitude. Une fois acceptée une solitude intrinsèque, nous devrons admettre que celle-ci, elle aussi, n'est qu'une illusion, une défense contre la peur de perdre son identité, cette fois dans le Tout. Nous devons alors nous mettre en quête de la réalité unitaire que nous formons avec le monde extérieur mais à partir de l'intérieur.

En effet, si je tente de nier les différences entre moi et l'extérieur, je m'adapterai à la réalité commune mais en vivant dans le monde du bourreau ou de la victime — bourreau si je domine ceux qui me semblent différents ; victime si je subis les différences sans pouvoir les dominer.

Si je tente au contraire de maintenir une illusion de séparation dans mon monde intérieur, c'est à la réalité unitaire que je suis mal ajusté. Je m'attire alors de nombreuses difficultés puisque je me trouve en conflit intérieur avec cette réalité. En fait, il s'agit là du paradoxe inhérent à toute existence et il s'articule autour de la peur.

Projeter l'Ombre sur l'autre

« Comment aider mon compagnon ou ma compagne à changer sans que j'aie à changer de compagnon ou de compagne ? » voilà sans aucun doute la question qui m'a été le plus souvent posée en conférence. Une réponse s'impose : si l'étranger dans votre compagnon ou votre compagne vous dérange, c'est qu'il y a aussi en vous un étranger qui vous dérange sans que vous vous en rendiez compte. Cet étranger se tapit dans votre Ombre ; l'autre vous en rappelle simplement l'existence. L'Ombre représente la part obscure de l'individu, elle est constituée de parties de nous que nous trouvons indésirables. Pour cette raison, nous la gardons cachée ; de peur d'être jugé, nous ne voulons pas que les autres la voient.

Nous tentons en quelque sorte de mettre ces parties « à l'ombre » pour qu'elles cessent de nous nuire. Mais l'Ombre n'est pas chose morte. L'inconscient est bel et bien vivant. Ce que nous condamnons aux oubliettes acquiert par le fait même le pouvoir de nous hanter et de nous obséder, qu'il s'agisse de dimensions de soi ou de comportements d'autrui.

En réalité, nous utilisons plusieurs stratégies pour ne pas prendre conscience de notre Ombre. La plupart du temps, nous projetons nos propres complexes à l'extérieur de nous ; c'est-à-dire que nous prêtons aux autres des éléments de notre propre psyché, ceux que nous ne voulons pas reconnaître. Ils nous apparaissent donc chez autrui avant que nous ne les voyions en nous.

Le terme « projeter » a une étymologie commune avec celui de « projectile » — je prends la peine de souligner cette association car, la plupart du temps, nous utilisons nos *projections* comme de véritables projectiles, pour atteindre et blesser les autres. C'est flagrant lorsque nous utilisons quelqu'un comme bouc émissaire d'éléments qui émanent de notre Ombre ; ceux-ci nous appartiennent mais nous nous en déchargeons sur lui.

Nous abordons ainsi le domaine de l'exclusion. Il y a de plus en plus d'exclus dans notre monde, à l'échelle des communautés comme à celle des nations. Ils portent pour nous ce que nous refusons d'assumer. Nous croyons que les exclus viennent de l'extérieur, que nous pouvons nous en débarrasser en leur fermant la porte de nos maisons et de nos pays, mais ils vivent en nous. Ils représentent les parties de nous que nous ne voulons pas voir. Ils nous protègent d'un monde solaire, propret, tout beau — mais désertique.

Dominer l'Ombre, dominer l'autre

L'utilisation d'un bouc émissaire est une tentative pour dominer la différence. Dans sa forme la plus bénigne, elle conduira à pointer l'autre du doigt en l'affublant d'une étiquette dévalorisante. Voilà pourquoi ce sont toujours les autres qui sont paresseux, menteurs, égocentriques, et rarement soi-même. Nous les affublons de ce qui nous dérange en nous et que nous ne reconnaissons pas.

Cette attitude peut également être collective. Les Chinois deviennent alors froids et sans âme, les Anglais hypocrites, sans parler des juifs que l'on trouvera avares et mesquins. Dans la projection collective, tout comme dans la projection individuelle, il s'agit de dénigrer l'autre et de s'en servir comme cible. Ainsi on peut tranquillement continuer à ignorer ce qui se trame en soi. La politique internationale nous donne des exemples quotidiens de projections de l'Ombre sur un bouc émissaire qui n'ont pas d'autre fonction que de permettre d'échapper à des peurs ou à des terreurs domestiques.

Une autre façon de dominer la différence et par conséquent de subjuguer la peur consiste à asservir celui ou celle qui présente une distinction après lui avoir nié toute intelligence ou capacité. L'histoire de l'esclavage des Noirs en témoigne éloquemment. Et il n'y a pas que les Noirs, il y a aussi les femmes. Il y a même les enfants. Sans parler des homosexuels. Partout, on tente de dominer et de rendre vulnérables ceux et celles qui sont différents.

On peut également isoler celui ou celle que l'on veut dominer, pour l'empêcher de nous faire peur. Accuser faussement, pointer du doigt, humilier, écraser, mettre à part, isoler dans un ghetto, terroriser... autant de façons de se cacher l'intolérable différence.

Abolir l'Ombre

Un pas de plus et l'on cherche à anéantir la dissemblance en refusant aux autres le droit d'exister. Il s'agit de la tentation totalitaire. La purification ethnique en offre un exemple criant. L'idée, simpliste en elle-même, est qu'on serait plus heureux sur son territoire si on en excluait les étrangers. On peut les traduire en justice, ou les déporter, ou les assassiner au coup par coup, ou les exterminer en masse. Encore une fois, c'est comme si l'on pensait que le mal ou le malheur existait non pas en nous mais à l'extérieur de nous. Le bénéfice immédiat que procure cette pensée est qu'elle unit une collectivité en la braquant contre un fléau étranger. Mais la peur de l'autre, c'est toujours la peur de l'autre en soi[24].

Nier l'Ombre en soi-même

Ce n'est pas toujours contre l'autre que l'on agit, pour refuser l'Ombre. Un des moyens les plus répandus de négocier avec la différence consiste à la nier en nous en abolissant nos réactions, en endormant nos peurs. Nous pouvons, par exemple, avoir recours à la drogue ou à l'alcool lorsque la particularité de notre environnement immédiat nous devient intolérable. Nous tentons ainsi de rétablir un sentiment de bien-être intérieur. Nous entrons dans un état second, où les contours s'arrondissent, où l'on retrouve pour un court laps de temps le confort et la toute-puissance qui étaient ceux de l'enfance. À moins que nous ne trouvions dans la substance employée la force nécessaire pour affronter agressivement ce qui nous dérange chez l'autre. Dans les deux cas, nous sommes à l'opposé d'une intégration positive des différences.

Les longues heures que nous passons devant la télévision ou au cinéma pourraient jouer ce même rôle, en nous permettant de rencontrer l'altérité sous un jour rassurant et paisible. Nous y retrouvons

---

24. Welzer-Lang, Daniel, Dutey, Pierre, Dorais, Michel (sous la dir.), *La Peur de l'autre en soi, Du sexisme à l'homophobie*, Montréal, VLB éditeur, 1994. Le titre de ce livre résume à lui seul tout le propos sur l'Ombre lorsqu'elle se conjugue au masculin.

une symbiose bienfaisante, nous nous gavons d'images tout comme, nourrisson, nous étions gavé de lait, puis nous nous endormons. Devant l'écran, nous rencontrons la peur et la terreur mais sous la forme d'un jeu. La question se pose : une société de plus en plus performante et exigeante en termes de performances n'oblige-t-elle pas à recourir à des modes illusoires d'assimilation des contraires ?

Une autre stratégie, qui n'affecte que soi, consiste à se replier sur soi-même, à s'isoler, à ne plus vivre qu'en fonction de ses propres besoins. Le repli, comme les autres attitudes citées, risque de ne pas apporter la paix souhaitée puisque, en tout état de cause, l'ennemi est intérieur. D'autre part, comme nous sommes des animaux sociaux, nous ne pouvons trouver le bonheur dans l'isolement. Celui-ci ne peut être qu'un temps de répit, ou encore une épreuve initiatique. Les recherches médicales actuelles montrent que les êtres isolés sont facilement vulnérables. À la longue, ils ont tendance à se négliger et à adopter des comportements néfastes à leur santé.

Intégrer l'Ombre

L'Ombre existe en chacun de nous, personne ne peut y échapper. Sa reconnaissance et son intégration présentent de nombreux avantages à long terme. Un être ou une nation qui connaît ses propres élans destructeurs constitue un danger moindre que celui qui ne se reconnaît aucune propension à la destruction. Ce dernier peut lancer une croisade en se parant du titre de « bon » chargé d'abattre les « méchants ». Alors que le premier, au lieu de succomber d'emblée à son désir de vengeance, réfléchit au choix : se laisser aller ou non à ses élans de destruction. S'il n'y a pas de conscience, il n'y pas de choix. Il n'y a qu'une obéissance aveugle aux pulsions de mort. Dans le cas contraire, il y a possibilité de discernement et de solution créatrice.

Il importe cependant de souligner qu'une attitude qui vise l'intégration de l'Ombre engendre nécessairement un état de tension intérieure, car, en vérité, les différences rencontrées chez les membres de notre famille ou chez nos voisins nous irritent. Cette tension nous provoque et nous interroge de l'intérieur. Elle nous invite à résoudre le conflit en tenant compte de valeurs universelles telles que l'égalité des êtres et la fraternité humaine. Le face-à-face avec l'Ombre nous met devant un dilemme : devons-nous opter pour la domination motivée par la peur ou pour un effort de communion authentique qui nous mettra nécessairement en contact avec la terreur de fond ? Si la domination nous attire, nous n'avons pas intérêt à devenir conscient parce qu'alors nous ne pourrions plus partir en croisade avec la conviction d'être le bon et d'avoir Dieu de notre côté. S'il s'agit de l'harmonie entre les gens ou entre les peuples, la conscience de l'Ombre est une nécessité dont nous ne saurions faire l'économie.

Le schéma d'un conditionnement

Nous avons maintenant assemblé suffisamment d'éléments pour dresser le schéma général d'un conditionnement inconscient et de ce qui le constitue.

D'abord, une définition. Le conditionnement se définit comme « l'action de conditionner », c'est-à-dire de « provoquer artificiellement des réflexes conditionnés et une accoutumance ». En psychologie, le conditionnement désigne « le processus d'acquisition d'un réflexe conditionné[25] ». Lorsque, par exemple, vous faites du conditionnement physique, vous entrez dans un processus artificiel — puisqu'il n'est spontané, pas chez moi en tout cas — de développement de réflexes sains pour la santé et vous espérez même que le conditionnement saura provoquer une saine accoutumance.

Le conditionnement met en lumière la capacité que nous avons de fabriquer artificiellement certains réflexes pour en remplacer d'autres. L'effort conscient que nous faisons pour développer de nouvelles habitudes est de nos jours appelé « déconditionnement ».

---

25. Robert, Paul, *Le Petit Robert 1…*, *op. cit.*, p. 360.

« Programmation » et « déprogrammation » sont très à la mode depuis quelques années. La programmation relève de « l'élaboration et de la codification de la suite d'opérations formant un programme ». Et le programme est défini comme étant « ce qui est écrit à l'avance ». Il est « l'ensemble ordonné et formalisé des opérations suffisantes et nécessaires pour obtenir un résultat[26]. » Ces deux derniers termes, bien qu'ils puissent paraître réducteurs pour décrire l'être humain car ils sont empruntés au langage de l'informatique, présentent l'avantage de penser le conditionnement comme une suite d'opérations et pas seulement comme un réflexe unique.

En fait, quelles que soient les notions utilisées, le vrai problème est à mon sens que le conditionnement (comme la programmation) suppose quelqu'un qui programme. Qui serait alors le programmeur ? Le personnage ? Le Soi ? Les sous-personnalités inconscientes que sont nos complexes ? Je n'ai pas de réponse définitive à donner. Pourtant, parler d'une peur ou d'un besoin inconscient qui conditionne un comportement fait sens. N'avons-nous pas régulièrement l'impression qu'à la source d'un comportement répétitif existe véritablement un programme écrit d'avance comportant un ensemble d'opérations organisées en vue de parvenir à un résultat donné ? L'idée est fascinante et pratique. Je tiens aussi à souligner que, dans ce livre, j'utiliserai les termes de conditionnement et de déconditionnement, et à l'occasion de programme ou de programmation, pour parler de réalités non seulement conscientes mais inconscientes. Car ces notions, je pense, éclairent mon propos et décrivent en grande partie le fonctionnement de l'inconscient.

Partons du résultat final d'une forme de programmation inconsciente qui se trouve être un comportement répétitif. Si vous avez de la difficulté à le concevoir, imaginez un moment où vous êtes en conflit avec quelqu'un — la plupart du temps, les situations conflictuelles sont récurrentes. En fait, il est plus facile de partir d'une

---

26. Robert, Paul, *Le Petit Robert 1...*, *op. cit.*, p. 1541.

situation de conflit parce que celle-ci est dynamique et que nous avons conscience qu'elle implique une problématique.

Procédons maintenant à l'énumération des éléments qui conditionnent ce comportement répétitif. Lorsque nous sommes en conflit avec quelqu'un, une émotion est en jeu. Elle peut être de l'ordre de la tristesse, de la colère, de la dépression, du désespoir, de la détresse, de la rage, peu importe. Cette émotion, appelée affect en psychologie, vous affecte, vous anime et vous fait bouger intérieurement. Vous voici donc animé, bouleversé, et provoqué de l'intérieur.

Si vous accueillez ce sentiment intense sans jugement et sans réserve, vous avez de bonnes chances de vous rendre compte qu'il masque une attente ou un besoin que vous avez entretenu par rapport à cette situation et aux personnes impliquées. S'il n'y avait pas attente de satisfaction d'un besoin, il n'y aurait pas de déception, pas de frustration, donc pas d'émotion particulière.

Le besoin, quant à lui, repose sur une «blessure passée». Cette blessure est en relation avec des événements survenus auparavant. Ces événements ont engendré en vous une vision limitative de vous-même, du monde et de la vie, s'exprimant dans des croyances. Émotion, besoin, blessure, événements et croyances expriment et masquent à la fois la pierre angulaire du conditionnement, qui est une peur. Crainte, angoisse, voire terreur, la peur agit comme gardienne du système. Ainsi que nous l'avons expliqué précédemment, elle peut être de surface, essentielle ou même existentielle. L'important est de se rendre compte que ce sont les peurs qui conditionnent nos comportements par le biais de croyances et de besoins.

Ce que nous appelons la personnalité est le résultat global de divers conditionnements. Chaque conditionnement qui vous affecte et qui provoque un comportement particulier est un système complexe que nous pouvons appeler une sous-personnalité. Tour à tour, chacune de ces sous-personnalités influence votre Moi conscient sans que vous vous en rendiez compte.

Les conditionnements collectifs

Je m'en voudrais cependant de ne pas préciser un dernier point. Ces sous-personnalités, qui habitent dans ce domaine que Freud a appelé l'inconscient après l'avoir quelque temps nommé le subconscient, et Jung l'inconscient personnel, sont influencées par un registre infiniment plus large que nous pouvons appeler l'inconscient collectif. Selon Jung, cet inconscient collectif est constitué des expériences faites par l'humanité depuis l'origine des temps.

Ainsi, si des expériences personnelles ont conditionné la formation de comportements particuliers, ces expériences sont elles-mêmes influencées, articulées et structurées par des conditionnements de nature plus générale que nous pouvons appeler archétypes. Ce terme que nous avons rencontré à quelques reprises déjà signifie trace ancienne, trace archaïque. Par exemple, l'ensemble des peurs personnelles engendre des peurs collectives et des réactions collectives à la peur. Mais l'influence court dans les deux sens. Cet ensemble de peurs collectives est vivant, il vibre. Et lorsque la peur frappe une collectivité, elle réveille les peurs individuelles et conduit chaque membre de cette collectivité à adopter des comportements de sécurisation destinés à les mettre en échec.

La situation mondiale actuelle est une illustration du phénomène. La vague de terreur collective engendrée dans les populations par l'attaque des tours du World Trade Center a rebondi sur les peurs individuelles. Y a-t-il un seul d'entre nous qui, depuis, n'a pas pensé davantage à sa sécurité personnelle ? Nous sommes donc en train d'assister, à l'échelle du monde, au déploiement d'une force archétypale.

Il est important de comprendre ces influences multiples parce que les peurs collectives agitent les peurs individuelles et conduisent les individus comme les gouvernements à l'adoption de mesures de sécurité. Ces mesures peuvent même atteindre des niveaux maniaques ou excessifs : sur ce terrain, nous sommes livré à un courant psychique et symbolique qui, parfois, n'a plus rien à voir avec la réalité des dangers.

Au bout du compte, ces comportements de sécurité, qui expriment des conditionnements inconscients, finissent par représenter un danger beaucoup plus grand que ce qu'ils sont censés prévenir.

En psychologie, nous appelons cela une névrose, c'est-à-dire un moment dans l'histoire de la personne où les troubles de l'anxiété deviennent si importants que, pour éviter d'y être soumise, celle-ci met en place un système de sécurité qui, à son tour, finit par l'étouffer. Cela prend la forme extérieure de projections massives sur les prétendus responsables de ces peurs, de conduites d'évitement des problèmes personnels et domestiques et, à l'extrême, de phobies. Il faut alors de graves remises en question, généralement suscitées par des événements dramatiques. À moins que la personne ait la sagesse de s'aventurer d'elle-même dans une transformation consciente.

Je me suis éloigné de mon propos afin de vous faire réaliser que ce que nous croyons être un conditionnement personnel est sans cesse soumis à des influences d'ordre collectif. En fait, dans ce domaine, la notion de personnalité semble bien chancelante. Voilà pourquoi il est important de faire le lien avec le Soi en exprimant ses élans, car là réside la véritable sécurité de l'être.

La dimension intérieure

À vrai dire, les peurs que l'on rencontre en soi et les différences qui nous heurtent chez autrui peuvent devenir autant de rappels de notre universalité oubliée. En effet, un confort réel ne pourra être retrouvé, à l'extérieur comme à l'intérieur de soi, qu'une fois le sentiment de communion et d'appartenance au monde rétabli au sein d'un processus de croissance personnelle.

Le processus d'individuation nous invite à pénétrer à l'intérieur de nous pour découvrir le secret de notre unité fondamentale, le secret de notre familiarité avec tout ce qui est. Seules cette recherche et cette expérience nous permettront de mettre les peurs qui nous contrôlent en échec. C'est l'occasion de préciser qu'il faut veiller à ne pas confondre individualité et individualisme. Comme nous l'entendons ici, l'individualité constitue notre lien avec l'universalité. Elle est la porteuse de l'universalité, alors que l'individualisme est le mandataire de la personnalité et de ses peurs.

Des parents déjà conscients de leur individualité pourraient guider un enfant vers l'acceptation des différences que les autres lui offrent et vers la réjouissance que procurent celles qu'il porte en lui. Ils pourraient aussi diminuer l'impact des peurs d'ordre personnel en invitant l'enfant à les dépasser et en l'encourageant dans ses goûts véritables. Le cas est pourtant rare parce que les parents prennent souvent les enfants comme miroirs de leurs rêves et de leur toute-puissance perdue. Si bien que lorsque leur progéniture commence à manifester du caractère, les parents s'effraient et tentent de le réprimer.

Les parents sont capables de favoriser le maintien d'un lien entre individualité et universalité chez leurs enfants lorsque, conscients de leurs blessures et de leurs peurs personnelles, ils sont déterminés à ne pas les transmettre. Ils se servent alors des heurts qui surviennent entre eux et leurs enfants comme de nouvelles étapes sur le chemin du devenir soi-même. Autrement dit, chaque dissonance les ramène à un devoir intérieur d'intégration d'une Ombre personnelle. En tout état de cause, chaque personne et chaque épreuve que nous rencontrons nous posent toujours les mêmes questions : es-tu parvenu à toi-même, es-tu parvenu à cet état où, tout à fait individuel, tu te sens aussi tout à fait universel ? As-tu résolu le paradoxe ?

Cela me rappelle le film *Excalibur*, du réalisateur John Boorman, tiré du roman de Chrétien de Troyes *Perceval ou le Conte du Graal*. On y voit le roi Arthur, malade et vieillissant, lancer ses chevaliers à la recherche du Saint-Graal, vase sacré doté d'un pouvoir de régénérescence. Alors qu'il vacille entre la vie et la mort, pendu au bout d'une corde, plongé dans un état de conscience crépusculaire, c'est Perceval qui finit par trouver le Graal. Les chevaliers de la Table ronde le cherchaient de par le monde ; il demeurait en fait dans une dimension intérieure apparentée au rêve. Le chevalier reconnaît le vase sacré et, toujours en rêve, l'apporte au roi sous la forme d'un message : « Le roi et la lande sont Un. Le roi est la lande. »

Mystérieuse et étrange conclusion d'un film qui dure trois heures — mais conclusion parfaitement inscrite dans notre propos. Premièrement, pour guérir, Arthur doit réaliser l'unité fondamentale entre son individualité et le monde qui l'entoure. Deuxièmement, comme il est roi, il représente symboliquement les valeurs dominantes de la conscience collective de cette époque : la prise de conscience d'Arthur aura donc une incidence directe sur la vie de son peuple, qui, par le fait même, pourra sortir de la sécheresse et de la famine qui l'accablent. Troisièmement, contre toute logique, la solution que l'on cherche à l'extérieur se cache à l'intérieur. Guidé par la pureté de ses intentions, Perceval aura la possibilité d'atteindre le Graal en rêve et de l'offrir à son souverain.

Je le répète, nous existons au sein d'un grand paradoxe. C'est comme s'il fallait accepter notre différence individuelle et notre besoin d'expression sans céder à l'illusion d'une personnalité totalement indépendante et surtout sans nous laisser enfermer dans des peurs de toutes sortes. Ces peurs nous contrôlent ; elles deviennent même le levier par lequel les peurs collectives peuvent exercer un pouvoir sur nous. Voilà pourquoi, comme je le disais, dans les contes, les héros rencontrent des dragons terrifiants — ceux-ci sont les personnifications des peurs qu'ils portent en eux et dont ils doivent triompher. L'ignorance de la peur qui est cachée en nous nous rend esclave des peurs collectives, qui rebondissent sur les peurs individuelles et les réactivent.

Malgré les craintes que cela suscite en chacun, affronter ses peurs pour devenir un individu constitue la voie par laquelle il faut nécessairement passer pour rencontrer l'universalité. Notre différence peut nous permettre de participer de façon individuelle au concert universel, ou, si nous en faisons un lieu de mérite, de jugement et de comparaison, devenir une prison. Surtout lorsque nous désirons voir à tout prix notre personnage reconnu par les autres. Car ce désir de reconnaissance signifie souvent que nous sommes désormais étranger à nos élans véritables, que nous sommes le jouet de la peur qui nous habite. S'il n'est pas facile de déjouer le premier piège, celui de l'orgueil, le deuxième, celui de la peur, est tout aussi retors.

Heureusement, les événements de la vie se chargent de nous faire sortir de nos retranchements à la rencontre de notre part d'Ombre, même lorsque cette ombre a un visage aussi terrifiant que celui de Seth. Car Seth nous oblige à nous confronter à la réalité. Il vaut mieux, alors, se souvenir des quelques pas de danse que nous avons appris en cours de route ; autrement, notre chorégraphie risque d'être passablement perturbée.

corneau

L'œuvre au noir

Être tenu à l'écart de la mort
est mauvais pour les hommes.
TEXTES DES PYRAMIDES **1439c**

Le troisième piège

Aujourd'hui, je n'écris pas sous le doux soleil de l'automne égyptien mais au fond de la campagne québécoise. Nous sommes en octobre. Un vent glacial mêlé de pluie tourmente la nature. C'est la journée de Seth. Il abat tout sur son passage. Il pille les arbres, arrache les feuilles, fauche les roseaux qui ont fait les délices de mon été. Il annonce la grande transformation.

Seth s'attaque à tout, à la beauté comme à la laideur, au riche comme au pauvre, à l'humble comme à l'orgueilleux. Il est le grand égalisateur. Il fait fi des distinctions. Il ramène tout à son dénominateur commun. En cela, il sert le processus d'universalisation des êtres. Il abolit les différences auxquelles nous nous sommes attaché en chemin. Il brise la personnalité, la désagrège. Il écroule, exécute, assassine. Chaque être vivant est soumis à son emprise. Seth pèse de tout son poids sur chaque corps qui vieillit. Un os qui craque, le voilà qui insiste. Inexorablement, la mort va nous faucher et Seth aura fait son œuvre.

Dans l'être ignorant de lui-même, il sème l'angoisse et l'effroi. Pour celui qui est à l'écoute des élans dont nous venons de parler, il est un passage. Pour le sage conscient du mouvement de l'univers, il est l'outil du changement par excellence.

Dans notre fable, Seth nous montre par son action l'envers de la médaille. Il agit comme un révélateur photographique. Il dévoile que, sous son bel aspect, Osiris était déjà enfermé en lui-même — ce dernier l'ignorait, tout simplement.

Sous l'impulsion de Seth vient au jour ce qui germait depuis fort longtemps en profondeur. En ce sens, il n'est pas seulement le grand destructeur, il est aussi le grand initiateur, le grand transformateur. Il représente ce qui se déclenche en nous lorsque notre individualité se détache de ses élans vitaux et glisse du côté de la personnalité. Encore une fois, cette pulsion autodestructrice n'est pas le mal absolu, un mal dont nous devrions nous sentir coupable, mais bien une force qui, à travers la souffrance, nous révèle là où le bât blesse et nous invite à un changement d'attitude. Il peut paraître difficile de voir sous cet angle ce qui nous ébranle et nous abat. Voilà pourtant la perspective que le mythe déploie à présent sous nos yeux.

Pendant ce temps-là...

Avec ce que nous avons vu dans les chapitres précédents, nous voici proprement équipé pour reprendre le fil de notre légende et faire face à Seth. Gardez à l'esprit, cependant, que nous cherchons toujours à éclaircir de quoi est fait notre esclavage. Jusqu'ici, nous avons compris que la position de victime s'appuyait sur la tyrannie intérieure qu'exercent les peurs et les besoins associés à une personnalité qui se prend trop « au sérieux ». Fort de ces lueurs, relisons notre histoire sous un autre jour. Cette fois, je vous invite à vous mettre dans la peau de Seth, afin de pénétrer dans la psychologie du bourreau.

Vous êtes Seth, le désert sec et aride. Vous êtes un combattant féroce. Vous avez pour épouse votre demi-sœur Nephtys, la plus belle femme du monde, celle dont le nom signifie Victoire. Vous possédez une plante magique qui fleurit chaque soir à votre retour. Mais, aujourd'hui, au contraire, voilà qu'elle se flétrit. « Lève vers moi ton visage, lui ordonnez-vous, car me voici ! » Au lieu de cela, la plante meurt. Par d'insondables voies, vous comprenez que votre femme est en compagnie d'Osiris, votre propre frère. Cette pensée est intolérable.

Lorsque Nephtys revient, vous devez constater que la nuit passée avec le traître lui a été plus douce que la moindre heure passée en votre compagnie. Puis elle avoue, d'une voix où perce la joie, qu'elle est enceinte. L'outrage vous embrase et réveille la haine qui sommeillait en vous. Vous décidez de vous venger cruellement, sadiquement, en faisant l'amour avec Nephtys puisque c'est ainsi qu'elle vous a trahi. Durant vos ébats, la pensée d'Osiris agit comme un fouet sur vos flancs et vous brûle. Vous vous acharnez à écraser la créature qu'elle porte en elle. Si bien qu'elle finit par haïr le fruit de ses entrailles. La stratégie réussit puisque Nephtys accouche bientôt d'un chacal puant, Anubis. Dégoûtée, elle l'abandonne sur les rives du Nil. Vous voilà débarrassé.

Mais Isis, dans un acte de compassion, retrouve l'enfant et lui sauve la vie pour en faire son garde du corps. Ce sauvetage vous met en rage au point de vous jeter dans une folie meurtrière. Imaginez donc : le bâtard de votre épouse vit toujours. La preuve de son infidélité grandira sous vos yeux. Vous décidez alors de punir votre frère, quitte à attendre des années.

Aussi, à son retour de campagne, vous invitez le pharaon vénéré à un grand festin donné en son honneur. Pour l'attirer, vous excitez sa vanité en lui parlant d'un coffre magnifique que vous avez fait fabriquer dans le bois du dieu Témou, personnification de la joie et de la béné-diction. Ce meuble de bois précieux ira au dieu dont les mensurations lui correspondront le mieux. Au cours de la soirée, vous faites apporter le coffre et vous ordonnez aux soixante-douze dieux de votre cour de s'y coucher l'un après l'autre. Bien entendu, les dimensions ne conviennent à aucun d'entre eux puisqu'il a été fait expressément pour Osiris. Vient alors son tour! Vient enfin le tour d'Osiris! Vous ne contenez plus votre impatience. Le coffre convient parfaitement à sa stature. Tandis qu'il y prend place, vous lui dites des paroles flatteuses: «Tu es si beau, Osiris! Tu es si beau!» Vous éprouvez comme une jouissance à prononcer ces paroles. Vous imaginez Nephtys les lui murmurant au cœur de cette nuit fatidique.

Une fois qu'Osiris a pris place dans le coffre, vous refermez le couvercle violemment. Sept de vos guerriers le scellent alors à l'aide de métal fondu pour que votre victime ne puisse s'échapper. Vous veillez à ce qu'ils transportent ce cercueil improvisé jusqu'au Nil où ils l'abandonnent au fil de l'eau. Il part à la dérive alors que le soleil de l'après-midi entre dans le signe du Scorpion. Ainsi Osiris, votre tortionnaire, disparaît-il.

L'envie de Seth

J'espère que ce voyage dans la peau d'un bourreau vous a été sinon agréable du moins instructif. Nous n'aimons pas éprouver ces sentiments, en tout cas lucidement. Nous le faisons par l'intermédiaire des films et des journaux, dont les histoires sordides nous fascinent. Pourtant, nous connaissons de l'intérieur ces émotions ambiguës: elles représentent une dimension universelle de l'être humain, une dimension archétypale, dirions-nous en psychologie jungienne. Il s'agit de l'Ombre, cette part obscure que nous avons honte de montrer en public et que nous cachons en nous. Elle parle vengeance, destruction. Elle parle trahison, jugement, comparaison. Lorsque nous sommes frustré et que nous nous sentons victime de quelqu'un ou de quelque chose, sa voix s'élève en nous.

L'Ombre recèle en son sein le troisième piège de l'être humain: l'envie. Ce piège est sombre, mêlé de rage, de colère et de folie destructrice. Lorsque, chez un individu, l'envie s'associe à l'orgueil et à la peur, vous obtenez Seth, l'adversaire.

Dans les lignes qui suivent, nous pénétrerons dans la psychologie de l'adversaire. Pour cela, nous rencontrerons Seth dans sa famille. Puis nous l'observerons en tant que sous-personnalité d'Osiris, donc à titre d'Ombre personnelle du pharaon. Finalement, nous aborderons la dimension archétypale de Seth.

Seth est le demi-frère d'Osiris. Ils ont tous les deux pour mère Nout, la déesse du Ciel. Cependant, alors qu'Osiris a pour père le soleil Râ, son frère est le fils du dieu de la Terre, Geb. Seth naît le troisième jour et occupe par conséquent la troisième place dans ce cercle familial quelque peu dysfonctionnel, la deuxième étant celle d'Horus le frère. Or il n'y en a que pour Osiris, dans la famille. Le frère aîné est adulé de tous. Il est l'enfant céleste, angélique, divin. Il conquiert tous et chacun par le charme et par la douceur. Il sait parler et il sait chanter pour amadouer les cœurs. De plus, il est le fils du dieu suprême, Râ, ce qui lui confère un ascendant naturel sur ses frères et sœurs.

Imaginez-vous dans cette famille. Vous êtes Seth, le troisième. Vos origines sont modestes, vous êtes un fils de la terre. Au fil du temps, la clarté d'Osiris va vous porter ombrage. Vous vous sentirez mis de côté. Vous commencerez à l'envier, puis à fourbir vos armes. Puisque l'attention familiale se porte sur votre frère aîné qui, en héros solaire, se fait valoir par les bonnes actions, vous apprendrez à attirer l'attention par les mauvaises.

Une telle formule peut sembler simpliste mais elle correspond souvent à la réalité. Les quelques interventions que j'ai faites auprès d'hommes incarcérés ou auprès de jeunes de la rue m'ont donné l'occasion de constater qu'ils avaient mal tourné principalement parce qu'ils avaient manqué d'écoute et d'attention. Une histoire en particulier me revient à l'esprit :

Malgré ses succès au hockey, Jean n'arrivait pas à obtenir l'attention de son père. Ce dernier n'assistait jamais aux matchs.

Un jour, le jeune homme prometteur fut remarqué par des instruc-
teurs qui lui proposèrent un stage dans un camp d'entraînement
intensif. Cette formation lui ouvrait la porte d'un avenir dans le
hockey professionnel. Le rêve devenait réalité — depuis si long-
temps que le garçon enviait les héros du stade ! Un seul obstacle :
les parents devaient signer. Le père refusa. L'idéal de ce jeune gar-
çon s'écroula instantanément. Il devrait renoncer à la carrière qui
le faisait sortir de son humble condition familiale.

Déçu, il commit un premier vol et se fit prendre sur le fait. On
l'emmena au poste de police et on téléphona au père. Celui-ci ne lui
fit aucune réprimande sauf celle d'avoir signé la déclaration de culpa-
bilité. Le jeune homme en fut consterné. Il aurait voulu que son père
s'indigne. Au contraire, il se voyait conseillé par lui sur la manière
d'échapper à toute sanction. Jean me dit que, ce soir-là, il se rési-
gna. Il comprit qu'il n'arriverait pas à faire sa place dans la société
et qu'il ne recevrait d'attention qu'en faisant des mauvais coups.

Il n'est pas nécessaire de multiplier les exemples. Il est facile de
comprendre que, lorsqu'un cœur s'endurcit, la plupart du temps, c'est
en réponse à des blessures affectives avec lesquelles l'individu n'a pas
su négocier. Dans la majorité des cas que je pourrais relater, une
oreille attentive aurait fait la différence.

Narcisse ne s'aime pas

Une blessure affective non guérie engendre des comportements
de repli sur soi. L'individu décide de ne compter sur personne, de s'en
tirer seul. Il adopte alors un type de comportement que l'on pourra
qualifier d'égocentrique puisqu'il semble ne s'intéresser qu'à ses propres
besoins et aux gens dont il peut tirer profit.

Pourtant, on ne peut pas vraiment dire que cette personne s'aime
— bien au contraire, le manque d'amour a engendré une déficience
de l'estime de soi et une envie destructrice. C'est-à-dire qu'elle voudra
détruire ceux et celles qui ont des talents ou des qualités qu'elle

convoite. Elle ne s'aime pas, elle est en déficit d'amour. Bien souvent, elle s'investira entièrement dans son image extérieure dans le but de gagner l'attention dont elle se juge privée. La psychanalyse freudienne a dénommé *personnalité narcissique* ce type de caractère.

Rappelez-vous ce personnage de la mythologie grecque : le beau Narcisse tombe amoureux de sa propre figure reflétée sur la surface d'un lac. Il refuse toutes les invites amoureuses. Il ne peut aimer que son image, parce que cette projection extérieure de lui-même lui assure l'admiration d'autrui, une admiration qui lui a tant manqué lorsqu'il était enfant. En effet, né d'un viol, Narcisse subit les difficultés identitaires inhérentes à son origine. Obsédé par son image, il condamne ceux et celles qui l'entourent à en être le reflet. D'ailleurs, la jeune nymphe amoureuse qu'il rejette lorsqu'elle ose le toucher porte le nom d'Écho. La personne atteinte de troubles narcissiques sollicite la présence des autres, mais uniquement à titre d'écho, de miroir de la perfection qu'elle tente d'atteindre.

Il en va ainsi de Seth. Son rapport avec la plante qui fleurit chaque fois qu'il entre chez lui en est un bel exemple. « Lève vers moi ton visage, ordonne-t-il, car me voici ! » Au lieu de lui obéir, la fleur se flétrit. Quelle désillusion pour ce narcissique ! Il désire qu'à chacune de ses arrivées on lui « fasse une fleur ». Au lieu de ça, il trouve un visage contrit. Sa déception a pour effet de le mettre en rage — il n'a pas trouvé le reflet escompté de sa grandeur. Toute personnalité de ce type a cette réaction lorsqu'elle reçoit une critique ou lorsqu'une personne qu'elle estime et sur laquelle elle s'appuie la laisse tomber.

Le lien que Seth établit entre Nephtys et la plante est également riche d'enseignement. Selon la légende, c'est au moment où la fleur se flétrit qu'il comprend que sa femme le trompe avec Osiris. La fleur semble donc représenter Nephtys, qui aurait pour rôle de refléter la perfection de Seth : elle doit être belle et épanouie, se contenter d'être un miroir pour son mari. Qu'elle désire un autre homme, un homme aux mains plus douces, ne conduira pas Seth à se remettre en question. Bien au contraire, il est entraîné dans un courant de pensées vengeresses qui débouchera sur la tentative de tuer l'enfant que Nephtys porte dans son ventre puis sur l'assassinat de son propre frère.

On voit le caractère impulsif, sec et déterminé de Seth. Brusquement, Nephtys n'est plus à ses yeux qu'un simple objet sexuel. Blessé dans sa virilité, il essaie d'écraser l'enfant qu'elle porte en elle pendant leurs ébats, comme fouetté par l'image d'Osiris. Le détail révèle ce qu'il y a de feu en Seth. Le feu mental de la vengeance embrase ses pensées, et il cède à sa puissance.

Nous pouvons comprendre son emportement; nous portons tous en nous une fragilité narcissique plus ou moins chatouilleuse. Mais de là à envisager de tuer… il y a un gouffre. En fait, lorsqu'une personne aux tendances narcissiques se voit remise en cause, elle réagit souvent par un sentiment de déchéance et une violence aussi grandiose que l'était l'image qu'elle avait d'elle-même. Puisqu'elle a été estropiée, les autres devront l'être aussi. Comment punir Nephtys plus terriblement qu'en tentant de tuer l'enfant qu'elle porte? Comment mieux se venger d'Osiris qu'en l'enfermant dans un coffre marqué au nom du dieu de la Bénédiction, lui qui se prend pour la grâce incarnée?

En vérité, cet épisode qui montre Seth répondant à l'abus de pouvoir de son frère aîné par la décision de le tuer illustre à merveille le fonctionnement de l'envie destructrice. Le narcissique est envieux. Il se compare, souvent à son désavantage, et jalouse ceux qui ont plus que lui. Même s'il a tout. La plupart du temps, cette envie demeure au stade des pensées et des sentiments intérieurs, mais s'il survient un événement qui fait « déborder le vase », voilà que fusent les remarques acerbes, les jugements négatifs et les comparaisons désobligeantes. Si la blessure est grande, il peut même passer à l'acte — plus ou moins consciemment: il tente de salir la réputation de l'autre, de briser son image, de l'humilier et parfois même de le détruire. L'envieux est un adversaire redoutable car sa peur de ne pas être reconnu et celle de ne pouvoir s'exprimer le poussent à détruire ceux qui s'expriment.

Aujourd'hui, les troubles narcissiques, graves ou moins graves, sont en croissance. De nombreuses personnes en souffrent. L'instabilité de l'environnement familial et les exigences d'une société de performance où l'on est tout ou rien expliquent partiellement cette augmentation. En outre, dans certaines familles, les parents ont été eux-mêmes blessés dans leur estime de soi. Ils ne peuvent tolérer de perdre une position affective centrale au profit d'un enfant. Aussitôt que l'attention se porte sur un autre qu'eux-mêmes, ils s'acharnent à le dévaloriser. Le même jeu se déroule sur la scène sociale, où les carrières sont faites et défaites par un public qui adule un jour et méprise le lendemain les personnalités qui suscitent son envie.

Seth, une dimension intérieure d'Osiris

Nous venons d'exposer la genèse de l'agressivité de Seth en la plaçant dans le domaine des troubles narcissiques et de l'envie destructrice. Nous allons maintenant considérer Seth comme une partie d'Osiris, comme un complexe déjà programmé, comme une sous-personnalité autonome qui agit en lui et le fait agir. Dans cette perspective, Seth représente la face cachée d'Osiris. Il révèle l'aspect terrien d'un dieu solaire et céleste. Osiris veut briller sans ombre. Pour cela, il repousse et ignore la part humble de lui-même. Sa réaction a pour effet de rendre le complexe autonome. Le Moi conscient en devient ainsi la proie. Refusant l'humilité, il sera humilié.

Chez un souverain, l'Ombre peut se manifester par une ambition démesurée. Conquérir un territoire ne suffit plus, il faut conquérir le monde. La puissance se rêve superpuissance. Chez Osiris, l'Ombre prend la forme de l'avidité. Osiris a l'estime de tous, il convoite maintenant la femme de son frère, la belle Nephtys. Inconscient de la portée de ses actes, se croyant tout permis, il agit sans réflexion et sans égards pour Seth. Cette brutalité inconsciente contraste d'ailleurs étrangement avec sa douceur. C'est une partie ignorée de lui qui agit et elle agit de façon telle qu'elle va l'entraîner vers le malheur.

Le thème du héros qui abuse de son pouvoir pour obtenir, le plus souvent, des faveurs sentimentales ou sexuelles parcourt la mythologie autant que l'espace public et politique. Les Grecs appelaient *hybris des dieux* le péché de démesure que le héros commet lorsqu'il se met au-dessus des lois communes. Une telle transgression était habituellement punie de la perte d'immortalité. C'est précisément ce qui va arriver à notre souverain.

Osiris a cédé à son ombre narcissique. Sa soif d'adulation ne connaît plus de frontières. Le voici imbu de sa propre grandeur. Il s'imagine le centre du monde ; il se croit l'origine de toute beauté et de toute bonté. Il se couche sans méfiance dans ce coffre confectionné à son intention dans le bois du dieu de la Bénédiction et de la Joie. Il cède naïvement aux flatteries de ce frère qu'il vient de trahir. « Tu es si beau ! » lui dit Seth pour masquer ses intentions vengeresses. Ce dernier fait ainsi preuve d'une grande sagacité : il touche sans merci le point faible de son ennemi, et, par le fait même, le révèle. Il le connaît bien ce point faible, le frère cadet, puisqu'il le porte aussi en lui. Les envieux sont les spécialistes du cadeau empoisonné.

L'action de l'Ombre à l'intérieur d'Osiris l'empêche de se méfier. Il croit que ce présent lui revient de droit. N'est-il pas lui-même bénédiction et joie pour ceux qui l'approchent ? Il ne peut s'imaginer que des parties de son être souffrent ni que des personnes s'opposent à ses desseins. Il tombe donc dans le piège et Seth scelle son sort en refermant sur lui le coffre qui deviendra son tombeau.

Malédiction ou bénédiction ?

Enfin, c'est cassé !

Cet enfermement évoque la dépression. Le coffre scellé, transformé en tombe, isole l'individu, l'enferme dans sa bulle. La force de vie qui s'écoulait naturellement vers le monde extérieur reflue maintenant vers l'intérieur. Ce n'est pas que l'on a moins d'énergie, c'est que celle-ci coule maintenant vers le dedans. On perd ainsi le goût d'être avec les autres, puis celui de vivre. Au lieu d'animer le monde extérieur, notre libido agite maintenant tristesse et fantasmes, rêves défaits et souvenirs brisés. Elle nourrit des vagues d'obsessions. L'impuissance et le désespoir pointent.

« Enfin, c'est cassé ! » pourrait s'exclamer le psychothérapeute. Enfin, le mécanisme de suradaptation au monde extérieur et la quête de reconnaissance viennent de se briser ! Enfin, le dispositif qui nous a placé dans la position de victime et de bourreau de nous-même est remis en question. Le mouvement est renversé — ce mouvement qui, tourné vers la conquête extérieure, avait atrophié notre mouvement intérieur, telles ces occupations frénétiques qui nous empêchent de penser à nous-même. Une lente dérive intérieure commence alors. Voilà pourquoi le coffre est déposé sur les eaux du Nil comme un bateau, mais un bateau sans gouvernail : le Moi conscient n'est plus aux commandes.

Le motif du *voyage de nuit en mer* est classique dans la mythologie. On le rencontre souvent. Il symbolise l'abandon au danger d'un héros dénué de ses protections habituelles. Celui-ci doit faire face à ses Ombres : l'orgueil, la peur, la colère, la comparaison, le jugement, l'envie, l'avidité, l'agressivité. Osiris apprend ainsi qu'il n'est pas seulement l'être beau, doux et généreux qu'il croyait être. Ce voyage dans la partie sombre de soi-même s'apparente à la dangereuse traversée que le soleil accomplit entre le coucher et le lever du jour. Les peuples primitifs croyaient en effet, que, pour pouvoir renaître à l'aube, l'astre de lumière affronte et surmonte tout au long de la nuit de nombreux dangers. À son image, le héros solaire doit affronter les ténèbres s'il veut se transformer.

Le thérapeute constate que les hommes et les femmes à qui tout réussit, ces êtres qu'on qualifie de « solaires », sont sujets aux accès dépressifs. Souvent, ces personnes se sont clivées pour survivre, pour gagner l'amour de leur entourage. Elles vivent ce que la psychanalyste Alice Miller a appelé *Le Drame de l'enfant doué*[27]. L'enfant doué a

---

27. Miller, Alice, *Le Drame de l'enfant doué*, Paris, PUF, coll. « Le Fil rouge », 1990. Miller décrit à merveille le mécanisme de suradaptation de l'enfant sensible qui finit par vivre plus pour les autres que pour lui-même.

tendance à utiliser sa sensibilité pour plaire, devinant à l'avance les besoins de ses proches et les devançant. Cela dans le but de s'attirer l'amour dont il se croit indigne parce que son environnement ne le reconnaît que lorsqu'il fait des choses qui répondent aux attentes extérieures.

Seth n'a pas pu gagner cet amour. Son frère aîné l'a évincé. Il s'est donc réfugié du côté de la hargne. Il veut bousculer, égratigner et blesser ceux qui brillent. Il s'inscrit d'emblée dans la rivalité. Il représente la part d'Osiris qui a dû être clivée, amputée. Cette partie exhale du mépris et des désirs de vengeance. Dans le noir, elle attend que l'autre trébuche.

Osiris, de son côté, a raflé les honneurs, mais à quel prix ? Au prix d'une profonde rupture avec lui-même, au prix d'une déchirure qu'il a pu masquer jusqu'à ce qu'un événement dramatique le frappe de plein fouet. C'est que, pour briller, il ne faut montrer que le côté qui séduit. Il faut réprimer les mouvements spontanés de colère, il faut taire les frustrations, faire patienter les besoins personnels, et, surtout, se couper de ses élans créateurs. Osiris croit en son personnage public. Il s'imagine même que sa vie se résume à ce rôle. Il suppose que sa personnalité se limite à ce jardin avenant. Or le maintien d'un tel personnage exige beaucoup de contrôle sur soi, beaucoup de discipline personnelle. Un jour, la façade se craquelle. La dépression ou la fatigue chronique succède naturellement à l'excès de pression intérieure et extérieure. Car il est à noter que les êtres solaires tendent à se mettre dans des situations impossibles qui, tôt ou tard, feront éclater au grand jour ce qu'ils se cachent à eux-mêmes.

Qui est-ce qu'on enferme ?

Qui est-ce que le coffre enferme, au juste ? Il enferme Osiris l'orgueilleux, Osiris le prétentieux — attention, prétentieux au sens où nous l'avons entendu jusqu'ici. La prétention d'avoir une certaine histoire, une certaine valeur, par peur de ne pas exister aux yeux des autres et à nos propres yeux. Cette prétention est l'élément central de notre enfermement dans le personnage que nous avons élaboré. Pour définir autrement cette orgueilleuse prétention, disons que nous utilisons le sentiment de notre propre importance comme un bouclier. Ce sentiment nous enveloppe et nous pare comme un vêtement d'apparat — et il nous sert aussi à parer les coups, pour utiliser l'ambiguïté intéressante du mot « parer ». Le sentiment de notre importance propre nous met en valeur et nous protège, mais, éventuellement, il nous emprisonne.

En enfermant Osiris dans le noir d'un coffre, Seth nous révèle donc que le grand souverain était déjà enfermé dans le sentiment de sa propre importance. Il était déjà esclave de son Ombre. Car, selon Jung, ce n'est pas que nous avons des complexes, ce sont plutôt les complexes qui nous ont. Ils nous possèdent et ne lâchent pas leur emprise si facilement.

Fondamentalement, la fable nous dit que l'orgueil dans lequel Osiris est enfermé est ignorance, ignorance de ce qu'il est véritablement. En somme, l'ignorance est aux commandes du Moi conscient d'Osiris, ce qui vaudra à ce Moi d'être submergé par une ignorance encore plus grande. « On combat l'obscur par le plus obscur ! » disaient les alchimistes. Au sein de la dépression, une grande confusion submerge le Moi. Bientôt, Osiris ne saura plus dire qui il est. Bientôt, il ne saura plus son propre nom. Bientôt, il ne saura plus s'identifier à sa propre personnalité car celle-ci aura disparu. Elle se sera dissoute dans les eaux noires du Nil.

Sa personnalité limitait Osiris. Il était prisonnier de son personnage. Il croyait en son identité personnelle. Cela signifie que sa vie obéissait à un ensemble de besoins et de peurs dont il était largement inconscient.

Parmi ces dernières, nous pouvons assurément identifier la peur de perdre ses acquis, la peur de perdre l'adulation de ses sujets, la peur de perdre les faveurs que sa stature lui valait, la peur de perdre sa grandeur, la peur de se retrouver seul, et fort probablement la peur de perdre les faveurs sexuelles de sa demi-sœur Nephtys. À partir du moment où le Moi croit en cette identité de surface, naissent les peurs et, du même coup, la nécessité de les dissoudre.

Selon le mythe, la personnalité est un tombeau. Paradoxalement, la prison de la dépression viendra libérer Osiris de l'enfermement dans son personnage. En ce sens, ce qui semble une malédiction — l'enfermement dans le coffre — est une bénédiction. La dépression fera bel et bien passer Osiris du monde de la peur à celui de la joie.

Étranger à soi-même

Pour nous qui sommes non des dieux mais de pauvres mortels, à quoi cela peut-il servir ? Pour exemple, je vous cite la lettre d'un homme d'une quarantaine d'années qui se trouve confronté à «l'invincible défaite» dont je parlais au début du livre. À son bureau, au lieu de prendre des décisions, il pleurait. Quelque chose en lui ne voulait plus obéir. Il a donc été mis en congé forcé pour cause d'épuisement professionnel.

> «[…] Me voici arrivé à la campagne. J'ai loué une jolie maison au bord d'un lac. Mes voisins sont à des kilomètres. La paix, la sainte paix, comme on dit chez nous. J'ai attendu ce jour avec impatience. Pourtant, je n'ai qu'une envie : dormir. On dirait que ma légendaire détermination vient se briser sur cette montagne de verdure qui s'étend devant moi. Ici, on ne peut rien conquérir. Ici, on ne peut que «faire avec». Ici, on ne peut que lâcher prise.
>
> Dans la nature, je retrouve des rythmes organiques. Dans la nature, tout ce qu'il me faut d'esprit guerrier pour me faire une vie à la ville se trouve mis en échec. Arrivé ici, revenu de toutes mes déconvenues, je me sens instantanément fatigué et fourbu.
>
> L'agitation de mon existence me saute aux yeux. Les efforts que je fais pour ne pas déplaire, les obligations auxquelles je m'astreins, tout cela est-il vraiment nécessaire ? Sur le bord du lac, il me semble tout aussi important d'écouter son clapotis ou de somnoler dans un hamac. Je me demande si je ne me suis pas construit une vie à côté de la vie, comme si toutes mes occupations ne

visaient qu'une seule et même chose : ne pas être touché par l'existence, rester loin de ce que je ressens.

Dans la tranquillité de la campagne, je constate que malgré les succès réels et les succès d'estime, malgré les amitiés et les amours, je ne suis pas encore arrivé au but que je m'étais fixé : être heureux. Ayant atteint une certaine prospérité, je réalise encore une fois que tout cela n'a satisfait que partiellement la soif de bonheur qui m'habite. Pire, cette ambition et ce confort n'ont peut-être servi qu'à l'oubli de ma motivation profonde, n'ont peut-être servi qu'à une sorte d'enfermement sur soi et de ramollissement de la conscience.

Un souvenir de vacances résume ma situation : une année, je suis allé dans l'île de Margharita, au Venezuela, avec un groupe de gens. Nous vivions dans des villas sur le bord de la mer. Ces villas, modestes selon les critères nord-américains, mais riches par rapport à un environnement simple où la population se nourrit exclusivement des produits de la pêche, appartenaient à des bourgeois de Caracas qui les louaient aux étrangers pendant la saison hivernale. Chaque fois que nous nous aventurions hors du périmètre clôturé de notre village artificiel, nous découvrions une tout autre vie, une vie rude et modeste dont les fruits nous profitaient. Touriste en moi-même, je reproduisais cette situation, vivant dans une sorte de ghetto de riches en bordure d'une vaste contrée dont je connaissais à peine la vie profonde.

À première vue, ce sentiment d'être un touriste dans mon propre pays me semble intimement lié au fait que je me conçois comme un individu séparé des autres, un individu souffrant même d'un sentiment d'isolement et d'abandon. Se peut-il que le fleuron de toutes ces années d'évolution personnelle, fleuron qui réside dans la formation d'une personnalité unique et indépendante, se soit transformé en source de détresse ?

Le credo individualiste qui a bercé mon enfance aurait-il fini par rimer avec le mot solitude ? Oh ! Une solitude confortable où l'on ne ressent pas tout de suite l'isolement, tellement les instruments qui nous mènent à elle nous stimulent, dans un premier temps.

Pourquoi me suis-je donné une vie si exigeante? S'agissait-il de rester dans le désir pour ne pas faire face à la tristesse qui aurait pu poindre en moi? S'agissait-il de ne pas buter sur ce sentiment confus qui a de la difficulté à prendre forme et qui me rappelle que je suis resté loin de moi-même? Quelle est cette voix intérieure qui monte en moi aujourd'hui pour me dire que, bien que j'aie visité les coins les plus reculés de la planète en cinémascope et en couleur, je ne suis pas encore rentré à la maison? »

Les accents de cette lettre ne sont pas particulièrement dramatiques; pourtant, on sent la tristesse percer sous les mots. Cette voix qui l'envahit, c'est bien celle de Seth, celle de l'Ombre qui annonce que la récréation est finie. Cet homme est à l'image d'Osiris, il est descendu dans le tombeau noir de la dépression. Le couvercle a été scellé et la transformation intérieure est commencée.

Tout comme Osiris abandonné au fleuve, il se retrouve maintenant réduit à l'impuissance, submergé par la mélancolie, et livré sans gouvernail à la force des eaux intérieures. Alors que cet homme a passé sa vie à décider, à diriger, à orienter, le voici privé du pouvoir de détermination du Moi et contraint d'obéir à des forces apparemment aveugles. Car, dans une dépression, la volonté se trouve neutralisée. Elle est submergée par les remous intérieurs, remous qui ne sont pas sans rappeler les crues du Nil. À terme, cette submersion sera sans doute féconde. Après tout, Osiris n'est-il pas enfermé dans le coffre de la bénédiction et de la joie? Mais au cœur de la dépression, l'issue ne peut être même envisagée. Et il est juste qu'il en soit ainsi. Il faut sentir l'échec, il faut sentir la mort, sinon, il n'y aurait pas de transformation. La personnalité reprendrait le dessus et ferait avorter la démarche.

Pourtant, la dépression que traverse ce témoin n'est pas le plus grand de ses maux. Elle survient parce qu'il était déjà victime de quelque chose dont il ignorait le nom: sa propre personnalité. Lorsque le bouclier est devenu prison, il faut qu'un accident survienne pour que les barreaux sautent et qu'une libération soit possible.

Adversaire de soi-même

Résumons. L'être qui s'identifie à sa personnalité vit sous la botte d'une dictature inconsciente — si nous l'entendions, la musique serait en ce cas celle d'une marche militaire. Il n'est pas seulement étranger à lui-même, il est aussi son propre ennemi. S'il souffre de quelque chose, c'est de la tyrannie que les peurs, les blessures du passé et les besoins qui en ont résulté exercent sur lui.

Les peurs, les blessures, les besoins, les croyances nous conditionnent et nous rendent esclave de nous-même. Ils rendent notre individualité esclave de notre personnalité. Ils nous font danser au rythme d'une musique ronflante qui n'est pas la nôtre. Comme nous ignorons que nous sommes d'abord et avant tout soumis au personnage que nous avons adopté pour survivre, nous rendons nos partenaires responsables de nos faux pas. S'ils ne répondent pas à nos besoins et qu'ils nous frustrent, nous les en accusons et nous leur marchons sur les pieds. Ils deviennent alors nos adversaires et nos victimes. Autrement dit, nos besoins et nos attentes inconscientes nous jettent dans une hostilité permanente.

Avez-vous remarqué que nos demandes exigeantes et nos excès d'autorité se révèlent la plupart du temps inutiles ? Parce que nous sommes sans doute les seuls à pouvoir prendre conscience de la domination que notre propre personnage exerce sur nous. À défaut de quoi nous devenons esclave de nous-même. C'est-à-dire que nous étouffons les grands élans créateurs que nous portons en nous.

Bref, pour avoir une existence fortement personnalisée, nous nous coupons de notre musique intérieure. C'est en cela que nous devenons bourreau de nous-même, adversaire de notre Soi, adversaire de notre être véritable. Certes, la personnalité nous protège des jugements du monde extérieur, mais ce faisant, elle nous aliène et nous rend étranger à nous-même. Les récompenses attachées à la satisfaction toujours plus difficile des besoins se révèlent à plus ou moins brève échéance illusoires : elles font alors place à une perte du goût de vivre, au sentiment d'avoir raté la danse, c'est-à-dire son existence. Alors, quelque chose doit se passer. Lorsque notre personnalité risque d'étouffer les élans de vie qui animent notre individualité, nous envoyons à notre insu des signaux de détresse qui attirent à nous des êtres et des situations à même de faire exploser nos façons programmées et inconscientes de nous comporter : soit une tension dans la vie de couple, soit une faillite professionnelle, soit une maladie. Autrement dit, l'état d'aliénation intérieure et d'adversité inconsciente, l'état de conflit avec soi-même, suscite des situations adverses ou des adversaires.

Ces événements pour le moins perturbants ont le mérite de faire éclater nos réserves habituelles ; ils peuvent permettre une prise de conscience et une remise en question des « fixités » inconscientes qui contraignent chacun de nous à la répétition des mêmes pas mécaniques. Cependant, il n'est pas dit que nous comprendrons du premier coup. Ces situations ont un potentiel, celui de nous mettre en mouvement, mais nous ne sommes peut-être pas prêt à danser sur un autre rythme.

L'essence du monde est mouvement. Toutes les fois que nous arrêtons de progresser, de nous ouvrir, d'échanger, nous invoquons le bouleversement. Or la personnalité n'est que ralentissement et alourdissement. Nos peurs et nos besoins nous font danser dans tous les sens, mais sur place. Il faut d'abord arrêter ce mouvement extérieur frénétique pour entendre à nouveau la musique intérieure. C'est ce qui se passe lorsque l'on fait une dépression. En effet, nous vivons dans un univers en transformation perpétuelle et, à moins d'épouser un certain rythme d'évolution intérieure, nous attirons à nous les événements qui nous mettront à nouveau en circulation. Le phénomène est aisément vérifiable dans notre corps : nous devons bouger sous peine de favoriser l'apparition de nombreux symptômes. Cela est tout aussi vrai dans notre psychisme : nos émotions, nos idées et nos croyances doivent se renouveler constamment.

Devant une situation adverse, lorsque la danse perd le rythme, nous avons avantage à nous poser la question : quels besoins, quelles peurs, quelles croyances m'alourdissent et me ralentissent ? Nous avons intérêt à nous interroger de la sorte car, si nous ne nous aventurons pas de manière volontaire et personnelle dans le changement, nous risquons de le faire sous le coup d'une crise, sous les coups de Seth, un maître de danse plutôt autoritaire.

Seth le grand initiateur

Pour reprendre les termes de notre légende, ce que nous venons de dire signifie que, lorsque nos élans vitaux menacent d'étouffer, nous invitons Seth à nous affronter. Son rôle est de nous faire passer, comme Osiris, de l'enfermement à la libération. Seth fait mal, mais fait-il le mal pour autant ? N'est-il pas à l'image du démon qui vient séduire le docteur Faust de Goethe : une force qui, tout en voulant faire le mal, favorise le bien ?

Comme je l'ai indiqué au début de ce livre, le nom Seth est la racine même du nom Satan. Rappelez-vous que, dans le monde chrétien, Satan est précisément décrit comme le grand adversaire. Par ailleurs, le mot diable signifie celui qui divise. Il vient du grec *diabolon*, qui désigne deux parties d'un même tout qui se trouvent divisées, alors que le mot *symbolon* désigne les parties de ce même tout une fois réunies. Seth divise ce qui doit être divisé pour que soit recréée une nouvelle unité, un nouveau symbole de vie.

Seth est un dieu. Il joue un rôle archétypal. L'adversaire est une figure universelle. On le retrouve dans toutes les cultures. Il a pour fonction d'initier la danse, au sens de commencer la manœuvre. Il propose le changement en détruisant les formes révolues. En cela, il représente l'essor irrépressible de la nature. Il incarne la partie sombre de l'élan créateur sans lequel aucune mobilité et par conséquent aucune transformation ne serait possible. Voilà d'ailleurs pourquoi les Égyptiens associaient Osiris et Seth au jour et à la nuit.

Pour eux, ces frères étaient inséparables. L'un ne pouvait exister sans l'autre.

Le processus dont Seth est le maître se révèle lui-même de nature archétypale en ce qu'il se déroule souvent de la même façon. Ainsi Jung note que le processus d'individuation débute souvent par une phase dépressive — il en donne pour image l'entrée étroite et obscure de nombreux tombeaux antiques. Il parle même de la rencontre avec l'Ombre comme d'une porte si petite qu'il faut se pencher pour la passer, allusion possible à l'humiliation inhérente au geste. Car, comme nous l'avons vu, Seth s'attaque avant tout à l'orgueil.

Dans un autre domaine, les alchimistes parlaient du premier état de l'œuvre de transmutation du plomb en or comme étant celui de la *nigredo*, à savoir l'œuvre au noir. Cet œuvre au noir symbolise bien l'abattement intérieur, première étape sur le chemin de la découverte de soi. Elle est le noir du coffre. Elle est le noir de l'enfermement sans espoir. Elle est le noir de la mort. Elle est le noir de la putréfaction qui s'ensuit.

Les alchimistes nous offrent une autre image pour décrire les auspices sous lesquels était placé le processus : un lion qui mange le soleil. Le lion, roi des animaux, figure les pulsions instinctives de l'inconscient qui dévorent la lumière de la conscience subjective.

Pourquoi en arrive-t-on là ? Tout simplement parce que le Moi conscient, obnubilé par la personnalité, éprouve une peur panique à l'idée de tout changement réel. Il ne peut s'y aventurer que contraint. Voilà pourquoi la dépression survient, elle abolit la notion de choix. À ce titre, on peut très bien l'envisager comme une aide naturelle à la transformation, tout en convenant que l'on s'en passerait volontiers. Elle représente un pis-aller qui n'est en rien souhaitable. Pour sauter l'étape, il faudrait cultiver assidûment l'intimité avec soi-même en épousant le flot des mutations intérieures, en créant nos vies au lieu de les subir. Voilà la véritable joie de l'être. Pourtant, avant d'en être capable, bien des illusions doivent être traversées. Disons que la dépression a l'avantage de nous montrer que les lumières qui brillent à l'extérieur ne donnent pas toujours des clartés durables.

Savoir qu'il s'agit d'un processus archétypal, donc valable pour la plupart d'entre nous, allège l'inquiétude qui nous envahit face à l'adversité. Si nous acceptons d'y voir une invitation au changement plutôt qu'un événement absurde, nous diminuons d'autant la souffrance qui nous assaille alors.

L'incubation : une tradition ancienne et moderne à la fois

Vous êtes peut-être surpris par mon interprétation de la légende. Vous vous dites que les Égyptiens n'avaient pas pensé à tout ça. Détrompez-vous car l'orgueil, la peur et l'envie ont existé de tout temps. C'est le sentiment de notre propre importance, cette fois collectif, qui nous fait conclure que les civilisations antérieures avaient moins de conscience que nous. Culture ancienne ne signifie pas culture inférieure.

Si nous explorions ensemble les mystères initiatiques de l'Antiquité, nous constaterions sans peine la finesse d'intelligence qui était alors en action. Mais dans ce livre, mon souci est de vous proposer une interprétation psychologique de la légende. Comme je l'ai mentionné auparavant, il est clair que cela m'oblige à procéder à une sorte de « réduction » du mythe au profit de la psychologie. Je procède à une simplification similaire lorsque je parle du narcissisme de Seth ou lorsque je le considère comme une partie d'Osiris. Elle facilite la compréhension en ce qu'elle nous permet de sentir en nous-même de quoi il est question, mais je suis conscient qu'elle est loin d'épuiser la signification tant mythique qu'historique des personnages présentés.

Il existe diverses interprétations de la mise en coffre. On sait ainsi que, dans les initiations aux mystères d'Osiris, un sarcophage ou un petit corridor obscur situé à l'intérieur d'une pyramide servait de caisson d'isolement. Il coupait l'initié du monde extérieur et lui permettait de se projeter dans l'au-delà. Une mort avant la mort. Certains textes comme *Le Livre des morts* égyptien dressent une carte de l'espace situé entre la vie et la mort, une carte de l'entre-deux-mondes, pour aider le défunt à s'orienter vers la lumière sans céder aux illusions qu'il rencontre en chemin. De même, des fresques peintes sur les murs des tombeaux suggèrent que les castes religieuses de l'Égypte antique se servaient des temples et des pyramides auxquels elles étaient seules à avoir accès, comme de rampes de lancement vers d'autres plans de conscience, autrement dit vers des univers parallèles.

Une anecdote : il a fallu déplacer le sarcophage qui se trouvait dans la pyramide de Khéops, dans la chambre du pharaon[28] ; les touristes avaient pris l'habitude de s'y coucher, soit pour s'y faire photographier, soit pour y méditer quelques instants. Or son emplacement, dans l'alignement de l'axe vertical de la pyramide, produisait un effet énergétique qui faisait basculer les personnes les plus sensibles dans des états de conscience modifiés.

Les Grecs ont repris cette tradition. Dans le temple d'Esculape, le dieu de la Médecine, ils pratiquaient l'incubation. Cette technique consistait à isoler les malades pendant plusieurs jours pour leur permettre de rêver ou de voyager dans d'autres sphères, de façon à stimuler leurs mécanismes d'autoguérison. Peut-être peut-on interpréter pareillement la mise au tombeau du Christ. Si celle-ci symbolise la mort à soi-même, la mort à la personnalité pour une résurrection dans l'éternité du Soi, elle peut aussi évoquer la visite par Jésus de dimensions parallèles à notre univers conscient.

Les retraites, les jeûnes, les longues marches et les séjours dans le désert pratiqués dans toutes les traditions religieuses et par tous les maîtres spirituels ont également pour but cette rencontre avec la solitude intrinsèque de l'être, étape indispensable pour vaincre l'illusion de la séparation et retrouver l'union avec le Tout. Le cabinet du psychanalyste peut, lui aussi, être assimilé à ce lieu d'incubation : on y vient faire un retour sur sa vie pour se défaire de certains conditionnements et engager une transformation.

---

28. Drunvalo, Melchisedech, *L'Ancien Secret de la Fleur de vie*, tome 2, Montréal, Éditions Ariane, 2001, p. 318.

Devant la statue de Ramsès

Lorsque l'on se promène dans le temple de Karnak à Louxor, en Égypte, on peut contempler la gigantesque statue de Ramsès III, avec ses grands yeux d'éveillé ; on se demande alors si le pharaon a fait élever ce monument à la gloire de l'inspiration qui le traversait, ou à celle de l'orgueil. Adulé de son vivant comme un dieu, supérieur à ses sujets par sa naissance, se rappelait-il que l'élan universel est le même en chacun de nous, et que son rôle de pharaon, avec ses épreuves particulières, ne devait lui servir qu'à passer d'une souveraineté temporelle à une souveraineté intérieure ? Ou l'avait-il oublié ?

Pyramide de gloire ou pyramide d'orgueil, la distinction est difficile à faire entre l'une et l'autre, et la confusion facile. Gloire et orgueil ne tiennent qu'à un certain regard sur la réalité, une attitude, une pensée. Un roi apporte la civilisation à son peuple ; dans le premier cas, il agit comme mandataire de la vie elle-même, comme une expression pleine et entière de l'élan vital ; dans le second cas, il agit pour être reconnu, admiré, glorifié. Dans le premier cas, il est d'abord souverain de lui-même avant d'être souverain des autres ; dans le second, les autres ont une souveraineté sur lui puisqu'il dépend de leur regard pour s'apprécier. Mais qui est assez malin pour faire la différence ?

Dans chaque vie humaine, la frontière est fragile ! Et cela a peu à voir avec la richesse et la pauvreté. Il existe des riches humbles ; il existe des pauvres orgueilleux de leur pauvreté et de leur misère. Certaines personnes sentent leur cœur s'ouvrir sous l'effet de l'abondance, alors que d'autres se ferment. D'autres encore s'ouvrent dans le dénuement, alors que les derniers s'en trouveront aigris.

Quand un artiste chante, chante-t-il pour être admiré, s'enchaînant ainsi à la faveur ou à la défaveur du public ? Ou chante-t-il pour s'exprimer, pour participer à la création du monde, pour toucher au sublime, partageant son inspiration, réveillant en chacun le goût de chanter et le désir de faire de sa vie un hymne ?

Et moi qui écris ces lignes, est-ce que je recherche votre admiration, dans l'espoir d'apaiser un besoin de reconnaissance — obéissant ainsi aux injonctions de mon passé ? Ou est-ce que je sers un élan d'utilité, de création et de participation ?

Et vous qui me lisez, me lisez-vous pour renforcer votre propre personnage ou pour stimuler votre souffle de vie ? Me lisez-vous dans le dessein secret de mieux vous protéger, ou pour vous remettre en question ?

Voyez-vous, la gloire que l'on cherche à l'extérieur se trouve déjà en soi, au cœur de soi, au cœur même de cette défaite intérieure qu'est la défaite de l'orgueil, la défaite de la peur, la défaite de l'envie. Elle consacre l'échec d'un personnage dont la seule stratégie réside dans l'hostilité, une stratégie qui consiste à se faire plus gros que le bœuf, et à prouver sans relâche son ascendant sur les autres, en se comparant, en distinguant des plus méritants et des moins méritants, en jugeant les autres et en se jugeant soi-même encore plus sévèrement.

Oui, pyramide de gloire ou pyramide d'orgueil… Cela me rappelle une histoire zen que l'on m'a rapportée récemment. Un maître réunit ses adeptes pour leur livrer un enseignement. Il commence par fermer les yeux pour un moment d'intériorité mais, après une demi-heure, il n'a toujours pas prononcé un mot. Un disciple s'étonne. Le sage lui répond qu'il observe la lutte que se livrent en lui le loup de l'amour et celui de la colère. Puis il referme ses yeux. Trente minutes s'écoulent à nouveau. Un autre disciple s'enquiert du résultat de la bataille. Et le maître de répondre : «Tout dépend quel animal je déciderai de nourrir. »

L'élan créateur de vie ou l'orgueil, quel est le loup que nous voulons nourrir ? La plupart du temps, nous allons de l'un à l'autre, ne nous rendant pas compte que le personnage orgueilleux, dans sa prétention à être, dans sa peur de ne plus exister, nous mène par le bout du nez.

Lorsque nous regardons les choses sous cet angle, il y a de quoi attraper le vertige. En effet, la culture occidentale, qui a élevé l'individualisme et le chacun pour soi au rang de credo collectif, alimente en priorité le sentiment de notre propre importance et donc les rivalités. Nous avons plus de biens mais nous avons peur de les perdre. Nous voulons exercer notre créativité mais en surpassant les autres. Nous avons des vies passionnantes mais elles sont de plus en plus oppressantes, de plus en plus soumises à toutes sortes d'exigences. Si bien que nous finissons par voir autour de nous de plus en plus de dépression et de fatigue chronique, comme s'il nous était devenu indispensable de nous payer un peu de temps mort, un peu de temps passé dans le coffre d'Osiris parce que nous ne pouvons plus tenir le coup et que tout en nous appelle un renouvellement. Tout ce luxe, toute cette technologie, tout ce confort ne vont-ils servir, au bout du compte, qu'à nous rendre plus malheureux et à nous faire de plus en plus d'ennemis intérieurs et extérieurs ? Ce serait l'aveu d'un terrible échec.

Si cette abondance servait en revanche à alléger le sort de tous, à résoudre les problèmes de pollution et de pauvreté, ce serait un fantastique succès. Un succès dont nous sommes capable à condition de sortir de l'orgueil, de l'illusion selon laquelle une vie occidentale vaut plus qu'une vie orientale, par exemple. Si nos technologies ne servent pas à l'amélioration du sort commun, nos rivalités peuvent devenir telles que nous irons jusqu'à l'autodestruction, mais ce sera une autodestruction que nul dieu sauf nous-même n'aura décrétée.

Il y a lieu de se demander ce que l'on peut retirer d'une vie entière vécue dans le regard des autres et dans l'hostilité. Quel plaisir tirer d'une vie stressée, n'offrant ni détente ni bol d'air, hantée par la peur de manquer de quelque chose, de ne plus être dans le jeu, de se sentir dépassé ? Voyez-vous, sur notre lit de mort, tout ce qui aura été amassé de succès, d'argent, de diplômes ne servira à rien. Absolument à rien. Ces acquis auront été d'agréables véhicules tout au plus, mais des véhicules tellement exigeants qu'en route ils auront sapé notre goût de vivre.

Encore une fois, il ne s'agit pas de poser un jugement moral, car personne ne sait par quelle illusion de grandeur ou de petitesse un être a besoin de passer pour arriver à lui-même. Personne ne sait quel désastre un individu doit connaître ou provoquer pour s'éveiller à la dimension intérieure. J'ai connu des personnes qui, après vingt ans de dérive, se sont prises en main d'un seul coup et ont changé de vie en l'espace d'une année. J'en ai connu d'autres qui ont eu très tôt l'intuition d'elles-mêmes et qui, pourtant, n'arrivent pas à s'engager véritablement dans une voie intérieure. Elles se développent en dilettante, dans un confort relatif, sans grande souffrance mais sans bonheur non plus. Il en va de même à l'échelle de la collectivité. Qui sait par quel désastre nous aurons à passer pour retrouver l'unité perdue dans notre humanité ?

Heureusement qu'il y a cette sagesse venue du fond des âges. Elle chuchote que les perdants sont ceux qui ont peur de perdre. Elle murmure que tout ce que nous croyons posséder est transitoire. Elle soupire que notre personnalité est une sorte d'illusion nécessaire pour nous conduire à lever nous-même le voile obscur qui recouvre notre souveraineté véritable. Elle affirme que l'éveil nous attend. Car, à travers les arrachements qu'il provoque, Seth nous invite simplement à devenir ce que nous sommes véritablement : une individualité inspirée et animée par la force et la beauté de l'univers.

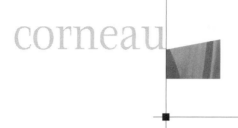

corneau

Chapitre sept

Le jeu de la victime
et du bourreau

La danse de la vie

Le corps d'Osiris flotte à la dérive sur le Nil. Au gré du courant, le coffre tourne et tourbillonne. Sans cap et sans gouvernail, la barque se trouve livrée aux remous des émotions qui l'agrippent, comme un être humain livré à l'intensité d'un processus de transformation. Pendant que le souverain dérive ainsi, nous allons en profiter pour faire un petit pas hors de la piste afin d'observer les danseurs impliqués dans cette chorégraphie. En regardant leurs virevoltes, nous saisirons mieux le sens des mots «rôle» et «personnage». Car, après tout, si nous rendons l'identification à notre personnalité responsable de notre situation de victime des autres et de bourreau de nous-même, il nous faut comprendre avec le plus de précision possible comment l'engrenage fonctionne. Nous allons ainsi nous rendre compte que chacun de nous joue en fait plusieurs rôles et que ces rôles marchent ensemble dans un système, et plus précisément dans une «dynamique systémique». Nous allons également prendre conscience que nous changeons de rôle en fonction des situations et des gens avec lesquels nous nous trouvons.

Les couples évoluent sur la piste : Seth et Osiris, Osiris et Isis, Isis et Anubis, Anubis et Nephtys, Nephtys et Seth, Seth et Horus. Tous et toutes, ils dansent ensemble. Ils dansent la vie. Ils s'inscrivent dans une valse qui finit par nous révéler l'enjeu réel de l'existence. Tout comme nous, au début, ils sont victimes mais, peu à peu, l'épreuve les révèle à eux-mêmes et les pousse à inventer de nouveaux pas. Comme vous l'avez sans doute remarqué, ils sont frères et sœurs avant d'être maris et femmes. Ce n'est pas tant que leur famille est complètement dysfonctionnelle ; c'est plutôt qu'ils appartiennent au même mouvement. Ils sont des parties indissociables d'un élan identique. Ils sont frères et sœurs comme nous sommes frères et sœurs au sein de la grande famille humaine. Dans leur communauté, comme dans la nôtre, chacun porte tous les autres en lui-même. Ils se guident les uns les autres, s'appuient les uns sur les autres, se révèlent les uns aux autres. Et, dans leur chorégraphie, chacun danse car chacun des rôles est nécessaire au mouvement.

Ils souffrent, certes. Mais, tout comme nous, ils souffrent dans la mesure où ils s'identifient à leurs rôles sans comprendre la nature du mouvement qui les agite. S'ils comprenaient que cette ronde apparemment infernale mène à la délivrance, ils pourraient épouser le rythme avec plus de grâce et moins de douleur.

Gare aux étiquettes !

Avant de poursuivre, une mise en garde s'impose. Peut-être aurais-je dû la faire plus tôt car elle vaut pour tout ce que nous avons dit et pour tout ce que nous allons dire. Voici : lorsque je lis un livre de psychologie, je le lis dans l'espoir de mieux comprendre mon univers. Est-ce votre cas ? Vous tendrez alors à vous reconnaître dans mes descriptions — nous nous cherchons d'abord nous-même, naturellement. Mais l'effet peut en être pernicieux s'il inspire un malaise, voire de la honte ou de la culpabilité. Lorsque cela se produit, il est crucial de revenir autant que possible à une position d'observateur bien-veillant de sa réalité intérieure.

Je fais cette précision car nous allons maintenant mettre sous la loupe les rôles de Victime, de Persécuteur, et de Sauveur. Or l'examen peut se révéler délicat autant qu'instructif. Sachez que vos penchants à prendre les rôles de Victime, Persécuteur ou Sauveur importent peu. En psychologie, ils se valent tous. Que vous ayez adopté dans votre vie des comportements de domination, de soumission ou de sauve-tage, dans tous les cas vous l'avez fait pour survivre à l'intolérable.

Notre but n'est pas moral. Il n'est pas de jauger la valeur d'un per-sonnage ou d'un autre. Il est d'essayer de comprendre ce qui, dans notre psychisme, nous pousse à adopter des attitudes qui, en fin de compte, nous font souffrir. Comprendre mais non justifier — la justi-fication peut entraîner une complaisance dans la répétition de ces attitudes. Nous cherchons plutôt à tirer un enseignement de notre examen pour apprendre à défaire nos nœuds intérieurs. La meilleure position est donc celle de l'observateur impartial et lucide : vous ne vous jugez pas mais vous essayez de ne rien vous cacher.

Je prends la peine de faire cette mise au point parce que l'expé-rience m'a montré que la plupart des gens se trouvent plus à l'aise dans la position de la victime que dans celle du bourreau. Un jeu de rôle collectif sur la relation amoureuse, organisé dans certains de mes ateliers, en est une bonne illustration. Nous demandions d'abord au groupe de former des couples artificiels. Ces couples devaient plani-fier ensemble la maison de leurs rêves, la famille de leurs rêves et fina-lement les vacances de leurs rêves. La seule règle était qu'ils devaient s'entendre sur tout, de la décoration des pièces à leur destination de voyage. Un exercice très intéressant, que je vous conseille d'essayer chez vous, car nous ne prenons jamais le temps de partager nos rêves dans un climat détendu et sans attentes.

Par la suite, nous ajoutions un événement au processus (que je ne vous conseille pas si vous faites ce jeu à la maison). Nous donnions la consigne suivante à un seul membre de chaque couple : annoncer à son ou sa partenaire qu'il avait une autre personne dans sa vie et qu'il voulait se séparer. Catastrophe! Après seulement quarante minutes d'existence théorique, les réactions étaient déjà édifiantes. Chez les victimes: pleurs, incrédulité, révolte et rancœur. Du côté des bourreaux, honte et culpabilité. Plus frappant encore, les victimes avaient tendance à se regrouper pour échanger des consolations mutuelles et partager leurs expériences passées d'échecs amoureux. Rien de tel du côté des bourreaux. Le silence, le malaise et la gêne régnaient.

C'est à présent qu'il faut se rappeler ce que nous disions de Seth au chapitre précédent: il est absolument nécessaire à la danse et sans lui, il n'y aurait pas de transformation possible. Si l'on se trouve dans la position du bourreau, dans la position inconfortable de celui ou celle qui apporte la douleur, par exemple lorsque vous initiez une séparation, il est bon de savoir que la souffrance ainsi provoquée peut également aider l'autre à cheminer vers lui-même. À la limite et sous l'angle de la sagesse, nous pourrions dire que le fait même de souffrir révèle une ignorance de notre véritable nature, qui est joie. Qu'est-ce qui nous fait avancer? Est-ce le compliment qui camoufle la peur, ou la parole franche qui dénonce? Grande question que celle de la responsabilité personnelle — mais je mets la charrue avant les bœufs.

Répétons-le: il est nécessaire d'observer ce qui se passe en soi et chez les autres avec un regard bienveillant, compréhensif. Que nous soyons Victime, Persécuteur, Sauveur, ou, plus vraisemblablement, tout cela à la fois, il faut comprendre que nous avons adopté ces rôles pour survivre à des situations difficiles. Autrement dit, ainsi que nous l'avons exposé en détail, si nous nous sommes replié sur notre personnage, c'est dans un but de protection. Nous l'avons fait principalement pour être en mesure de poursuivre notre route; il n'y a donc pas de quoi nous sentir coupable ou honteux, fier ou glorieux. En revanche, il est indispensable de reconnaître les sources de ces comportements pour sortir des esclavages qu'ils nous imposent.

Drôles de rôles

« I am OK – You are OK »

Cette précision étant apportée, faisons maintenant appel à l'analyse transactionnelle pour mieux comprendre la nature des rôles et leur
dynamique interactive. Le psychiatre Éric Berne, créateur de cette
théorie psychologique, a rencontré un grand succès avec son livre : *Des
jeux et des hommes*[29]. Sa fameuse formule « *I'm OK – You're OK !* » (Je
suis OK – Vous êtes OK) a ainsi fait le tour de la planète. Elle exprime
l'idée que, malgré nos personnages névrotiques, nous sommes fondamentalement « OK », c'est-à-dire que nous possédons les ressources
intérieures pour sortir de notre esclavage vis-à-vis de nous-même.

Dans son essai, Éric Berne décrit de façon convaincante les jeux
auxquels nous jouons à notre insu. Il évoque les différents complexes
dont le Moi devient la proie, mais en réinventant la terminologie. En
effet, il ne parle pas de personnages ni de sous-personnalités qui sub-
jugueraient l'espace conscient ; il parle de *rôles*, qui influencent l'état
du Moi. La distinction est primordiale. Même si le Moi endosse un
rôle, il n'a pas l'impression de le jouer, il le vit. Son expérience est
pleine et entière ; il est comme l'acteur qui s'investit dans une pièce au
point d'oublier qu'il existe un univers en dehors d'elle.

Nous pouvons distinguer trois états du Moi, qui alternent en nous
selon les occasions : l'état du Parent, l'état de l'Enfant et l'état de
l'Adulte. Le Parent est comparable à un magnétophone qui aurait
enregistré des codes de vie prédéterminés, une collection de préjugés.
Opposé à l'état du Moi Parent, nous trouvons l'état du Moi Enfant.
Dans son aspect naturel, l'Enfant aime ou hait. Il est impulsif, spontané ou joueur. De lui jaillissent toutes les émotions, de la peur à
l'amour en passant par la joie ou la tristesse. Finalement vient l'état
du Moi Adulte. Dans son état de Moi Adulte, la personne utilise une
pensée logique pour résoudre les problèmes en s'assurant que les

---

29. Berne, Éric, *Des jeux et des hommes*, Paris, Stock, 1994.

préjugés du Parent ou les émotions de l'Enfant ne viennent pas contaminer le processus. L'adulte se doit de prendre une certaine distance par rapport aux injonctions du Parent et aux intuitions de l'Enfant.

Par rapport à la psychanalyse classique, l'analyse transactionnelle innove en ce qu'elle place l'ensemble de la méthode sur le mode de l'interaction. Elle reconnaît la place des autres dans notre psychologie intime et y recourt pour mettre en lumière le drame intérieur de l'être humain. Elle parle de transactions que nous contractons sans cesse avec nous-même et avec notre entourage — d'où le nom donné à la théorie : l'analyse transactionnelle. Cette méthode présente donc l'avantage de nous placer d'emblée dans un monde dynamique.

Il existe, à l'intérieur de soi, des transactions entre l'Adulte, le Parent et l'Enfant. Un exemple : si votre état du Moi est fixé dans le Parent critique, chaque fois que vous désirez vous laisser aller ou suivre une impulsion, vous entendez dans votre tête des paroles du genre : « Tu es nul, stupide, fou, perdu d'avance, tu ne réussiras pas... », ou encore : « Tu ne mérites pas d'être aimé ! » Ainsi, l'Enfant en vous, qui désire être apprécié, se trouve sans cesse contrôlé et déprécié. Chez Freud, cela correspond au Surmoi sévère qui refoule les pulsions du ça ; chez Jung, au *complexe parental négatif*.

La Victime, le Sauveur et le Persécuteur

L'analyse transactionnelle est particulièrement intéressante pour nous lorsqu'elle s'applique à définir ce que le psychothérapeute Stephen Karpman a appelé le triangle dramatique. C'est, en fait, le point précis sur lequel je souhaite attirer votre attention.

Après avoir noté que soixante-dix pour cent de nos transactions avec le monde extérieur se passent entre un Parent normatif et négatif et un Enfant soumis ou rebelle en quête d'un Parent nourricier, Karpman a formalisé trois rôles qui se gravent dans nos états du moi : la Victime, le Persécuteur, et le Sauveur. Puisqu'il faut être au moins deux pour déclencher une dynamique entre ces rôles, il les a conceptualisés sous une forme triangulaire, avec interaction constante entre les trois points du triangle. Cela permet de tenir compte d'une réalité (que je me permets de souligner à gros traits) : certes, nous nous identifions à un rôle privilégié mais, dans une situation donnée, nous changeons de rôle constamment.

Prenons l'exemple de ce que les analystes transactionnels, s'inspirant de Karpman, appellent le jeu de la dépendance :

« Le drogué jouant le jeu de Victime de la dépendance, des humiliations, des brimades, des négligences médicales et même de la brutalité policière cherche et trouve un Sauveur. Le Sauveur joue le jeu en essayant généreusement d'aider de manière désintéressée le drogué, sans s'assurer [que ce dernier] s'implique dans un processus pour abandonner la drogue. Après un certain nombre d'échecs frustrants, le Sauveur se fâche et change de rôle pour devenir Persécuteur. Il accuse, insulte, néglige et punit le drogué. Le drogué change alors [de rôle lui aussi]. De Victime, il devient Persécuteur et il contre-attaque. Il insulte [le Sauveur], devient violent et on doit appeler les services d'urgence, en pleine nuit. Celui qui a commencé Sauveur est maintenant Victime dans le jeu. Ce changement de rôles tourne comme un manège autour du triangle dramatique[30]. »

Cet exemple nous permet de saisir en quoi consiste le drame triangulaire. Il met en scène une Victime qui demande de l'aide mais qui, fondamentalement, n'en veut pas. Elle trouve un Sauveur compatissant qui, dans un premier temps, cherche à aider du mieux

---

30. Groupe de travail sur les concepts fondamentaux de l'analyse transactionnelle du comité de développement de l'International Transactional Analysis Association (ITAA), sous la présidence de Claude Steiner, Concepts fondamentaux de l'*Analyse Transactionnelle*, 2000, traduit de l'anglais par Marc Devos. Site Internet : www.emotional-literacy.com/corefr.htm

possible sans prendre la peine de s'assurer que la Victime désire réellement se sortir de la drogue. Épuisé et exaspéré, il finit par persécuter le drogué rebelle à ses bons conseils. Puis il se retrouve Victime de la violence de ce dernier qui s'est transformé en Persécuteur.

Il n'est pas besoin d'une situation extrême pour constater de tels renversements. S'il vous est arrivé de vous occuper d'une personne âgée qui se place en position de Victime, sans doute avez-vous éprouvé des mouvements d'impatience. Peut-être même vous êtes-vous surpris à prendre le contrôle de la situation sans respecter l'opinion de votre protégé, las de l'entendre se plaindre. Et vous avez perçu que celui-ci était capable d'utiliser son impuissance contre vous, pour vous persécuter.

« La victime se plaint abondamment auprès de personnes qui n'ont pas la compétence pour l'aider. » C'est ainsi que dans nos séminaires de Productions Cœur.com, la psychologue Bettina de Pauw définissait la Victime selon Karpman. Il est très important, nous expliquait-elle, qu'il en soit ainsi parce que, fondamentalement, la Victime ne veut pas abandonner son rôle. La parfaite Victime ne dit pas : « J'ai mal au genou ! », risquant ainsi de trouver une véritable cure, elle dit plutôt : « J'ai mal ! »

Si d'aventure un Sauveur lui propose un remède approprié à sa douleur, la Victime entrera alors avec lui dans le jeu du « Oui, mais… » « Oui, c'est une suggestion intéressante, mais… » et ainsi de suite de proposition en proposition jusqu'à ce que le Sauveur s'irrite et se transforme en Persécuteur. Celui-ci voit alors la Victime comme une méchante créature qui ne sait pas faire face à la réalité et ne mérite donc que mépris.

On rencontre deux types de Victimes : la soumise et la rebelle. La Victime soumise exagère ses handicaps personnels et se présente plus faible qu'elle ne l'est. Elle vit ses désirs comme des nécessités impérieuses qu'elle impose à son entourage. La peur de manquer la motive. Cherchez un peu, je suis sûr que vous en connaissez. La Victime rebelle est agressive. Elle râle, revendique et réclame. Ce rôle est associé à la peur de perdre quelque chose ou quelqu'un, ou de se retrouver abandonnée. Que l'on soit en position de Victime soumise ou rebelle, le sentiment caché qui domine est la honte.

Comme nous l'avons vu avec Seth, du côté du Persécuteur, la colère domine. La personne placée dans ce rôle se croit obligée ou estime efficace d'être sévère, voire méchante, alors que ce n'est pas nécessaire. Elle infériorise et dévalorise les autres, les blâme, met à nu leurs défauts, leur fait la morale ou les incite à se battre entre eux. Elle s'imagine ainsi qu'elle va dominer l'autre, mais rien n'est moins sûr car une Victime peut se rebeller ou un Sauveur peut venir à son secours[31].

Le Persécuteur est souvent quelqu'un qui cherche à se venger d'une frustration. Cela lui donne la force et l'aveuglement nécessaires pour persécuter sans remords. Il est toujours à l'affût d'une bonne Victime ou d'un bon Sauveur pour le transformer en Victime.

Le kit du parfait petit Sauveur

Chez le Sauveur, la culpabilité domine. Au cours des mêmes séminaires, le psychothérapeute Paul Marchandise décrivait avec humour les tourments dans lesquels s'enferme un Sauveur face à une Victime : il viendra en aide coûte que coûte, peu importe s'il n'a ni le goût, ni les capacités, ni le temps de le faire. Il va tenter de rendre service à tout prix sous peine de se sentir coupable de non-assistance. Et cela, la Victime le sent instinctivement. C'est même ainsi qu'elle persécute à son insu son entourage, car les bonnes Victimes font d'excellents bourreaux. Qui ne connaît le cas d'un grand malade ayant mis sa famille entière sous le joug de ses humeurs et de ses exigences ? Comme si la maladie lui donnait le droit de tyranniser son entourage sans merci. Paul Marchandise nous offre l'exemple suivant :

---

31. www.relation-aide.com. Empreinte/Temps présent. Premier site francophone chrétien de relation d'aide professionnelle, sous la responsabilité de Jacques et Claire Poujol. Voir la rubrique « Articles » et cliquez *Le Triangle dramatique*.

Un ami qui vient de divorcer et d'emménager dans un nouvel appartement vous demande de l'aider à peindre les murs dimanche prochain. Or le dimanche en question est le seul jour de la semaine où vous avez un peu de temps pour souffler. De plus, vous aviez promis à vos enfants d'aller faire une balade avec eux dans la nature. Vous voudriez répondre non à votre ami mais vous ne vous sentez pas capable de le laisser tomber, surtout avec ce qu'il est en train de traverser. Vous tentez donc de ménager la chèvre et le chou. Vous irez l'aider pendant quelques heures mais vous devrez partir tôt afin de vous occuper des enfants. Soudain, vous n'êtes plus en congé, vous êtes en service commandé.

Le dimanche en question arrive. Vous vous levez tôt et vous arrivez chez votre ami à neuf heures pile, comme convenu. Vous le trouvez à peine éveillé, comptant sur vous pour mettre en route le travail. En fait, il en est à ses premières armes en matière de bricolage. Cela vous met mal à l'aise (il faut avouer que, de votre côté, la peinture n'est pas votre fort). La journée commence donc mal et le travail progresse très lentement. Vous vous sentez de plus en plus irrité à mesure que les heures s'écoulent car le moment où vous avez promis d'aller vous balader avec les enfants approche, et le travail, lui, piétine. Vous éprouvez par ailleurs une culpabilité grandissante à l'idée de laisser votre ami seul et inexpérimenté avec les travaux. Alors, vous vous attardez, encore et encore…

Finalement, vous arrivez à partir. Mais vous êtes déjà en retard. Vos enfants font la tête lorsque vous arrivez à la maison et votre compagne fait remarquer que c'est toujours comme ça, que vous ne savez pas gérer votre temps, que ça fait au moins une demi-heure que les gamins vous attendent tout habillés sous le portique, trépignant d'impatience. Votre promenade est gâchée. Plutôt que d'admirer la nature, vous voici la tête pleine de reproches et d'idées noires sur votre couple. Vous revenez à la maison boudeur, mécontent de vous-même et du monde entier. Vous accusez *votre compagne de ne pas vous comprendre, de ne jamais être de votre côté et vous vous réfugiez dans un livre. Quel beau dimanche, quel beau dimanche c'était!*

Comment éviter un tel malentendu? Avant de se précipiter au secours d'autrui, le parfait petit Sauveur devrait toujours avoir cinq questions dans son kit de survie et se les poser.

La première: *est-ce qu'il y a une demande clairement formulée?* Dans notre exemple, il y en a une, ce qui est un bon départ car, très souvent, le Sauveur se fait prendre dans un jeu où les demandes ne sont même pas formulées directement. Le Sauveur utilise alors ses antennes pour deviner les besoins des autres et leur répond d'avance positivement afin de ne pas avoir à affronter le sentiment de culpabilité qui l'envahit dès qu'il ose répondre non.

La deuxième question concerne les attentes: *qu'est-ce qu'on attend de moi au juste?* Est-ce que j'aurai un travail d'assistant, c'est-à-dire un simple soutien moral de quelques heures, ou est-ce qu'on s'attend à ce que je prenne la direction des travaux? Il est important de cadrer l'aide sollicitée. Manifestement, dans notre exemple, l'attente de l'ami en question dépasse largement les capacités réelles du Sauveur. La distorsion ne peut que produire malaise, confusion et insatisfaction. Ces situations sont courantes. Dernièrement, un de mes amis s'est trouvé confiné dans un rôle de thérapeute malgré lui auprès d'une ex-petite amie qui lui confiait ses tourments au téléphone pendant plus d'une heure par jour. Comme celle-ci déclarait ne pouvoir survivre sans cette aide, il n'osait pas mettre fin à l'échange. Ajoutez à cela une Victime qui n'a pas les ressources financières pour se payer une thérapie et vous obtiendrez un Sauveur en difficulté émotionnelle susceptible de se transformer en Persécuteur malgré lui, après s'être senti victime de la situation.

Cela nous conduit à la troisième question: *est-ce que j'ai la compétence nécessaire pour aider réellement dans les circonstances?* Dans l'exemple cité plus haut, notre Sauveur ne l'a pas. Il n'est pas bricoleur et se trouve d'autant plus démuni lorsqu'il constate qu'on attend de lui l'organisation du chantier. Même chose pour le thérapeute improvisé. En bref, il faut savoir reconnaître les limites de sa compétence et les poser si nécessaire.

De même, dans notre exemple, le peintre du dimanche n'a pas le temps matériel d'aider son copain. Il avait d'autres projets. Il se livre donc à une acrobatie supposée lui permettre de jouer son rôle de Sauveur. La quatrième question que doit se poser le Sauveur est donc la suivante: *ai-je vraiment la disponibilité pour faire ce que l'on me demande?*

Enfin, même si la demande est claire, si les attentes ont été précisées, si on a la compétence et le temps pour le faire, vient une dernière question, non la moindre, celle des priorités. Elle pourrait se formuler de la façon suivante: *ai-je le goût d'aider cette personne?* Cette dimension est celle du respect de soi, de ses goûts et de ses objectifs. Elle est fondamentale parce que, la plupart du temps, par peur de déplaire aux autres et d'éprouver de la culpabilité, le Sauveur en arrive à répondre à toutes sortes d'attentes qui ne le concernent pas. Il devient alors Victime de nul autre que lui-même.

Lorsque l'on fait des choses pour lesquelles on n'a ni temps, ni penchant, ni compétence, on se fragilise, et on prête le flanc aux attaques des autres. C'est ce qui arrive à notre protagoniste. Possédé par son rôle de bon Samaritain, il se met en retard pour la sortie avec les enfants, sortie dont il a le goût et à laquelle il aurait dû accorder la priorité. Toute la famille est irritée par l'attente et, encore une fois, le Sauveur se retrouve victime de ce qu'il considère comme l'incompréhension de son entourage. Il a l'impression qu'on ignore sa grande générosité. Mais on pourrait aussi lui faire remarquer qu'il est manipulé par la peur de se sentir coupable — du coup, il finit tout de même sur le banc des accusés.

C'est que le Sauveur abuse de ses propres forces. Il ne met pas de limites à l'aide qu'il peut apporter et par conséquent se retrouve victime de son action et de ses bonnes intentions. Après un certain temps, la situation provoque tellement de frustration en lui qu'il se durcit et répond par la colère. Ce qui le transforme sur-le-champ en Persécuteur. S'il se sent coupable de cette colère, il tentera de bonifier son action, niant ses réactions personnelles et prenant ainsi le chemin de la maladie, en d'autres mots celui de la Victime.

Qui n'a jamais été tenté de rabrouer la personne qu'il voulait aider et qui finit par l'exaspérer ? En effet, plus la Victime se repose sur les autres, refusant d'emblée toute solution supposant qu'elle prenne elle-même en charge au moins une partie du problème, plus elle se rend odieuse, éveillant dans son entourage une gamme de sentiments qui vont de la compassion à la colère en passant par l'impuissance et la culpabilité.

Celui ou celle qui a un penchant pour le sauvetage devrait s'entraîner à répondre ceci aux Victimes qui croisent sa route (après les avoir écoutées avec respect et compassion) : « Mon Dieu ! C'est terrible ce qui t'arrive ! Qu'est-ce que *tu* penses faire, dans la situation ? » Il renvoie ainsi la Victime à sa responsabilité. Ce qui ne veut pas dire qu'il ne l'aidera pas, à condition que celle-ci formule une demande claire. La faiblesse du Sauveur ou de la Sauveuse vient de ce qu'il se précipite au-devant de la Victime en disant : « Mon Dieu ! c'est terrible ce qui t'arrive… Qu'est-ce que *je* peux faire pour toi ? » — quand il prend ainsi la situation en charge sans même attendre la réponse, il trahit son problème personnel !

La parfaite Victime se repose complètement sur les autres. Elle ne se sent pas responsable de ce qui lui arrive. Elle a toujours des raisons datant de la préhistoire de se sentir comme elle se sent : si ce n'est pas la faute des parents, c'est la faute du gouvernement ou encore celle de la société. Cela peut vous sembler risible, et, pour sûr, vous avez du mal à vous reconnaître dans une telle attitude d'irresponsabilité. Pourtant, qui d'entre nous accepte de se responsabiliser entièrement ?

Il est difficile de prendre une responsabilité totale de ce qui nous arrive car nous sommes conditionné pour rejeter la faute sur l'extérieur en pointant du doigt des coupables. Sans doute ce mode de réaction est-il une nécessité vitale, à certains moments — dans le cas d'un abus grave, par exemple — mais on ne peut en rester là sans handicaper le développement personnel. Il faut apprendre à regarder la face cachée de ces problèmes, à savoir notre part de responsabilité.

En définitive, j'aimerais rappeler que nous sommes manipulé avant tout par nos propres peurs et par nos propres sentiments. La Victime est manipulée par la honte et par la peur de s'affirmer ; le Persécuteur est manipulé par la colère et par la peur de montrer sa vulnérabilité ; le Sauveur est manipulé par la culpabilité et la peur de faire de la peine aux autres en posant une limite. En ce sens, lorsque nous nous trouvons prisonnier de ces rôles, nous sommes à la fois victime et bourreau de nous-même.

Un exemple complexe : la violence conjugale

Voyons maintenant si les idées de l'analyse transactionnelle peuvent jeter un éclairage intéressant sur un cas aussi difficile que celui de la violence conjugale. Je suis conscient de la délicatesse du sujet et ne désire en rien le banaliser, mais il est intéressant de l'aborder parce qu'il nous offre une situation apparemment simple qui se révèle compliquée au deuxième regard.

Il y a quelques semaines, on m'a invité à prendre la parole dans un colloque qui regroupait principalement des intervenantes auprès de femmes victimes de violence conjugale. Problème crucial s'il en est : en ce cas, l'abus est patent ; ses conséquences sur la vie des conjoints et des enfants sont lourdes. Pour faire mon exposé, je me suis mis dans la peau d'un thérapeute qui reçoit une femme victime d'une telle violence. Quelles seraient mes priorités ? Quelle démarche psychologique m'apparaîtrait nécessaire ? En premier lieu, l'écoute de la personne victime, la reconnaissance pleine et entière de la situation d'abus et la dénonciation de la personne bourreau. Puis la protection physique et psychologique de ma patiente. Protection qui exigerait peut-être un séjour en foyer d'hébergement et la mise en place d'une protection légale visant à empêcher le conjoint violent d'entrer en contact avec sa victime.

Par la suite, il nous faudrait entrer dans un processus intérieur. En effet, si la personne victime n'a appris qu'à dénoncer son bourreau, elle aura tendance à en chercher un autre, voire à retourner chez le premier aussitôt l'impression de danger estompée. Tout simplement parce que, dans la vie, sa façon de se protéger est de se réfugier dans la soumission. Elle doit donc apprendre à identifier ce rôle particulier, puis à s'en dégager si elle veut avoir accès à la partie d'elle-même qui est restée puissante et saine malgré les abus.

Pour que cette situation serve à la personne qui en est victime, celle-ci doit prendre conscience du peu de respect qu'elle s'accorde. Elle doit réaliser combien peu elle s'autorise à agir selon ses élans véritables, déléguant à un autre le pouvoir de décider ce qui est acceptable ou ne l'est pas. Dans de tels cas, le renforcement de l'estime de soi est primordial. Il faut accompagner la personne dans la mise en œuvre d'une reconstruction, celle du sentiment de sa propre valeur, et l'aider à prendre conscience de ses capacités cachées. Tout ce travail est merveilleusement accompli par les intervenantes et les intervenants que j'ai rencontrés.

Vient alors un point plus délicat : si, dans un premier temps, nous avons pu aider la personne à sortir du conditionnement faisant qu'elle tolère des situations abusives, pour compléter le processus, nous devons à présent l'amener à prendre conscience du rôle qu'elle joue dans cette dynamique à deux. Car il y a bien deux personnes impliquées dans cette situation. C'est ici que les idées de l'analyse transactionnelle deviennent fort utiles. L'avantage qu'elles présentent est de ne pas confondre le rôle adopté par un individu pour se protéger, avec l'individu lui-même. Dans la thérapie, il faut toujours rejoindre la partie de la personne qui est dégagée de son rôle de Victime, de Sauveur, ou de Persécuteur. Même si cette partie semble réduite au minimum (tant la personne en question s'est identifiée à son rôle), elle existe toujours.

Si l'aboutissement du conditionnement inconscient est un rôle que nous jouons sans le savoir, nous disposons d'un levier d'appui pour faciliter le changement. En effet, un rôle ne saurait définir l'ensemble de la personne. Nous avons pu l'adopter dans l'enfance, pour nous protéger, mais, une fois adulte, nous pouvons nous sentir contraint à demeurer dans un scénario figé, et désirer en changer. En considérant le conditionnement comme un costume (que nous avons le choix de revêtir ou non), il est plus facile de s'en défaire, même si nous avons peur de geler à mort sans cette couche protectrice.

Par ailleurs, il est intéressant de prendre conscience que le rôle de Victime s'inscrit dans un scénario plus large. Je veux dire par là qu'on ne joue pas seul à la Victime. Dans la pièce Victime- Sauveur-Bourreau, il y a d'autres acteurs. Au moins un, en tout cas, et le jeu ne peut commencer que lorsque celui-ci est présent. Il se peut très bien que, cinq minutes plus tôt, la personne qui va devenir Victime ait vécu dans une parfaite quiétude sans se sentir soumise à quoi que ce soit. Mais survient un acteur prêt à jouer le rôle de Sauveur ou de Persécuteur... le drame peut commencer. Le théâtre se met en branle aussitôt que les protagonistes, et les conditions nécessaires, sont réunies.

Voilà pourquoi il faut user de prudence, ne pas utiliser les conceptions de la psychologie comme des étiquettes qui définissent des personnes. Les appellations ne définissent pas des personnes, elles définissent des rôles, des sous-personnalités, des complexes qui, à l'occasion, dans des contextes donnés, nous submergent. Ces contextes remettent nécessairement en scène des conditions similaires à celles qui existaient dans le passé, quand s'est joué un scénario semblable, que des rôles ont été adoptés dans un but de protection. Dans la mesure où nous en comprenons les motivations, il n'y a pas à avoir honte de nos comportements. Il fallait survivre et pour survivre, nous avons épousé un rôle, mais nous pouvons le remettre en question si maintenant il nous nuit.

L'analyse transactionnelle nous aide également lorsqu'elle souligne qu'en jouant la pièce, chacun des acteurs passera nécessairement par chacune des positions. La Victime sera poussée à jouer au Persécuteur et au Sauveur. Et le Persécuteur jouera lui aussi au Sauveur et à la Victime. En percevant la dynamique qui implique qu'à l'intérieur de la même situation on passe presque obligatoirement par tous les rôles, on arrive à assouplir le scénario. On peut alors démontrer à la Victime que, non, elle n'est pas toujours Victime, qu'elle vit des moments où elle est aussi persécutrice. Même chose pour le Persécuteur. Il est ainsi possible de déstabiliser la croyance de la personne en sa position unique, en son identité, en cette personnalité qu'elle s'est construite autour de cette position pour se protéger.

Dans la violence conjugale, il existe en effet des moments où la Victime «officielle» se fait Persécuteur: soit elle provoque l'agresseur jusqu'à la montée de violence, soit, après coup, elle fait de la culpabilisation une forme de harcèlement. Le Persécuteur peut, lui, se faire victime. Dans ce cas, il arrive que la Victime joue à celle qui sauve le Persécuteur. Elle devient alors son sauveur.

Loin de moi l'idée de justifier le comportement de l'agresseur, pas plus que celui de la victime, d'ailleurs. Je précise même en passant que, dans la violence entre conjoints, ce n'est pas toujours la femme qui joue le rôle de Victime ni l'homme celui du Persécuteur. Il existe des cas où c'est la femme qui agresse, qui frappe, qui tire les cheveux et l'homme qui se soumet. Je le répète, je prends volontairement un exemple difficile pour en montrer la complexité interne. L'acceptation de cette complexité nous offre des pistes pour sortir de la fixité des rôles officiels.

Si, dans un procès, j'avais à défendre une Victime d'agression, je n'emploierais pas ces arguments. Mais en psychologie, nous nous devons de les explorer. Il est nécessaire d'arpenter de telles voies à défaut de quoi nous inhiberons le développement psychologique de la personne. Se promener dans un monde de Persécuteur tout en étant convaincu de sa position de Victime n'est pas le meilleur moyen de soutenir son évolution personnelle. Il faut apprendre que ce rôle ne nous définit pas et ne nous a jamais défini. Il a été emprunté.

Nos rôles ont une histoire

Nous pourrions en dire tout autant du rôle de Persécuteur. Lui aussi a été emprunté.

Jean Bélanger de l'Association de ressources intervenant auprès des hommes violents (ARIHV) un groupe d'intervention auprès des hommes violents, explique qu'autrefois son équipe agissait sur le mode de la confrontation et du contrôle. Au sens de l'analyse transactionnelle, elle se mettait en situation de Parent normatif et critique, et interprétait les situations en juge. Le succès était mince. Il est aujourd'hui plus grand parce que, dans ses représentations mentales, le groupe n'accueille plus des hommes violents mais des « hommes présentant un symptôme de violence ». L'accent est mis sur la personne et non sur son comportement.

Ce faisant, l'interlocuteur devient un allié. On peut alors observer avec lui son comportement déviant, le comprendre, et l'aider à envisager une autre stratégie de négociation avec la réalité de la frustration. Il ne s'agit ici en aucun cas et à aucun moment de justifier un quelconque comportement violent, mais bien de trouver l'attitude qui permet d'éclairer un tel comportement, aussi bien pour celui qui l'adopte que pour ceux qui tentent d'aider l'individu à y mettre fin.

Dans le domaine de la psychologie nous avons avantage à parler d'une personne qui présente un symptôme de Persécuteur, tout comme d'une personne qui présente un symptôme de Sauveur ou de Victime[32], car dans tous les cas, quel que soit le rôle pris, il l'a été pour atténuer une souffrance ancienne qui est sans cesse réactivée. Chacun de nos rôles a une histoire qui est profondément inscrite en nous. Il repose sur des besoins frustrés, eux-mêmes articulés à des blessures.

---

32. Cette façon de voir nous sort de l'unilatéralité des conceptions qui, sur le plan sociopolitique par exemple, voudraient que nous venions en aide financière uniquement aux organismes qui interviennent auprès des personnes victimes de violence, tandis que les personnes qui provoquent cette violence mériteraient seulement d'être punies sans pouvoir bénéficier d'un recours thérapeutique.

Ces blessures viennent du passé; elles ont été produites par des événements qui ont dû se répéter puisqu'il y a eu formation d'une sorte de programme inconscient. Ce programme résulte des interprétations limitées que la personne a faites, à ce moment-là, des expériences douloureuses qu'elle traversait.

Autrement dit: des conclusions erronées (formulées à partir d'une connaissance limitée de la réalité) engendrent des conditionnements qui, eux-mêmes, influencent nos façons de sentir, de penser et d'agir. Au risque de me répéter, j'ajoute que ces conditionnements ne sont pas inertes. Ils sont des matrices actives qui façonnent notre existence quotidienne. Il est bon de rappeler également que la formation de ces conditionnements fonctionne tout aussi bien dans le cas d'expériences heureuses; celles-ci nous ouvrent et nous encouragent à profiter des bénéfices de notre ouverture.

Dans Red Dragon *(Dragon rouge), le troisième film de la série Hannibal commencée avec* Le Silence des agneaux, *le spectateur découvre l'enfance d'un persécuteur, en l'occurrence un tueur en série. Nous apprenons que ce dernier a vécu sous le joug d'une mère sadique. Elle le bat et, en guise de punitions, opère sur lui des mutilations à coups de ciseaux. Elle en arrive même à le défigurer froidement, laissant au futur tueur des cicatrices à la bouche. Ces blessures et ces traumatismes ont touché son être intérieur. Ils lui ont donné la conviction qu'il est d'une laideur insoutenable. Bien que séduisant malgré sa mutilation, il se sent hideux au point qu'il refuse de se regarder dans un miroir. Cette croyance a conditionné son comportement de solitaire. Il ne veut pas qu'on puisse l'humilier à nouveau. En guise de compensation de ce qu'il croit être une tare, et pour se revaloriser, il s'est fait tatouer une œuvre d'art sur le dos. Il s'agit du motif central d'une peinture de William Blake: le fameux Dragon rouge. Une scène du film le montre obligeant une de ses victimes à regarder les contorsions du monstre sur ses muscles en action.*

Nous avons affaire ici à un cas pathologique : les humiliations de l'enfance ont poussé le protagoniste à recourir à la formation d'une seconde personnalité pour survivre. Le dragon rouge représente son double puissant et idéalisé. Lorsque le dragon rouge s'empare de lui, il se croit Dieu ; il se trouve beau ; il se donne un droit de vie ou de mort sur autrui. Ses victimes viennent de familles heureuses. Les jeunes mères, particulièrement, le fascinent ; il leur arrache les yeux pour introduire des morceaux de miroir dans leurs orbites. Comme si elles étaient chargées de lui refléter une image de lui-même à jamais idéalisée — un reflet que sa mère ne lui a jamais offert.

Entre autres violences, cette mère menaçait son fils de lui couper le pénis s'il se rendait coupable de pollutions nocturnes. La castration physique n'a pas été perpétrée mais elle est devenue castration psychologique. Notre homme vit sous l'emprise d'une dévalorisation telle qu'il s'isole dans la maison familiale, refusant d'entretenir aucune relation intime avec une personne de l'autre sexe. Il tombe cependant sincèrement amoureux d'une jeune femme aveugle. Il n'éprouve pas de honte devant elle puisqu'elle ne voit pas sa bouche mutilée. Mais son sentiment réveille la jalousie du *complexe* maternel négatif qu'il porte en lui depuis l'enfance, matérialisé par le dragon rouge. Une scène pathétique le montre en lutte contre sa sous-personnalité ; il cherche à protéger son amoureuse des intentions maléfiques du dragon qui, lui, crie vengeance. Cette voix est celle d'une mère intérieure possessive qui ne peut tolérer de le voir vivre un rapport sain avec une autre femme.

Cette scène est du plus haut intérêt. Elle nous apprend plusieurs choses : premièrement, les monstres ne sont pas des monstres tout le temps ; deuxièmement, ils ont d'abord été des victimes ; et troisièmement, ils sont submergés par un processus qui est plus fort qu'eux.

Ce tueur de fiction a l'avantage de présenter une image caricaturale de ce qui se passe en chacun de nous — sous une forme très atténuée, bien entendu, mais tout aussi efficace. Nous ne sommes peut-être pas aux prises avec un dragon rouge, mais nous subissons la force de complexes qui nous font dire, penser et faire des choses que nous aimerions taire, ne pas penser et ne pas faire.

J'en viens à cette autre constatation : les interprétations limitées que nous avons faites des blessures du passé non seulement nous possèdent mais elles exercent sur autrui un réel pouvoir d'attraction. Moins elles sont conscientes, plus ce pouvoir est fort. Elles attirent des situations qui vont nous conduire à mettre en scène nos conditionnements. Autrement dit, le passé qui n'est pas réglé continue à vibrer en nous. Il est empreinte vivante, empreinte vibrante qui attire son complément. Ainsi, très involontairement, la Victime attire le Persécuteur, et le Persécuteur attire la Victime. Et l'un et l'autre possèdent quelque chose qui attire les Sauveurs. Par exemple, dans le film, on peut se demander si ce n'est pas l'insouciance naïve de ces jeunes mères qui leur attire un destin si noir. On retrouve ce thème dans la mythologie grecque. Korê (un mot qui signifie la jeune fille vierge) est la fille de la déesse-mère Déméter ; elle est enlevée par Hadès, le roi des Enfers. Elle devient même son épouse et prend le nom de Perséphone. Malgré les protestations de Déméter, elle ne pourra revenir à la surface de la terre que quelques mois par année. C'est alors le temps des moissons qui célèbrent les retrouvailles de la mère et de la fille.

La compréhension du pouvoir attractif des complexes est cruciale. Elle nous permet en effet de penser qu'il est en notre pouvoir de passer d'un rôle passif de victime à celui de créateur des situations dont nous avons besoin pour prendre conscience de nous-même et évoluer. Si une telle attraction n'existait pas en nous, il y aurait lieu de conclure que nous sommes victime d'un jeu cruel, absurde et insensé auquel nous ne pouvons rien changer.

Au contraire, les gens qui acceptent l'hypothèse psychanalytique à l'effet qu'ils sont le jouet de forces inconscientes, gagnent peu à peu une certaine maîtrise de leur destin. Ils éprouvent plus de bonheur car ils se rendent compte qu'en prenant conscience de leurs états intérieurs, ils parviennent à changer, ce qui, par contrecoup, modifie les conditions de leur vie extérieure. Toute personne qui a mené une psychothérapie fructueuse sait que ses circonstances de vie ont changé, même si tel n'était pas le premier objectif.

Vus sous cet angle, les rôles que nous jouons ne sont pas des entraves mais plutôt des alliés. Ils nous aident à prendre conscience de ce qui nous emprisonne, nous donnant ainsi l'espoir de nous en libérer. Il ne s'agit donc pas de juger ces rôles mais de les saluer et de les honorer. Ils sont comme des véhicules qui nous permettent de faire la route d'un point à un autre, notamment de passer d'une position de Victime, de Persécuteur ou de Sauveur à une position de créateur de sa vie.

En guise de conclusion, je dirais qu'en réalité nous ne quittons jamais tout à fait notre position de créateur, car même l'écheveau le plus complexe et le plus douloureux s'offre à être dégagé de ses enfermements.

Le malheur confortable

« Ne me quitte pas... »

L'effort exigé par la libération est grandement facilité lorsque nous réalisons que nos difficultés dissimulent des bénéfices. À partir du moment où une situation se répète de façon systématique, elle nous invite à en chercher les primes cachées. Cela est vrai pour tous les comportements répétitifs engendrés par des conditionnements négatifs. Nous sommes appelé à découvrir les gratifications attachées à la répétition d'un conditionnement négatif pour espérer sortir du jeu qui nous emprisonne — nous savons d'ailleurs que les prisons offrent une sécurité à celui qui a peur de la liberté.

Nous avons déjà abordé ce thème avec le cas de l'homme timide évoqué précédemment. Garder son attitude permet à cet homme de vivre dans une paix relative, sans ennemis. Son conditionnement satisfait donc des besoins de sécurité et de tranquillité, même s'il doit pour cela réprimer son goût d'être utile et de s'exprimer.

Prenons un autre exemple : disons que vous voulez déménager parce que votre appartement est devenu trop petit pour vous et pour votre famille. Vous vous plaignez à qui veut l'entendre de la cherté des logements sur le mode : « Il n'y en a plus que pour les riches dans cette société. » Or voilà que l'on vous offre un appartement beaucoup plus grand, mieux éclairé, à un prix abordable. Vous voilà pris à votre propre piège.

Si vous êtes logique avec vous-même, vous allez déménager. Toutes sortes d'objections se présentent pourtant à votre esprit. Après tout, votre vieux logement est tout de même confortable, et puis les enfants ne sont pas là pour la vie. De plus, comme ce nouvel appartement est situé dans un autre quartier, il faudra changer les enfants d'école. Soudain, vous ne voyez plus que les inconvénients. Comme si votre passé vous sautait au cou en vous chantant *Ne me quitte pas* de Jacques Brel. En réalité, vous avez peur de l'inconnu. Un malheur confortable et connu vous apparaît préférable à un bonheur incertain.

Il y a toujours des gratifications attachées au malheur, sinon, nous n'y resterions pas. L'alcoolique ne prend pas plaisir à l'autodestruction mais celle-ci lui apporte une rétribution. À travers l'ivresse, il connaît des états de bien-être intérieur et lève des inhibitions. Comme chacun de nous, il cherche le bonheur dans une compensation qui ne peut lui apporter qu'une satisfaction limitée. Mais dans son esprit, c'est mieux que pas de satisfaction du tout.

Il a été remarqué que le perfectionnisme est un trait dominant chez l'alcoolique. Lorsque celui-ci est à jeun, ce perfectionnisme le tyrannise. À l'origine, il été construit pour protéger sa sensibilité des attaques et des rejets d'autrui mais à la longue, il l'a mis sous le joug, il le possède. L'alcoolique cherche à utiliser un outil assez puissant pour neutraliser ce perfectionnisme. L'alcool peut faire l'affaire[33].

---

33. Woodman, Marion, *Addiction to Perfection, The Still Unravished Bride*, Toronto, Inner City Books, 1980. La psychanalyste jungienne analyse les causes psychologiques des compulsions et des dépendances.

J'ai entendu un jour un ex-alcoolique raconter combien, la nuit, il «s'éclatait». Occupant un poste fort rémunérateur, dirigeant des dizaines de personnes, exigeant de lui-même des prouesses, il échappait à cette ronde infernale en buvant. Il se récompensait ainsi pour les efforts héroïques déployés au service des autres. Peu à peu, le besoin de récompense s'est transformé : il est devenu un besoin d'alcool. Chaque matin, au terme de ses nuits de beuveries et de ses aventures les plus loufoques, il allait s'acheter une chemise blanche et retournait au bureau impeccablement mis, prêt à recommencer le même rituel le soir venu.

Y a-t-il un bénéfice lié à se faire violenter ?

Dans un cas de violence conjugale, quelles peuvent bien être les récompenses associées au geste de battre ou de se faire battre ? Si nous excluons d'emblée les notions de sadisme ou de masochisme (fait de personnes qui éprouvent du plaisir à infliger ou à recevoir de la douleur), quelles sont les gratifications cachées de l'acceptation, de part et d'autre, d'une situation violente ?

S'il est important de se poser la question, c'est parce qu'environ la moitié des Victimes, hommes ou femmes, retournent à la situation d'abus qu'elles ont subie après avoir bénéficié d'un traitement. Une hypothèse est qu'elles n'ont pas pris conscience des bénéfices qu'elles en retirent. Elles craignent sans le savoir de perdre les primes attachées au rôle.

Allons d'abord du côté de l'agresseur. Le Persécuteur est à la fois convaincu de sa valeur, et que cette valeur a été bafouée ; il réagit en agressant plutôt qu'en se soumettant pour prouver au monde ce qu'il vaut. Comme dans le cas du Dragon Rouge, il s'agit presque toujours de rétablir une estime de soi défaillante en forçant le respect d'autrui par la domination et les coups. Là est la première gratification. Chez le Persécuteur, il suffit d'une remarque pour éveiller la colère liée aux situations du passé. Parfois, l'étincelle s'est produite ailleurs, au travail par exemple, et elle se déplace vers le foyer conjugal parce que là se trouve une personne que l'on peut tyranniser sans trop de conséquences. Ainsi, il défoule ses frustrations sur quelqu'un d'autre.

L'intensité émotionnelle expérimentée dans la prise de contrôle représente également un bénéfice caché. Les recherches faites sur la psychologie de la violence à l'école nous apprennent qu'elle est souvent le fait d'enfants qui s'ennuient pendant les cours. Ceux-ci cherchent à créer l'intensité qu'ils ne trouvent pas dans leur environnement.

En outre, les actes violents servent à rassurer un être profondément terrifié par la différence que représente l'autre, mais qui l'ignore. En effet, le Persécuteur est souvent psychiquement si fragile que l'existence même d'une personne dont les volontés divergent des siennes lui est intolérable. L'humiliation et la dévalorisation d'autrui lui permettent d'éviter d'affronter la différence. Il choisit donc pour partenaires des personnes qui ne sont pas trop affirmatives. Il peut ainsi leur infliger toutes les humiliations qu'il a lui-même subies. Il n'est donc jamais confronté à sa propre fragilité : au lieu de vivre sa souffrance, il la transfère sur quelqu'un d'autre. Ce sont autant de primes occultes.

Allons maintenant du côté de la Victime. Les bénéfices n'apparaissent pas aussi clairement. La personne ne répond pas, en ce cas, à une dynamique de colère, mais à un mouvement de honte. Elle a réagi aux événements du passé en concluant qu'elle ne valait rien. Tant qu'elle demeure dans une situation violente, elle n'a pas à prendre le risque de s'affirmer puisque la moindre velléité est annihilée par le conjoint Persécuteur. Elle se trouve donc protégée des chamboulements qui se produiraient en elle et autour d'elle si elle osait changer d'attitude.

Chamboulements qui seront effectivement au rendez-vous dès qu'elle décidera de sortir pour de bon de la situation. S'accorder une valeur lorsque l'on a toujours eu honte de soi ne va pas sans malaise — c'est une remise en question sévère du personnage. Pourtant, cette remise en question doit avoir lieu.

Voici un autre bénéfice caché — la sécurité qu'apporte un scénario dont on connaît les règles par cœur : l'individu victime de violence conjugale répète avec son agresseur un comportement routinier. Sécurité également, celle que présente la vie avec un conjoint « qui ne se laisse pas marcher sur les pieds », quitte à en souffrir.

Notons au passage que le besoin de sécurité est sans aucun doute un des besoins les plus profondément ancrés en nous. Chacun de nous recherche sans cesse des formes plus ou moins détournées de sécurité. Par exemple, certaines personnes ne sont rassurées que lorsqu'elles ont le ventre rempli de nourritures néfastes à leur santé. La crème glacée, les sucreries, les boissons gazeuses ne les protègent de rien, bien au contraire : en acidifiant le terrain biologique, elles le rendent plus vulnérable à la maladie. Tout de même, la sensation du ventre plein les sécurise. Un téléviseur allumé tout au long du jour ne protège de rien non plus, mais il permet d'échapper au sentiment de solitude.

Ayant peu d'estime d'elle-même, la personne victime de violence est convaincue qu'elle ne mérite aucune attention. Celle qu'on lui accorde, même dans la violence, peut donc être considérée comme un bénéfice secondaire. L'analyse transactionnelle souligne que même la reconnaissance négative, celle qui se manifeste à travers les coups par exemple, est préférable à l'indifférence. Mieux vaut une mauvaise attention que pas d'attention du tout.

Dans certains cas, les coups sont le prix à payer pour recevoir les excuses et les cadeaux d'un agresseur repentant. Une personne qui ne s'estime pas peut alors penser qu'elle vaut vraiment quelque chose puisqu'on la traite comme une reine. Même si, dans son for intérieur, elle sait que les promesses et les remords de l'agresseur risquent de fondre comme neige au soleil.

En général, on résiste à l'idée d'explorer les gratifications associées à la position de victime. On craint de justifier ainsi la violence du bourreau. Par contre, en psychologie, on se doit de considérer les bénéfices que la victime tire, elle aussi, de son rôle. Autrement, celle-ci ne pourra admettre que ce rôle endossé lui a servi à chercher une récompense. La même chose vaut bien entendu pour l'agresseur : il doit comprendre qu'une fois son geste devenu public il perdra la face ; quant à la gratification inconsciente qu'il recherchait, à savoir un rehaussement du sentiment de valeur propre, elle s'évanouira du même coup.

En faisant ressortir les bénéfices attachés à un rôle dans une situation donnée, nous avons une chance de pouvoir les transposer. Où la Victime, le Persécuteur et le Sauveur pourront-ils trouver la sécurité, l'attention, la reconnaissance et la valorisation dont ils ont besoin sans avoir à se détruire ni à détruire quelqu'un d'autre ? Il faut réfléchir longuement à ces questions avec les personnes concernées car il n'y a pas de réponse simple et universelle. Pourtant la solution se situe de ce côté-là.

La même réflexion vaut pour chacun d'entre nous, dans toute situation qui nous apporte des bénéfices cachés. En prenant conscience de nos besoins et en envisageant des satisfactions saines, nous passons d'une position d'enfant abusé à une position d'adulte. En trouvant les moyens de sortir d'une attitude pathologique, nous retrouvons notre puissance personnelle. Nous le faisons sous la protection d'un parent nourricier intérieur, position souvent assumée, pour un temps, par une conseillère ou un conseiller extérieur à soi, qui stimule de nouvelles réactions.

Un cloporte qui passait par là...

Il faut examiner ces réalités en songeant que les cellules de notre cerveau sont programmées par le principe du plaisir. Si nos personnages nous entraînent dans des situations trop douloureuses, nous chercherons inévitablement des compensations. Bien que peu satisfaisantes et nous faisant dévier de notre route, celles-ci nous apparaissent comme des pis-aller en attendant de nous offrir un bonheur plus grand. Le problème vient du fait que nous ne pourrons pas aller vers un bonheur plus grand tant que nous serons pris dans les rets d'un personnage qui, dans le but de nous protéger, nous interdit toute dérogation par rapport à nos conditionnements. Le bourreau tout comme la victime deviennent ainsi avant tout victime et bourreau d'eux-mêmes, à leur insu.

Nous sommes prêt à jouer le jeu du personnage. Nous jouons son jeu parce qu'il nous présente un scénario puissant, bourré de péripéties et de retournements, de montées et de chutes d'adrénaline, un scénario intense qui nous captive entièrement — pendant ce temps-là, nous ne nous ennuyons pas. La satisfaction de nos besoins d'intensité est un bénéfice présent dans la plupart des situations.

À ce propos Éric Berne fait la remarque suivante : « Un cloporte traverse mon bureau. Si je le retourne sur le dos, je peux le voir se démener âprement pour se remettre sur ses pattes. Pendant ce temps, il a un but dans la vie. Il est permis de l'imaginer racontant son histoire à la prochaine assemblée des cloportes. Pourtant, à sa fierté se mêle une certaine déception. Maintenant qu'il a réussi, la vie lui semble sans but[34]. »

Il y a de quoi méditer sur ces paroles. Tant qu'il nous arrive quelque chose, tant que quelque chose se passe dans notre monde, nous avons l'impression d'exister. Hélas, il semble que l'intensité de vie que nous recherchons se trouve plus facilement dans les péripéties du malheur que dans celles du bonheur.

Sur la scène publique, les événements heureux ont mauvaise presse. Sur la scène privée, force est de constater que nous passons plus de temps à raconter nos mésaventures que nos extases. Il est rare que nous nous attardions à décrire longuement l'impression que nous a laissée un incident favorable. Il est plus facile de parler avec émotion ou humour des obstacles. Aurions-nous peur du dicton populaire selon lequel les gens heureux n'ont pas d'histoire ?

Nous sommes comme le cloporte qui traverse le bureau du psychiatre. Notre Moi a une histoire et une personnalité tant qu'il s'identifie à une tragédie, une tragédie qu'il affronte en cherchant à

---

34. www.relation-aide.com. Empreinte/Temps présent. Site déjà mentionné.

atteindre un but : en sortir. Cela me fait penser à la boutade de l'humoriste Yvon Deschamps à propos de l'actuelle crise des « jeunes », crise ponctuée par des mots tels que drogue, fugue, décrochage scolaire et suicide. Comparant le sort de sa propre génération à celui de la nouvelle, il dit : « *Nous n'avions rien, tout était devant nous. Ils ont tout, et ils n'ont rien devant eux !* » Quand on a le confort matériel dont ont rêvé nos parents, on n'a plus de but, on perd ses repères et on s'invente des tragédies pour donner un sens à sa propre existence.

Je ne voudrais pas paraître cynique. Nous jouons tous à ce jeu. Nous pouvons pourtant constater que ce théâtre personnel n'aboutit pas au bonheur radieux. Il apporte, bien entendu de grandes satisfactions mais elles ne durent pas. Elles sont comme une poignée de sable qui s'écoule de notre main.

Voilà pourquoi nous pouvons nous inquiéter pour le cloporte qui a réussi à se relever. Que lui arrivera-t-il après ? Sera-t-il plongé dans l'ennui jusqu'à ce qu'une nouvelle tragédie le cloue au plancher ? Perdra-t-il le sens de sa propre existence ou devra-t-il s'inventer un autre drame ? L'enjeu de la démarche que je vous propose dans ce livre apparaît clairement ici. Nous voulons cesser d'être victime des autres et bourreau inconscient de nous-même, mais si nous y parvenions, que nous arriverait-il ? Si nous brisions les chaînes de notre esclavage, qu'est-ce qui motiverait notre vie ?

Berne croit fondamentalement qu'il y a moyen de sortir des scénarios néfastes. Il pense que, en prenant conscience des rôles qui nous possèdent, nous pouvons en venir à nous accorder la permission et la protection nécessaires pour renouer avec notre puissance créatrice et pour trouver un plaisir conscient à vivre. Lorsqu'un être retrouve ses élans créateurs et s'autorise à les exprimer au sein de contextes favorisants, une autre aventure commence. Mais la renaissance exige à proprement parler une révolution, car les rôles auxquels nous jouons (ou plutôt qui jouent avec nous) nous collent à la peau. Tant et si bien qu'il faudra sans doute mettre le personnage en pièces avant qu'il ne cède son pouvoir.

Un peu de pratique en guise de conclusion

Pour terminer ce chapitre, je vous invite à pratiquer l'exercice que voici : laissez votre inconscient vous suggérer une situation problématique et répétitive qui entraîne chaque fois pour vous des difficultés. Tentez de saisir les gratifications inconscientes qui sont attachées à vos comportements. Quelles sont les récompenses cachées ?

Revenons, par exemple, au cas de Mireille, qui mangeait sans appétit. En considérant son geste, elle découvre peu à peu que la nourriture lui tient compagnie, lui permet donc de mettre en échec un sentiment d'isolement et de solitude profonde. Voilà la prime inconsciente. En outre, nous pouvons penser que l'intensité ressentie pendant l'acte de manger sans retenue lui offre un dérivatif à l'ennui.

Je vous propose donc de chercher dans votre vie une situation similaire et d'utiliser votre imagination pour découvrir les bénéfices cachés que vous retirez d'un comportement compulsif ou contraignant. Rien ne vous vient ? Normal. Nous ne sommes pas habitué à penser de cette façon. Insistez. N'écartez aucune hypothèse, même celles qui vous semblent simplistes. Dans les jours prochains, laissez cette question flotter en vous.

Finalement, imaginez comment vous pourriez troquer de telles récompenses contre d'autres, capables de combler les besoins qui sont en jeu. Il ne s'agit pas de se livrer à un travail intellectuel, mais plutôt de laisser venir les suggestions de l'intérieur.

Rappelez-vous les nouvelles attitudes que notre jeune femme a finalement adoptées. Elle nous dit qu'elle suit un cours de gym pour améliorer son image. Elle nous parle de dessiner, de se balader dans la nature et d'écrire. Ainsi, elle répond à sa solitude en accordant de la place à un élan de création ; du coup, elle se rend compte qu'elle n'a pas aussi intensément besoin qu'elle le pensait de la compagnie des autres.

Si vous acceptez l'hypothèse qui guide cet exercice, à savoir qu'il y a des bénéfices cachés dans ce qui vous détruit, vous vous rendrez bientôt compte combien vous êtes attaché à ce dont vous dites vouloir vous débarrasser. Dans un premier temps, cette prise de conscience ne vous apportera pas de paix intérieure. Au contraire, elle vous insufflera une lucidité dérangeante. Pourtant cette lucidité est le tremplin du changement. Parvenu à ce point de la démarche, il faudra vous rappeler qu'il n'est pas question de se juger mais de s'accueillir avec bienveillance. De toute façon, rassurez-vous, un jour ou l'autre, vous vous autoriserez à vous donner vous-même ce dont vous avez réellement besoin pour être heureux — personne d'autre ne peut vous le donner.

corneau

Chapitre huit

La deuxième mort

> La mort est aujourd'hui devant moi comme
> la guérison après une maladie, comme la liberté
> après l'emprisonnement. La mort est aujourd'hui
> devant moi comme le parfum de la myrrhe,
> comme être assis sur les rivages de l'ivresse.
>
> DIALOGUE D'UN HOMME AVEC SON ÂME-BA

Coïtus interruptus

Pendant ce temps-là...

Nous savons un peu mieux maintenant quels sont les enjeux véritables associés à la remise en question de nos confortables malheurs de victime et de bourreau. Nous pouvons donc retourner sur la piste de danse, fort des pas observés chez les autres. N'oubliez pas : nous sommes toujours au bal ! Reprenons donc le fil de notre légende, inspiré par les mots de la poétesse Véronica Ions. Cette fois, je vous invite à vous mettre dans la peau d'Isis.

Lorsque vous apprenez le sort réservé à votre époux, vous, Isis, revêtez des vêtements de deuil. Vous coupez la moitié de votre chevelure et vous partez à la recherche du coffre renfermant le corps de votre mari. Vous errez à travers le pays, interrogeant tous les passants. Des enfants vous disent l'avoir vu flotter sur un des bras du Nil, emporté vers la mer.

Ensuite, grâce à une révélation divine, vous apprenez qu'il a échoué à Byblos, en Phénicie, au pied d'un cèdre. Au contact d'Osiris, l'arbre a pris des proportions prodigieuses, emprisonnant entièrement le cercueil, si bien que le roi de Byblos, Malcandre, l'a fait couper pour en faire la colonne principale de son palais.

Vous vous rendez donc à Byblos. Là, vous vous assoyez auprès d'une fontaine, les yeux baissés, versant des larmes. Viennent à passer les esclaves de la reine. Vous les saluez, vous leur parlez avec bonté, vous les aidez à arranger leurs cheveux, les imprégnant ainsi de votre odeur. Lorsqu'elles retournent au palais, la reine est frappée par la beauté de leur coiffure et par le parfum qu'elles répandent. Elle conçoit un vif désir de vous voir. On vous fait donc venir. Vous devenez l'amie de la reine, qui vous charge d'être la nourrice de l'un de ses fils.

Pour allaiter l'enfant, au lieu de lui donner le sein, vous lui mettez un doigt dans la bouche. La nuit, vous passez l'enfant dans le feu pour consumer ce qu'il y a en lui de mortel puis, prenant la forme d'une hirondelle, vous allez vous percher sur la colonne et pleurez la perte d'Osiris. Une nuit, la reine voit son fils dans les flammes et jette aussitôt de grands cris. Sa réaction interrompt l'œuvre magique que vous accomplissiez et prive l'enfant de l'immortalité. Alors vous révélez à la reine que vous êtes Isis, la déesse. Puis vous demandez que l'on vous remette la colonne qui soutient le toit du palais de Malcandre. La requête est grave car la plus grande salle de Byblos va s'en trouver détruite. Mais le roi Malcandre s'inquiète en secret du silence qui règne dans son palais depuis le jour où il a fait abattre cet arbre. Aussi donne-t-il son accord[35].

---

35. Cette partie est adaptée du livre de Véronica Ions, *Sous le signe d'Isis et d'Osiris*, adaptation française de Gilles Ortlieb, Paris, Robert Laffont, 1985, p. 56-57.

Je souhaite tout d'abord soumettre à votre attention le changement qui affecte l'arbre dont les racines enserrent le coffre sacré. Le
cèdre se met à grandir de façon phénoménale. Nous pourrions en
conclure que la force qui emplit le cèdre est celle du Soi d'Osiris.
Grâce au processus mortifère, la puissance réelle du souverain se
dégage et elle nourrit l'arbre. Mais une telle interprétation est contra-
dictoire avec l'inquiétant silence qui règne dans le palais royal une
fois le cèdre transformé en colonne. En effet, dans la plupart des
fables, une cour animée et bruyante accompagne les rois et les chants
d'oiseaux emplissent les palais. Ce détail détruit l'idée du déploiement
d'une force bénéfique.

Ce silence témoignerait-il alors du deuil d'Osiris, porté par la
nature ? Peut-être. Mais une autre interprétation est possible. Je vous
invite à considérer l'événement comme un soubresaut, une résistance
de la personnalité d'Osiris au changement et non comme une manifestation de son Soi véritable.

C'est ce qui arrive lorsqu'une personne qui a souffert d'une
dépression décide trop tôt de retourner au travail alors que le processus
dépressif n'a pas fini d'accomplir son œuvre en elle. La personne se
galvanise et fait alors montre d'une force qu'on ne lui connaissait plus.
Tout semble revenu à la normale, et même mieux qu'à la normale.
Ces quelques mois de répit ont permis à l'individu de retrouver l'élan
qui l'avait abandonné. D'une certaine façon, il est entré en contact
avec le Soi créateur, mais il ne s'en est pas imprégné suffisamment. La
personnalité a récupéré le processus à son compte. Il n'y a pas eu de
véritable changement d'identité. Ce qui va entraîner une rechute
dans les mois qui suivront.

Relisons l'épisode sous cet éclairage. La personnalité d'Osiris se
rebiffe à l'idée du pourrissement et de la stagnation. Aussitôt, le dieu
souverain se replace en position héroïque. Au lieu d'accuser le coup,
il se galvanise. Comment mieux symboliser la rigidité qui s'est emparée
de lui que par l'image d'un pilier ? On ne peut être plus éloigné de la
souplesse des élans créateurs, qui expriment la fluidité du mouvement

vital. Osiris a retrouvé une vitalité, mais une vitalité infirme, une vitalité conditionnée, rigide. Il n'a pas de grands moyens à sa disposition. Il ne peut même plus se mouvoir par lui-même. Malgré les apparences, la dépression lui reste collée à la peau.

Il est d'autres signes qui nous permettent de considérer cette piste comme la bonne. L'interruption du processus d'immortalité initié par Isis, survenu alors même qu'Osiris est emprisonné dans la colonne, ne peut-il être l'écho d'un autre processus lui aussi avorté ? Cela ne nous indique-t-il pas que la quête d'éveil et de résurrection intérieure a rencontré un obstacle ?

Cette interprétation relève d'une technique à laquelle on a souvent recours pour travailler avec les rêves — ou se laisser travailler par eux… Le psychanalyste jungien James Hillman l'a mis en lumière au moyen des mots *When… then…* que l'on pourrait traduire par *Quand… alors…* : *Quand* ceci se passe, *alors* ceci arrive. Par exemple : « *Quand* je suis en train de parler avec mon père, *alors* il y a du sang sur le plancher… » Cette façon de regarder les événements consécutifs d'un rêve comme étant simultanés et liés les uns aux autres comme au sein d'un tout global, synchronistiques au sens jungien du terme, éclaire bien souvent des situations difficiles à dénouer. Je vous invite à tenter l'expérience avec un de vos propres rêves. Vous verrez que cette petite technique jette un éclairage extrêmement pertinent sur les péripéties d'un songe.

Ainsi donc, *quand* Osiris est enfermé dans un coffre lui-même prisonnier d'un pilier, *alors* un silence inquiétant règne dans le palais et Isis échoue dans ses tentatives pour rendre immortel le fils de la reine. Il s'agit ni plus ni moins que d'une sorte de coït interrompu.

Le passage par le feu

Vous avez peut-être remarqué que jusqu'ici je n'ai pas été très bavard sur le rôle prééminent que les femmes jouent dans cette partie de la légende. Mon silence est volontaire ; j'en parlerai plus tard, quand nous aurons vu Isis se déployer dans toute sa dimension. Évoquons cependant dès maintenant le rituel du feu qu'elle accomplit. Le feu apparaît dans plusieurs mythes pour symboliser une transformation radicale. Par exemple, dans le mythe chrétien, Jésus doit descendre en enfer pendant les trois jours de sa mise au tombeau. Auparavant, il avait séjourné quarante jours dans le désert desséchant pour y rencontrer Satan en personne.

Alors qu'Osiris représente l'aspect bienfaisant du feu, qui réchauffe, Seth représente son effet destructeur, qui brûle et tue. Mais c'est cette deuxième part qui purifie. Autrement dit, la purification est douloureuse. Nous retrouverons d'ailleurs cette idée à la fin de la légende : Horus doit, lui aussi, avant sa grande transformation, être abandonné sans défense dans le désert, livré au feu meurtrier du soleil.

Osiris, me ferez-vous remarquer, n'est pas livré au feu. Au contraire, il est d'abord enfermé dans un coffre sur le Nil, puis au cœur d'un arbre, et finalement dispersé sur terre et sur mer. Sans doute, mais intérieurement, il est livré à la colère, à la rage et à la fureur sanguinaire d'un processus autodestructeur représenté par Seth. Colère, rage et fureur sont des agents d'inflammation. D'ailleurs, quand un être humain en déborde, il développe des maladies inflammatoires.

Seth incendie, enflamme et détruit. Lorsqu'un être ne brûle pas du feu de la créativité, il est dévoré par sa flamme intérieure. Au lieu de produire alors le bel épi de blé qui nourrit les autres, il se consume lui-même. Il brûle dans l'enfer intérieur, dans les tourments, dans les remords. Savez-vous que sur le fronton de la porte de l'enfer, figure l'inscription : « Bienvenue à tous ceux et celles qui n'ont pas maîtrisé leur feu intérieur ».

C'est une blague ! L'enfer n'existe pas, sauf dans notre psychisme. Vous ne croyez pas ce que je vous dis ? Si vous voulez vous en faire une idée, fermez les yeux. Au bout de quelques minutes, vous constaterez que vous êtes livré à un feu roulant de pensées de toutes sortes. Malgré cela, pour la bonne conduite de l'exercice, ne faites rien, ne bougez surtout pas. Il s'agit de rester observateur de cette réalité intérieure.

Pêle-mêle, vous rencontrerez tout ce qui vous préoccupe : fantasmes sexuels intenses, idées géniales et créatrices, soucis quotidiens ou encore préoccupations relationnelles qui réclament votre attention.

Si vous décidez maintenant de poursuivre cette méditation pendant quelques heures dans un lieu clos, vous comprendrez rapidement ce que ces passages au tombeau ou dans le noir d'un coffre signifient. De façon volontaire, vous vous serez engagé dans l'épreuve du feu, un feu qui vous brûlera, qui vous purifiera et qui vous transformera. Une dure épreuve. Mais elle vous épargnera peut-être d'avoir à rencontrer Seth dans votre vie quotidienne, de façon imprévue et inattendue.

Si vous poursuivez l'expérience pendant quelques jours, vous toucherez le cœur de mon sujet. Vous connaîtrez des phases de dépression et des moments de déchirements divers et extrêmes ; pris dans la force du processus intérieur, vous penserez être devenu fou. Si vous arrivez à maintenir une position de témoin, qui accueille le tout sans quitter son assise, sans perdre la sensation de son propre corps, vous aurez triomphé de l'épreuve du feu et acquis une grande maîtrise sur votre processus mental.

J'ajoute cependant que l'expérience risque de vous bouleverser quelque peu si vous ne l'avez jamais envisagée ni expérimentée. Je vous conseille donc d'y aller à petites doses : cinq minutes, puis dix, quinze, vingt suffiront pour débuter.

Je vous dis tout cela avec un sourire en coin. Pourquoi ? Les outils de transformation que je viens de décrire sont accessibles à tous et peu coûteux. Me croiriez-vous, cependant, si je vous disais que la plupart d'entre nous n'ont pas les cinq ou dix minutes nécessaires à la réalisation de cette expérience, tellement nous sommes accaparé par les choses importantes que nous avons à faire ? Nous ne nous rendons pas compte que nos occupations nous livrent pieds et poings liés à l'action de Seth qui, loin de contrevenir à cette frénésie, la nourrit et l'encourage jusqu'à ce que nous nous brûlions nous-même. Amusant, n'est-ce pas ?

Seth est en somme une sorte de remède homéopathique. Il combat le feu par le feu, la fièvre par la fièvre, le noir par le noir, le poison par le poison. Voilà pourquoi il est si pertinent; il agit à partir du cœur de l'être, enfonçant la personne encore plus profondément dans les pièges dans lesquels elle est déjà tombée. Jusqu'à ce qu'elle s'écrie: « Assez, c'est intolérable! »

Un aveugle enfermé en nous

Osiris résiste à la rencontre avec l'Ombre intérieure. Il repousse « l'invincible défaite ». Voilà pourquoi le processus s'arrête. Pourtant, un tel atermoiement ne peut qu'entraîner une catastrophe encore plus grande car les événements ont alors tendance à se répéter mais en s'aggravant.

Quel visage prend cette Ombre? Lorsqu'à la faveur d'une crise, d'une maladie ou d'une dépression, on a la chance de se remettre en question et de prendre réellement la mesure de ce qui affleure à la conscience, peut alors naître en soi le sentiment d'un échec retentissant. Tant de chemin parcouru pour aboutir à une telle impasse! Tant de rives entrevues pour échouer sur la berge d'une faillite! Tant d'années à se chercher sans avoir pu se trouver véritablement!

C'est alors la prise de conscience crue et lucide: pendant tout ce temps, on a tout fait pour passer à côté de soi. Pendant tout ce temps, on a été une sorte de bourreau inconscient de soi-même. Pendant tout ce temps, on a résisté de toutes ses forces au bonheur.

Que découvre-t-on au cœur de l'invincible défaite? Le tyran, le dictateur, le contrôlant, l'envieux, celui qui empêche la vie des autres de tourner en rond parce qu'il n'est pas heureux avec la sienne. On y découvre Seth, notre monstre intérieur. La plupart des gens craignent tellement ce monstre qu'ils n'osent pas s'aventurer dans leur propre obscurité. Parce que ce monstre, nous le connaissons. Nous savons pertinemment que nous ne faisons pas les choses que nous devrions faire pour être plus vibrant, plus harmonieux, plus vivant. Ce monstre est le miroir de notre propre aveuglement et c'est à cette prise de conscience qu'Osiris résiste. Voici une évocation du bourreau par l'auteur suédois Pär Lagerkvist[36] :

> « Depuis l'aube des temps, je fais mon métier et il ne me semble pas que je sois près d'en finir. Des milliers d'années s'écoulent, des hommes se lèvent et disparaissent dans la nuit, mais moi, je reste et, couvert de sang, je les vois passer, moi le seul qui ne vieillis point.
>
> Je suis fidèlement la route des hommes et il n'y a pas de sentier ayant été foulé par des pieds humains, si secret soit-il, où je n'ai pas élevé un bûcher et humecté le sol de sang [...] Je vous ai suivis dès l'origine et je vous suivrai jusqu'à la fin des temps.
>
> Quand, pour la première fois, vous avez levé les yeux vers le ciel, devinant Dieu, j'ai découpé un de vos frères et l'ai offert en sacrifice. Il m'en souvient encore : les arbres étaient secoués par le vent et la lueur du feu dansait sur vos visages. J'arrachai son cœur et le jetai dans les flammes. Depuis ce moment, nombreux sont ceux que j'ai sacrifiés aux dieux et aux diables, au ciel et à l'abîme, des coupables et des innocents en légions incalculables. J'ai exterminé de la terre des peuples entiers, j'ai saccagé et dévasté des royaumes. Tout ce que vous m'avez demandé, je l'ai fait. J'ai accompagné les siècles au tombeau et, appuyé sur mon épée ruisselante, je me suis arrêté un instant, attendant que des générations nouvelles m'appellent de leurs voix jeunes et impatientes.
>
> J'ai flagellé jusqu'au sang des flots d'hommes, calmant pour l'éternité leurs mugissements inquiets. J'ai dressé des bûchers pour des prophètes et des messies. J'ai plongé la vie humaine dans les ombres de la nuit. J'ai tout fait pour vous. On m'appelle encore et j'arrive. Je jette un regard sur la terre. Elle gît, fiévreuse et brûlante. Dans l'espace retentissent des cris d'oiseaux malades. C'est pour le mal, l'époque en rut ! C'est l'heure du bourreau ! Le soleil se cache

---

36. Lagerkvist, Pär, *Le Bourreau*, traduit du suédois par Marguerite Gay et Gerd de Mautrot, Paris, Stock, Cosmopolite, 1997.

dans des nuages étouffants et son globe humide a une affreuse lueur de sang coagulé.

Craint et protégé, je traverse les champs et récolte ma moisson. La marque du crime est incrustée sur mon front, je suis moi-même un criminel condamné pour l'éternité. À cause de vous. Je suis condamné à vous servir. Et je reste fidèle à mon poste. Sur moi pèse le sang des millénaires. Mon âme est remplie de sang à cause de vous ! Mes yeux sont obscurcis et ne peuvent rien voir. Quand le hurlement plaintif des broussailles humaines monte jusqu'à moi, j'abats tout avec frénésie, comme vous le voulez, comme vous me criez de le faire ! Je suis aveuglé par votre sang ! Un aveugle enfermé en vous. »

Vous l'avez deviné, nous voici de retour sur la piste, en train de danser avec Seth. Il ne faut pas avoir peur. Comme l'auteur suédois le fait ressortir dans son texte, ce bourreau incarne une dimension de nous-même. Il est à l'œuvre en nous et pour nous. Nos voix l'appellent, collectivement et individuellement. Nous nous persécutons à longueur de jour. Nous nous jugeons sans cesse. Nous nous démembrons sans même nous en rendre compte. Pourtant, encore une fois, la souffrance que Seth apporte peut servir de tremplin pour la transformation.

Le bourreau répond à un appel collectif de tous nos personnages réunis. Il répond à l'appel de la colère, de l'envie et de l'orgueil qui se profile en chacun de nous. S'il est destruction, il est d'abord et avant tout autodestruction. Il est le signe de notre ignorance de nous-même et de l'unité fondamentale des êtres humains.

Pour Osiris, cependant, il semble qu'il ne soit pas si facile de consentir à la prise de conscience. Il devra donc être tué une seconde fois pour poursuivre le processus et atteindre les rives de l'éternité. En fait, ce n'est pas exactement qu'il doit être tué une seconde fois, c'est que la tombe où il pourrit doit être ouverte au grand jour, c'est qu'il doit être démembré et éparpillé aux quatre vents.

Je me suis longuement interrogé sur cet épisode. Il est rare dans les mythologies que je connais. Je vous soumets mes réflexions. En réalité, grâce à de tels thèmes, on peut se rendre compte que les mythes ne nous parlent pas d'événements objectifs extérieurs, mais bel et bien d'événements intimes à l'être humain. Dans la vraie vie, on ne peut pas mourir deux fois, de même qu'on ne peut pas ressusciter. Dans les mythes, les héros le peuvent. Ils nous indiquent de la sorte la direction que l'être peut prendre sur la route de lui-même. Je vous invite donc à enfiler encore une fois le costume du bourreau et à retrouver nos personnages.

Le quatrième piège

Suite de la légende

> Voici donc qu'Isis a retrouvé le coffre dans lequel son époux est enfermé et dans lequel il est mort. Elle l'a ramené en secret dans les marais, près de Bouto, où elle a son palais. Elle pense ainsi soustraire les restes sacrés à votre rage en le cachant dans les roseaux. Mais voilà que, chassant au clair de lune, vous tombez par hasard sur le coffre que vous avez vous-même fait fabriquer. Vous devinez alors le stratagème d'Isis et vous entrez dans une fureur extrême.
>
> Vous ouvrez la tombe sans plus attendre et, sur-le-champ, vous démembrez la dépouille de votre frère en quatorze morceaux. Vous êtes cause d'un véritable charnier, mais vous n'éprouvez ni tristesse ni regret. Non, une sorte de jubilation s'empare de vous. Une sorte d'orgasme de mort prend possession de votre être. Vous êtes tellement pris par l'excès de votre geste que vous n'arrivez plus à vous arrêter.
>
> Pour refroidir votre sang bouillant, vous finissez par couper votre propre pouce. Il s'agit d'une sorte d'éjaculation funèbre, comme si vous mêliez une castration de vous-même à celle que vous venez de faire subir à Osiris. Par la suite, vous irez porter en personne chacun des morceaux dans les différentes parties de l'Égypte. Vous disperserez le corps afin que plus jamais on ne retrouve les restes du souverain.

Interprétons d'abord le dernier point de l'épisode le plus noir de la légende : celui de la dispersion des membres d'Osiris dans l'Égypte entière. Lorsque nous avons interprété le thème de l'enfermement dans le coffre, je vous ai dit que l'action de Seth ne faisait, en somme, que nous révéler qu'Osiris était déjà enfermé en lui-même. Sa propre personnalité le retenait prisonnier. Il se drapait du sentiment de sa propre importance. Le démembrement représente un phénomène du même ordre : Seth ne démembre pas Osiris, il nous révèle qu'Osiris était déjà démembré. Il était déjà dispersé.

À l'image de beaucoup d'entre nous, Osiris mène une vie éparpillée ; toutes sortes d'éléments divers l'accaparent et réclament son attention, si bien qu'il ne peut pas rester près de sa propre source. C'est ainsi qu'il est devenu étranger à lui-même et adversaire de ses élans créateurs. Seth, l'adversaire intérieur, vient simplement lui montrer la faille. De la même façon, la rumeur ou le scandale vient dénoncer l'incohérence de ceux qui, sur la scène publique, nous présentent une image trop lisse et trop parfaite d'eux-mêmes.

Selon le bouddhisme, la source de tous les maux humains réside dans la dispersion et la distraction. On attribue même au Bouddha l'anecdote suivante, que j'avais mise en exergue de mon livre *La Guérison du cœur* :

> « Un matin, devant l'assemblée de ses disciples, le grand philosophe déclare que tous les êtres sont éveillés. La seule différence entre les sages et les autres tient au fait que les premiers le savent, alors que les seconds ne le savent pas, ajoute-t-il. Un disciple lui demande alors comment il se fait que certaines personnes n'ont pas conscience de leur état d'éveil. Et le Bouddha de répondre : ''Parce qu'ils sont distraits.'' »

Comparées à la longueur et à la complexité de notre fable, les paroles du Bouddha sont empreintes d'une légèreté et d'une simplicité exemplaires. C'est justement lorsque nous quittons cette simple évidence que tout s'alourdit, que tout se complique. Seth entre alors en scène pour ramener l'être à une simplification extrême. Par ailleurs, la remarque du Bouddha laisse penser qu'il n'y a pas de labeur à réaliser pour aller vers l'Éveil puisque cet état existe déjà en nous, soutenant tout ce que nous sommes. Lorsque nous lui sommes devenus trop étranger, des désordres de toutes sortes nous reconduisent à notre port d'attache.

Seth agit en maître des désordres. Il s'impose en seigneur de tous les orages et de toutes les tempêtes. Il nous pousse à l'éparpillement pour mieux nous éclairer. Le seul moyen de contrer positivement une arme si subtile et si séduisante consiste à pratiquer l'autodiscipline, l'autolimitation. Car lorsque nous cédons à nos séductions, nous nous démembrons.

Vous aurez sans doute noté au passage que Seth découpe le corps de son frère en quatorze morceaux, ni un de plus ni un de moins. Or quatorze, c'est deux fois sept, chiffre qui, selon la légende égyptienne est le chiffre magique de Seth, symbole du pouvoir qu'il exerce contre ses ennemis. Le nombre quatorze est donc une expression décuplée de sa puissance. Seth manifeste non seulement sa puissance mais sa toute-puissance. Il se trouve exactement dans la position du Dragon Rouge, dont j'ai parlé précédemment, qui, dans une sorte de jubilation narcissique, livre sa poitrine gonflée à l'admiration de ses victimes. Le chiffre sept a une longue histoire. Pensez aux sept jours de la semaine, qui décrivent l'accomplissement d'un cycle. Pensez aussi aux âges de la vie : on atteint à sept ans l'âge de la raison, à quatorze celui de l'adolescence, à vingt et un celui de l'âge adulte. L'idée de cycles, qu'ils soient de sept jours ou de sept ans, semble être souvent associée au chiffre sept.

Le chiffre sept lui-même est composé des chiffres quatre et trois qui sont d'une importance capitale chez les Égyptiens. Le quatre représente l'assise, la réalité, la rationalité. Il s'associe aux quatre pieds d'une chaise ou d'une table, fondation de la vie quotidienne, ou à la base d'une pyramide, fondement de la vie spirituelle. Le trois, par contre, s'associe au triangle. Il s'agit d'un nombre dynamique, actif, pénétrant. Il nous indique peut-être, par son aspect déterminé, actif et agressif, pour ne pas dire corrosif, que Seth va malgré tout permettre une meilleure assise dans la réalité de l'être, de même que dans la réalité quotidienne.

Un cycle répété et un processus en marche: Seth s'affirme comme le maître du processus de transformation; il nous entraîne dans un cycle d'évolution. En détruisant les fausses apparences liées à la personnalité, il dévoile à l'être sa propre lumière. Ainsi, selon le mot de Goethe à propos du diable de Faust: «Cherchant à faire le mal, il ne peut que faire le bien!»

Les cadeaux de l'Ombre: discernement et détachement

Pour nous démembrer, Seth possède la main d'un chirurgien. Il en a toute la dextérité. L'Ombre montre où le bât blesse et elle le fait d'une façon précise, individuelle. Il s'agit d'une sorte de service personnalisé. Elle s'adresse à chacun de nous dans l'intimité, en privé. Encore une fois, ce n'est pas par hasard qu'il nous arrive telle ou telle chose ou que nous souffrons de tel ou tel tourment. Chacune de ces situations cache dans ses entrailles la raison profonde de nos faiblesses et de nos défaillances, et nous pouvons la découvrir pour peu, bien entendu, que nous ayons le courage de vaincre nos résistances et de pénétrer dans le temple obscur de nous-même.

Le passage par l'Ombre signifie à n'en pas douter une perte d'innocence. Celle-ci s'accompagne cependant d'un apprentissage important, celui du discernement. Au positif, voilà donc ce que peut donner l'intégration de Seth: la capacité de discerner. Ainsi, dans la vie courante, vous avez sans doute appris à tirer les leçons de vos bévues. Vous regrettez peut-être votre belle naïveté d'antan, mais elle était le prix à payer pour acquérir ce que l'on appelle de l'expérience, et un petit grain de sagesse.

Seth défait, démembre, dépèce. Il s'attaque sans merci au sentiment de notre propre importance qui avait pu se loger dans nos épaules, dans nos jambes, dans notre sexe, dans notre tête. Il fragmente. Il défait les liens. Il s'attaque sans merci à la cohérence de l'être. Il bouleverse sans égard tous les efforts que nous avons accomplis pour construire une identité qui se tienne. Il nous fait littéralement perdre la face. Il nous fait même perdre la tête, car il décapite ce beau personnage que nous présentons au monde entier.

Seth détache les membres les uns des autres. Il défait les attaches — dans le langage de la psychologie, il remet en question «les attachements». Si nous pouvons apprendre de lui le discernement, nous pouvons également apprendre le détachement. Car, comme nous l'avons dit précédemment, la personnalité se constitue essentiellement d'un mécanisme d'attachement à une identité et à une histoire que nous pouvons arriver à relativiser.

L'éclatement de l'identité

En psychiatrie, nous dirions que cet épisode de démembrement symbolise l'éclatement de l'identité et la fragmentation de la personnalité. Il s'apparente à un épisode psychotique. Le passage dans le coffre pouvait évoquer une dépression d'allure névrotique, mais, ici, quelque chose de beaucoup plus important est en marche. Lorsque le Moi vole en éclats, qu'il ne sert plus de point de référence, l'individu se retrouve dissous en lui-même. Il devient la proie de toutes sortes de complexes personnels et collectifs qui le déchirent comme autant de vautours. L'être ne s'appartient plus.

Plusieurs psychiatres, dont Jung[37], ont souligné comment on pouvait reconnaître à travers les images d'un délire psychotique une tentative du Soi de renouveler entièrement la personne. Comme lorsque vous commandez à votre ordinateur de «redémarrer». En ce sens, une telle révolution intérieure peut présenter un aspect positif. Pourtant, pour avoir travaillé quelques années en clinique psychia-

---

37. Le lecteur intéressé trouvera tous les articles où Jung traite de ce sujet dans *The Psychogenesis of Mental Disease*, *Collected Works of C. G. Jung*, vol. 3, Presses universitaires de Princeton, coll. Bollingen Series XX, 1960.

trique, je peux témoigner qu'il est rare d'assister à un redémarrage total consécutif à un épisode de délire. Les troubles profonds de l'identité demeurent une épreuve sans équivalent. Ils posent une question à laquelle les intervenants en santé mentale ne savent pas encore répondre définitivement. Nous ne connaissons pas la source réelle de déséquilibres si puissants. Souhaitons que nous en ayons un jour une approche plus fine.

Dans la fable, le thème nous indique qu'un changement réel comporte nécessairement des phases durant lesquelles on se sent éclaté, fragmenté, et en perte d'identité. Nous pouvons même atteindre des points de confusion et d'angoisse extrêmes. En effet, le face-à-face avec la terreur qui gît en soi est indissociable d'un processus de croissance important. Il s'agit d'une sorte de folie passagère, qui marque un changement de niveau.

En d'autres mots, le changement est porteur de graves perturbations, surtout lorsque nous lui résistons. Il faut donc le manier avec doigté. Qui n'a pas croisé dans sa vie une personne ayant vécu auprès d'un thérapeute ou d'un maître spirituel une expérience si bouleversante qu'elle en prît des décisions radicales ? Elle a, par exemple, brisé couple et famille pour se rendre compte plus tard que la nouvelle vitalité ressentie n'était que transitoire.

Le conseil le plus sage que l'on puisse donner à quelqu'un qui entre en phase de changement, outre celui de se faire accompagner par un professionnel compétent, est d'accepter de rester quelque temps sans voix, presque sans identité. Le moment est mal choisi pour faire des choix décisifs. Bien au contraire, l'énergie requise par de telles décisions risquerait de faire avorter le processus.

Il s'agit donc, d'abord et avant tout, de trouver un *théménos*[38], un contenant, un lieu susceptible de nous aider à accueillir ces tensions

---

38. Ce terme nous vient du grec et signifie un lieu clos ou sacré où se produit une transformation. Les alchimistes insistaient ainsi sur le fait que le lieu du grand œuvre, ou le four de la cuisson, doit être fermé hermétiquement pour que les opérations mystérieuses puissent prendre place.

extrêmes sans agir tout de suite. Mieux vaut savoir que l'on sera démembré et éparpillé sans choix possible, même si l'on souhaiterait vouloir choisir malgré tout pour mettre fin à la tension intérieure. Ce conseil est particulièrement important lorsque la voix d'un maître, d'un thérapeute charismatique, ou celle d'une sous-personnalité intérieure agit sur nous avec une force de conviction pratiquement inébranlable.

Il faut alors se rappeler que le but de l'exercice ne consiste pas à prendre parti, pas pour le moment du moins, mais bien à faire face aux parties défaites de soi. Il s'agit d'apprendre à discerner nos besoins disparates, nos peurs diverses et nos élans multiples de façon à pouvoir exercer par la suite un choix libre et souverain. Autrement dit, pour rester près des images de la légende, il est bon de croupir dans sa propre pourriture avant de tout démembrer.

Peu importe la force des convictions qui nous ébranlent et nous entraînent, il faut se rappeler qu'il s'agit avant tout d'entamer le dialogue avec elles. Leur obéir aveuglément constituerait un processus d'aliénation inverse au mouvement de libération. Lorsqu'elles ne sont pas interrogées, ces convictions inébranlables deviennent la source de tous les excès du fanatisme, qu'il soit religieux, politique ou thérapeutique.

Au positif, le délire intérieur ne pousse pas à l'extrémisme — celui-ci est une autre façon de se prendre beaucoup trop au sérieux. L'expérience de l'éclatement intérieur conduit plutôt à cultiver une douce folie au quotidien. Lorsque l'Ombre s'intègre à la personnalité, que l'on arrive à ne plus se prendre au sérieux comme auparavant, lorsque l'on est plus détaché et plus léger, se développe parallèlement le goût de créer pour créer, sans raison, pour le simple plaisir. Voilà la douce folie qui frôle alors l'individualité de son aile rieuse. Comme le dit si bien l'auteur anglais Chesterton: «*Angels can fly because they take themselves lightly*» («Les anges peuvent voler parce qu'ils se prennent à la légère»).

Trancher ou être tranché !

Seth nous révèle l'existence d'un processus d'autodestruction au cœur de nous-même. C'est pour cela qu'il signe son acte en se coupant le pouce. Certes, le choix du pouce n'est pas anodin. C'est le doigt qui marque le début de l'évolution humaine. Nous avons pu nous développer comme nous l'avons fait parce que nous avons un pouce opposable très finement articulé. Le pouce a permis la fabrication des outils de la vie quotidienne, des ustensiles de la cuisine, des poteries et des armes. Nous pouvons donc interpréter le geste de Seth comme une proposition de régression.

Cela signifie que, lorsque nous vivons dans le monde de l'ignorance sans tenter de prendre conscience de ce qui nous arrive, lorsque nous prenons nos antidépresseurs sans prendre la peine d'écouter la raison d'être des émotions qui nous perturbent, nous choisissons à notre insu de rester dans un mouvement d'autodestruction. Nous choisissons sans même avoir conscience que nous exerçons un choix.

En d'autres termes, dans la vie, on tranche ou on est tranché. Si nous refusons la présence de Seth en nous, nous devenons sa marionnette, nous devenons son outil, nous devenons sa possession. Tout au contraire, la reconnaissance de l'Ombre qui nous habite va nous permettre de faire de nouveaux choix, de nouvelles capacités telles que le discernement, le détachement et le pouvoir de décider. Les constructions conscientes viendront alors remplacer les autodestructions inconscientes.

L'autodestruction prend chez l'individu plusieurs formes subtiles. Nous pourrions parler par exemple d'autojugement, d'autocritique, d'autopunition. Bref, toutes les fois que vous vous dévalorisez au lieu de tenter de comprendre le pourquoi de vos gestes, de vos émotions et de vos besoins, vous vous niez, vous vous détruisez.

À quoi servent le discernement et le détachement dans un tel contexte ? Ils servent à reconnaître les voix intérieures qui parlent en vous. Si certaines vous enseignent que la répétition des gestes et des attitudes contrarie votre élan vital, d'autres témoignent simplement du jugement intériorisé de vos parents, de l'Église et de l'école sur ce que vous faites et choisissez de faire.

Un exemple. Pour couvrir une de vos bévues, vous avez menti à votre compagnon ou à votre compagne. Vous en éprouvez une grande culpabilité. Cette culpabilité peut être inspirée par l'entorse faite aux règles parentales. En ce cas, vous vous traiterez bientôt de menteur, de bon à rien, d'irrécupérable ; vous réveillerez ainsi les croyances négatives que vous entretenez sur vous-même et enclencherez les scénarios qui y répondent.

En revanche, le remous intérieur que vous appelez « culpabilité » peut signaler que vous êtes en porte à faux avec un élan central de votre être. L'élan amoureux appelle une grande transparence, une grande ouverture et le dépassement de certaines peurs comme celles de montrer vos vulnérabilités à l'autre ou de perdre la face. Ce remous intérieur doit être écouté puisqu'il exprime la voix de la sagesse en vous.

Il se peut très bien que cette sagesse soit en accord avec les valeurs que l'on vous a enseignées dans votre passé. Après tout, les religions avaient quelque chose à nous apprendre. Cependant, si vous obéissez à ces valeurs mécaniquement sans comprendre à quel point elles traduisent vos besoins de cohérence et d'intégrité, c'est votre personnage qui le fait. Votre personnalité obéit à ces valeurs ; elles appartiennent à votre identité ; mais elles ne témoignent pas encore de votre individualité puisqu'elles n'ont pas été comprises profondément. Autrement dit, tant que ces valeurs n'ont pas été expérimentées et choisies à nouveau, du fond de vous-même, comme garantes de votre appartenance à l'élan créateur, elles n'existent pas encore pour vous. Elles ne font que vous alourdir et vous encombrer.

Ne serait-ce que pour qu'elle puisse choisir à nouveau les mêmes valeurs (librement cette fois), il est bon qu'une personne parcoure le chemin qui va de soi à soi-même, qui va de la personnalité à l'individualité. Elle se met alors à exister comme sujet, un sujet doté d'une parole authentique, qui utilise son libre arbitre pour aller consciemment vers l'ombre ou la lumière.

Jouir de se détruire

Autocritique, autojugement, autosabotage, telles sont les formes que Seth prend en nous-même. Le pire moment du voyage est de constater qu'il peut y avoir une véritable jubilation dans cette auto-mutilation, dans cette autocastration, dans cette autodestruction.

Une de mes patientes avait pour habitude de se récompenser en mangeant des pâtisseries. Elle était retournée à l'université sur le tard, avec un divorce et un enfant sur les bras. Elle devait travailler dur pour subvenir aux besoins de son enfant et pour payer ses cours. Donc, chaque fois qu'elle terminait un travail scolaire particulièrement difficile, elle s'achetait un gâteau en se jurant à elle-même qu'elle en mangerait un petit bout seulement.

Or elle avait une tendance marquée à la boulimie. La plupart du temps, elle finissait le gâteau dans son entier, parfois avant même que son garçon soit rentré de l'école. Ces doses massives de sucre la rendaient malade, la faisaient vomir. Elle finissait par se haïr de se comporter de la sorte.

Cet être courageux, à l'instar de tant d'autres que j'ai rencontrés dans mon cabinet, ne pouvait tolérer, en fait, d'accomplir des actes valorisants. Chaque fois qu'elle faisait une chose dont elle aurait pu tirer une certaine fierté, un mécanisme d'autosabotage se déclenchait instantanément en elle. Le message qui lui disait : « Tu peux être fière de toi, tu peux déguster ton sentiment de contentement » ne cadrait pas avec les croyances négatives que son enfance l'avait poussée à se forger sur elle-même et sur son propre destin.

Cet autosabotage, cette autodestruction, cette façon de nous priver de ce dont nous avons tant besoin pour exister, cette manière de nous accorder une forme de reconnaissance qui va nous étouffer et nous rendre malade de honte, voilà la véritable folie de l'être ! Voilà le véritable délire ! Voilà la haine de soi en action ! Et voilà pourquoi il faut répondre à cette folie par un démembrement de cette construction insensée que nous appelons notre identité, notre chère personnalité.

Ma patiente m'a avoué que, lorsqu'elle dégustait son gâteau en solitaire pour se récompenser de ses efforts, elle entrait parfois dans une véritable jubilation destructrice. Elle savait pertinemment qu'elle était en train de faire une chose qu'elle aurait à regretter dans les heures qui suivaient. Elle savait qu'elle renforcerait ainsi sa honte d'exister. Elle savait qu'elle était occupée à détruire ce qui la rendait digne d'admiration à ses propres yeux. Elle savait tout cela et elle en jouissait.

Elle est loin d'être un monstre, chacun de nous connaît de tels états; la déception, le cynisme et le désespoir les nourrissent. Pour en sortir, cette femme a appris à reconnaître dans ces formes d'autodestruction et d'autosabotage une répétition de la mise en scène que son enfance lui avait imposée. Elle exprimait par sa boulimie sa soif d'amour, sa soif de chaleur, sa soif de reconnaissance que des parents trop blessés n'avaient pu lui accorder. Pendant ses jeunes années, elle avait appris à ravaler sa colère, sa peine, à étouffer ses émotions en mangeant. Malheureusement, le même système s'appliquait aux émotions agréables. Elle les abolissait parce que le bonheur lui était trop étranger.

Si vous connaissez une personne boulimique qui n'a pas un passé similaire à celui-ci, si vous connaissez un alcoolique qui n'a pas été pris dans les rets du perfectionnisme, si vous connaissez un dépressif qui n'a pas souffert d'un excès d'exigences, si vous connaissez un meurtrier qui n'est pas avant tout une personne meurtrie, alors, vous pouvez vous permettre de poser un jugement sur ma patiente. En réalité, toutes nos déchéances ont une histoire, et aucune de ces histoires n'est plus digne ou plus indigne qu'une autre. Il reste que la satisfaction de se couper le pouce, la satisfaction de couper son élan créateur sous l'emprise de croyances limitatives ou de la peur du jugement, constitue une bien maigre pitance pour notre individualité. S'il y a une tristesse à éprouver, c'est bien celle d'être si éloigné de nous-même, d'être devenu si étranger à ce que nous portons de plus précieux, de plus amoureux, et de plus lumineux en nous.

Le maître piège : la peine

Lorsqu'un être franchit les portes de la culpabilité et accepte de rencontrer Seth dans son for intérieur, lorsqu'il cesse de se projeter à l'extérieur en se sentant victime des autres, lorsqu'il reconnaît qu'il est son propre bourreau, il est alors conduit à contempler une dépouille. Il sent une odeur nauséabonde. Une déchéance intime s'offre à ses yeux. Il y a de quoi faire vaciller le guerrier le plus courageux. Mais vaciller, ce serait s'apitoyer sur son propre sort. Ici aussi, il faut savoir trancher — le cinquième piège est celui de la tristesse et de la peine, celui du remords et du regret.

La tombe est ouverte, la dépouille d'Osiris gît à nos pieds. Pour conduire avec succès notre examen de nous-même, il fallait aller jusque-là : constater la déchéance, prendre conscience de l'enfermement. Nos jambes cassées, nos rêves brisés, nos années perdues, personne ne pourra nous les rendre. Nous pouvons reculer d'horreur devant un tel spectacle. Pourtant, pour honorer ce passé de haine et de trahison de soi, pour faire en sorte que toutes ces victimes innocentes de notre délire servent à quelque chose, l'attitude juste consiste à se rendre disponible à l'élan créateur. Sans plus tarder, dès maintenant. Je l'ai déjà dit, on ne peut refaire le passé. L'apitoiement ne sert à rien. Mais il fallait visiter la tombe pour constater l'ampleur du désastre et comprendre le drame. Une fois que c'est fait, lorsque l'on a touché le fond, l'attitude juste consiste à laisser pénétrer un vent d'air frais dans un endroit qui sent le renfermé.

En ce sens, le geste de Seth est exact : une fois la mémoire visitée, une fois l'enchaînement compris, une fois l'enseignement retiré, il faut laisser le corps se démembrer. Il faut le rendre à la nature. Lorsque nous étions inconscient, le passé nous possédait, la mémoire nous habitait. Devenu conscient, il ne faut pas en retour habiter la mémoire, vouloir la retenir. Il faut la laisser aller. Le passé de souffrance et de trahison a joué son rôle, il peut maintenant se dissoudre.

Pour franchir le gouffre du regret et de la tristesse, pour ne pas rester prisonnier des odeurs nauséabondes qui montent de la dépouille du passé, pour ne pas sombrer dans une honte paralysante, l'être doit exercer une compassion sans bornes et une bienveillance à toute épreuve envers lui-même. Il doit également, une fois qu'il a réalisé jusqu'à quel point il a su se tyranniser, faire un acte de foi envers sa propre lumière.

Les armes que Seth tourne contre nous peuvent toutes devenir des instruments de notre éveil — car ses cadeaux sont aussi nombreux que ses pièges. Discernement, détachement, autolimitation, pouvoir de décider et douce folie sont autant d'éléments qui peuvent transformer le désert en jardin luxuriant. Et vous êtes la seule personne qui peut prendre la décision de devenir maître de sa vie plutôt que de demeurer victime et bourreau d'elle-même.

Louxor éventré

Je termine ce chapitre par une anecdote vécue lors du séminaire que j'ai animé en Égypte avec Pierre Lessard et Claude Lemieux. Elle cadre bien avec le sujet du démembrement. Nous étions dans le temple de Louxor. L'enseignement que nous venions de terminer s'était déroulé sous la lumière dorée du soleil couchant, dans la cour intérieure de ce sanctuaire à moitié démoli, ouvert sur la rue principale de la ville.

Les participants s'étaient dispersés pour visiter le temple. Soudain, j'entendis un membre du groupe, Julie, s'exclamer en regardant les dalles du plafond de la salle couverte : « Comment ont-ils fait pour conserver ce bleu pendant trois mille ans ? » L'instant d'après, elle découvrait avec stupeur qu'elle avait pris le bleu du crépuscule filtrant à travers les dalles pour une teinte artificielle. Je trouvai l'erreur délicieuse. Ému par la beauté de ce temple d'or lové dans l'écrin indigo de la nuit tombante, je me dis que, justement, ils n'avaient pas pu conserver ce bleu, parce qu'on ne peut ni le conserver ni le saisir. Il fallait que ce temple dédié au passage du temporel à l'éternel soit rendu, par sa destruction partielle, par son «démembrement», à sa vocation première : l'ouverture sur l'univers.

Éventré, dépouillé de ses apparats, son saint des saints vidé de grands prêtres, de pharaons et de statuettes, cette barque solaire échouée à quelques pas du Nil a été rendue à elle-même. Cet éventrement ne constitue pas une tare. Bien au contraire, le temple est ouvert, maintenant. Il continue son œuvre séculaire : pousser les êtres humains à suivre le chemin d'eux-mêmes, un chemin où, dans le secret du cœur, la lumière de l'Ombre se révèle.

Chapitre neuf

Que le dormeur s'éveille

> Les parties de mon corps ont été rassemblées,
> Ce qui m'avait été enlevé m'a été rapporté,
> Ce qui était dispersé a été rassemblé,
> Mes yeux ont été ouverts pour
> que je puisse voir la grande étoile.
>
> TEXTES DES SARCOPHAGES (CHAP. 106)

C'est l'amour qui guérit

Disciple de la vie

Jusqu'ici, nous n'avons fait que nous amuser à décrire les pièges de la vie humaine. Je sais, je sais… Ce n'était pas si drôle ! Le terme « s'amuser » est peut-être mal choisi. Mais, en définitive, est-ce que nous ne prenons pas tout cela trop au sérieux ? Remarquez, avec Seth et Osiris, il n'y a pas de quoi rire à gorge déployée. Nous allons donc nous tourner du côté des femmes, non pour que ce soit plus drôle mais pour que ce soit plus affectueux. À présent, Isis va se révéler dans toute sa grandeur.

La déesse va nous faire opérer une sorte de bascule dans le propos. Et dans nous-même. La divinité de la Guérison et de la Création nous engage à renverser notre façon de voir. Elle favorise un changement d'angle radical, une révolution au sens propre du terme.

Pour la suivre, récapitulons succinctement ce que nous avons dit jusqu'à présent. Dans un premier temps, nous avons vu que, bien que nous considérant comme victime des autres et des événements, nous étions avant tout victime de nos besoins et de nos peurs, de nos envies et du sentiment de notre propre importance. Dans un deuxième temps, nous avons réalisé que nous étions un bourreau inconscient de nous-même, parce que nous trahissions sans cesse nos élans de vie. Cet antagonisme inconscient est susceptible de nous attirer de grandes difficultés, car, le tyran intérieur n'ayant pas été reconnu, il se manifeste à nous de l'extérieur.

Isis nous propose d'abandonner ces croyances limitatives — après tout, victime des autres ou bourreau de soi, une position ne vaut pas mieux que l'autre. Elle nous invite à nous concevoir comme maître de notre destin. Ce « maître » n'a pas à être créé. Il n'y pas de performance à réaliser. Nous sommes déjà maître de notre destinée, mais nous l'avons oublié. Nous sommes « distrait », comme le dit si bien le Bouddha. Nous nous sommes endormi, mais peu importe, car les conditions nécessaires à notre éveil vont jaillir spontanément dans notre vie. Nous allons les façonner inconsciemment. Voilà en quoi nous pouvons nous émerveiller de la perfection du mécanisme vital.

C'est pour cela que Jung a cru bon de compléter la fameuse formule de Freud selon laquelle tout ce qui est inconscient se répète. Cette répétition, ajoute Jung, se manifeste la plupart du temps dans le monde extérieur, sous la forme d'accidents dont les liens avec nos dispositions intérieures ne nous apparaissent pas. C'est à ce type de correspondance que le psychiatre suisse a donné le nom de *synchro-*

nicité, un mot qui qualifie des événements qui, sans avoir une relation de cause à effet, prennent un sens si on les considère ensemble.

Le maître existe donc déjà. Il s'agit du Soi, qui est le véritable centre de notre individualité, son véritable soleil. Le meilleur moyen d'entrer en relation avec ce Soi consiste à devenir Disciple de sa vie.

Comme j'ai commencé à le montrer dans les pages précédentes, devenir Disciple de sa vie signifie quitter une position d'ignorance et d'esclavage pour observer, sans honte et sans culpabilité, ce que nous vivons et ce que nous avons vécu. Nous nous transformons ainsi en observateur assidu d'une expérience qui se déroule au sein même de notre existence quotidienne. Cette étude a pour but la réalisation d'un mouvement joyeux, harmonieux, et mieux maîtrisé.

En devenant Disciple de notre propre vie, nous allons tenter de retirer de cette expérience, quelle qu'elle soit, les enseignements nécessaires pour nous libérer peu à peu de nos esclavages inconscients. La première étape du mouvement de bascule commence donc par l'accueil inconditionnel de ce qui se passe en nous et dans notre vie comme étant le signe de la présence créatrice du Soi. En somme, si nous avons été les artisans habiles mais inconscients de nos malheurs, nous pouvons, sous l'impulsion d'Isis, devenir les artisans tout aussi ingénieux mais conscients de nos bonheurs.

La force archétypale et structurante représentée par la déesse nous invite à renverser notre perspective habituelle pour concevoir que, s'il y a des conflits dans nos vies, ils émanent de ceux qui résident en nous. Car étant essentiellement des êtres créateurs, nous créons sans cesse les conditions nécessaires à notre évolution, en mettant en scène des situations stimulantes, provocantes ou explosives.

Nos destins procèdent de l'intérieur de notre être. Par une sorte d'effet électromagnétique, nos dispositions intérieures, à la fois conscientes et inconscientes, aimantent les circonstances extérieures de notre destinée. Nous pensons dur comme fer que c'est exactement le contraire, que les circonstances extérieures provoquent nos états intérieurs — voici la première croyance à remettre en question. En réalité, elles ne font que les symboliser, les remettre en scène.

Pour ma part, je peux humblement affirmer que cette bascule du regard à laquelle je m'applique depuis plusieurs années engendre de plus en plus de clarté et de sérénité en moi. Elle n'est pas facile à maintenir car je lui préfère souvent mes «distractions», mais elle porte indéniablement ses fruits. Au début, il ne s'agissait que d'un exercice intellectuel, mais tandis que je faisais l'expérience de son efficacité, ce nouveau regard a pris corps en moi si bien que, d'hypothèse qu'il était, il devient peu à peu connaissance. En tout cas, je prends un grand plaisir à le partager avec vous et j'espère que vous aurez plaisir à vous en inspirer. Laissons Isis guider la prochaine danse, et apprenons ce nouveau pas.

Accueillir la victime

Isis la créatrice, Isis la magicienne va nous permettre de faire le travail nécessaire pour accueillir nos complexes; cette force archétypale incarne en effet la présence en nous d'un amour inconditionnel. Dans la fable, Isis ne pose pas de conditions à l'accueil d'Anubis, le fils bâtard de son mari. En admettant près d'elle le chacal puant, elle se présente comme la puissance capable de recevoir les parties puantes et surfaites de nous-même, celles qui ont connu l'échec, les perversions et les déviations de toutes sortes.

Non seulement elle accueille Anubis, mais elle en fait son garde du corps. Cela signifie que ces parties répugnantes, une fois reconnues, deviennent notre gardien le plus sûr. Lorsque nous comprenons par quelles voies nous nous sommes éloigné de nous-même, trahissant nos élans, nous en sommes pour ainsi dire «gardé» — nous les avons si bien explorées!

Il ne suffit pas d'accueillir les parties blessées de nous-même; il faut pratiquer envers elles la compassion sans faille d'Isis. Elle ne voit pas en Anubis un être déchu; elle nous invite donc à ne pas voir dans nos égarements la trace d'une déchéance originelle. Au contraire, elle nous invite à donner un sens à ces abus de nous-même, pour que les parties victimes de notre inconscience et de notre manque d'amour puissent servir à un apprentissage.

Accueillir le bourreau

Le psychanalyste accueille dans son cabinet nombre de patients assombris par la honte et la culpabilité. Bien souvent, le bienfait réel d'une thérapie réside dans l'allègement des voiles de dévalorisation qui étouffent l'être et qui étranglent ses élans. En vérité, la culpabilité ne sert pas le processus de transformation.

Lorsque quelqu'un se livre de façon coupable à des gestes auto-destructeurs, il se dévalorise lui-même ; cette dévalorisation le conduit à se priver de ce qui lui serait bénéfique parce qu'il est convaincu de ne plus le mériter. Il se punit ainsi pour le geste de destruction accompli et s'exclut lui-même d'expériences favorables. En ce sens, nous sommes nos pires juges et nos pires bourreaux. Nous nous montrons en définitive bien plus impitoyables envers nous-même qu'envers les autres.

Le problème de fond vient encore une fois du regard que nous posons sur notre réalité intérieure. Lorsque nous regardons nos gestes d'autodestruction comme des tares, comme des déchéances résultant de conditionnements irréversibles, nous nous condamnons nous-même. Intervient alors Isis. Elle nous permet de renouveler notre façon de regarder le travail entrepris par Seth. Elle continue le mouvement qu'il a initié. Voilà pourquoi, d'ailleurs, elle lui laisse la vie sauve alors même qu'elle se trouve en position de le tuer. Je fais à nouveau appel à Véronica Ions pour nous raconter les faits qui surviennent au moment où Seth refuse de rendre son trône à Horus :

> _Seth refusa de souscrire au jugement des dieux. Il proposa qu'Horus et lui, transformés en hippopotames, s'affrontent en duel. Serait déclaré perdant celui qui voudrait sortir de l'eau avant le délai fixé de trois mois. Cette proposition plongea Isis dans le désespoir, car elle n'ignorait_

pas que l'hippopotame était l'une des formes naturelles de Seth ; elle ne doutait pas qu'il en profiterait pour tuer Horus. Elle attacha donc un harpon à une corde et le lança dans l'eau avec l'espoir d'atteindre Seth. Malheureusement, elle blessa Horus et retira vivement son arme en entendant ses cris. La seconde tentative fut plus heureuse mais Isis se laissa attendrir par les supplications de Seth, son frère, qui en appelait à leur mère commune. Cet accès de pitié eut pour résultat de déclencher la colère d'Horus. Pour punir sa mère de sa faiblesse, il jaillit de l'eau et lui coupa la tête. Thot, qui avait vu la scène, trancha la tête d'une vache et la posa sur le corps d'Isis. À partir de ce jour, Isis fut associée à la déesse Hathor[39].

L'argument que Seth utilise pour obtenir la vie sauve est éclairant. Il fait valoir auprès d'Isis qu'ils sont nés de la même mère, qu'ils sont de même nature. Il lui rappelle ainsi que lui aussi est un dieu, que son travail de sape participe de la perfection fondamentale. La destruction qu'il sème favorise l'élan créateur. Lui et elle collaborent au même mouvement universel. Ce serait une illusion que de croire qu'il puisse en être autrement.

Comme je le disais précédemment, à partir de cet éclairage qui est celui de la sagesse de tous les temps, nous pouvons regarder nos écueils comme des créations, comme des moyens que nous nous sommes donnés à nous-même d'observer notre personnage en action pour échapper à sa domination éventuelle. Comme si, par nos créations les plus sombres, nous remettions en scène ce qui nous pèse afin d'en prendre conscience.

Il n'y a donc pas lieu de nous sentir coupable puisque cette créativité procède de la partie lumineuse de notre être. Bien des personnes se tiennent à l'écart de la lucidité intérieure par crainte d'être submergées par la culpabilité. Or nos mises en scène sont faites pour nous apprendre quelque chose et non pour que nous nous en sentions

---

39. Cette partie est adaptée du livre de Véronica Ions, *Sous le signe d'Isis et d'Osiris*, *op. cit.*, p. 75-76.

bêtement coupable, car le sentiment d'indignité peut même nous empêcher d'évoluer.

Je trouve qu'un tel éclairage est particulièrement bien adapté à la dimension psychologique. Ce que nous éprouvons comme autant de tares ou de défauts de fabrication peut être enrichissant si nous consentons à ouvrir les yeux sur la nature sacrée du drame que nous vivons. Si nous acceptons d'en apprendre quelque chose au lieu de nous condamner, ou de tenter de mettre le blâme sur le dos de quelqu'un d'autre, les écueils que nous rencontrons dans nos vies peuvent vraiment retrouver leur vraie raison d'être : permettre la naissance d'une nouvelle attitude en nous.

En prenant une position intérieure qui consent à la perfection du mécanisme dans lequel nous sommes inscrit, qui souligne l'essence créatrice de l'être même dans ses gestes les plus destructeurs, nous devenons Disciple de notre vie, comme je l'ai déjà dit. Chaque situation difficile nous sert alors à aller au-devant de nos peurs et de nos besoins. Cela ne constitue sans doute pas l'existence la plus reposante, mais cela nous permet de bénéficier vraiment de la lumière d'Isis sur le travail de Seth, et c'est cette lumière qui nous fait connaître peu à peu des joies de plus en plus satisfaisantes.

Isis est capable d'accueillir non seulement la victime qui est en nous, mais aussi le bourreau, le tyran, le Persécuteur, celui qui a les mains sales, celui qui n'est pas innocent de ce qui lui est arrivé. Il est beaucoup plus difficile d'admettre cette partie de nous-même car elle nous a causé du malheur ainsi qu'aux autres, parfois tout à fait sciemment, en connaissance de cause, pour le plaisir de la vengeance, pour faire souffrir l'autre autant que nous.

Je le répète, la plupart des êtres humains éprouvent une réticence particulière à entrevoir cette partie d'eux-mêmes, car elle provoque presque à coup sûr honte et culpabilité. Nous ne voulons pas reconnaître l'Ombre active. Pourtant, pour être en mesure de renouer pleinement avec notre élan créateur, nous devons nous rendre compte que nous créons aussi le pire — ou, du moins, que notre ignorance des mécanismes fondamentaux de la vie nous pousse à le créer. Car Seth, tout comme Osiris, tout comme Isis, fait partie de nous. Tous représentent les mouvements inaliénables de la vie.

La compassion d'Isis nous permet donc d'accepter l'Ombre la plus obscure. Non pour que nous restions prisonnier d'une position coupable de bourreau ou de victime, mais pour que nous puissions la dépasser. Rappelez-vous la règle de base : ce qui est inconscient nous possède beaucoup plus efficacement que ce qui est conscient.

En épargnant Seth, la légende souligne que tuer un être, aussi vil le jugeons-nous, équivaut à tuer son propre frère. Tuer est un échec de l'intelligence humaine. De même, se débarrasser de l'Ombre par la projection, l'exclusion, la négation ou la suppression, constitue une sorte de crime psychologique. À l'extrême, une telle attitude nous entraînera à nous en prendre à ceux dont nous avons fait les récipiendaires de notre part d'ombre à l'extérieur de nous.

La compassion d'Isis nous invite au contraire à un acte d'humilité et d'humanité profonde. L'humilité de reconnaître que les terroristes se déplacent aussi bien en soi qu'à l'extérieur de soi. L'humanité de reconnaître que nous sommes un au sein d'une même famille, que nous sommes tous habités par la même recherche du bonheur, même si la plupart d'entre nous s'y prennent de manière fort étrange pour arriver à leur fin.

L'amour jusque dans le sang

Continuons en commentant deux autres thèmes puisés dans l'extrait cité plus haut : la blessure involontaire qu'Isis inflige à Horus, puis la décapitation. Isis est inquiète. Elle sait que la forme de l'hippopotame est celle dans laquelle Seth se trouve le plus à l'aise. En mère Sauveuse, elle s'arme d'un harpon et s'aventure près du marais où se déroule la bataille. Les deux animaux combattent dans l'eau, et Isis n'y voit goutte, c'est le cas de le dire. Aussi, le premier coup qu'elle porte atteint-il malencontreusement Horus à une jambe. Horreur ! Elle a blessé son fils bien-aimé en voulant l'aider.

Faut-il développer ? En une ligne, voici décrit le drame de la mère surprotectrice. Elle tente d'épargner la souffrance à son enfant et ne se rend pas compte que, ce faisant, elle le blesse aux jambes. Elle l'empêche d'avancer. Elle l'empêche de progresser et de se tenir debout face aux épreuves. Ainsi donc, sous l'emprise de ses réflexes de bonne mère et possédée par son rôle de Sauveteur, Isis affaiblit son fils dans la terrible guerre qu'il livre à son oncle.

Voilà pourquoi, lorsqu'elle décide de laisser la vie sauve à Seth, dans un accès de rage, Horus lui tranche la tête — non seulement elle l'a blessé mais, en plus, elle préserve son adversaire. Thot, dieu de la Médecine, représenté par la lune, la même lune qui veillait avec sagesse sur la scène du démembrement d'Osiris, ne peut tolérer un tel outrage. Le féminin compatissant, le féminin accueillant, le féminin garant de la vie par tous les soins qu'il prodigue, ne doit pas disparaître de la surface de la terre. La danse de la vie prendrait fin et les hommes seraient condamnés sans aucun recours au triomphe de l'Ombre. Ils seraient livrés à la tristesse, au jugement, à la trahison et aux batailles sans fin. Thot tranche donc la tête d'une vache et la pose sur les épaules d'Isis. Elle devient alors Isis-Hathor, la déesse à tête de vache.

L'épisode a de quoi surprendre mais, à bien y penser, il complète à merveille le processus de transformation auquel Isis elle-même est livrée. Horus décapite sa mère parce qu'il la soupçonne d'avoir « perdu la tête » — laisser ainsi la vie sauve à Seth ! Pourtant, bizarrement, cette décapitation est un cadeau du grand transformateur à Isis, qui vient de l'épargner. Rappelez-vous la synchronicité : *quand* ceci se passe, *alors* cela arrive.

Si la mort de son mari permet à Isis de se révéler à elle-même ses dons de guérisseuse et de magicienne, l'acquisition d'une tête de vache lui permet de s'inscrire encore plus profondément dans le règne animal, celui qui va de l'oiseau au ruminant en passant par les êtres humains.

On se rappellera, en effet, que la forme préférée d'Isis est celle de l'oiseau. Cette forme témoigne de son appartenance au monde spirituel.

En prenant une tête de vache, la déesse accepte de revêtir l'aspect maternel le plus humble. La grande Isis devient une génisse. Par là, semble-t-il, les Égyptiens nous disent que l'amour se transmet par l'intermédiaire des profondeurs mêmes de la chair, par le lait qui nourrit les humains. Avec Isis, l'amour pénètre jusque dans le sang. Pour devenir pure compassion, elle devait connaître cette transformation.

Les limites de la raison

Le thème de la tête coupée se retrouve dans plusieurs mythologies. Ainsi, en Inde, la déesse Kali fait rouler la tête des initiés au cours du processus de transformation. Son geste signifie que la raison logée sous notre crâne ne peut nous accompagner que jusqu'à un certain point — la philosophie, les concepts, la compréhension psychologique ne sont pas le fin mot de l'histoire. Au delà de ce point, il faut retrouver toute la force des instincts et des intuitions qui sert la pulsion de vie. Une rationalité exclusive produit des êtres secs, riches en connaissance mais pauvres en humanité. Voilà pourquoi les têtes doivent rouler, symboliquement, s'entend, pour que l'éveil puisse se produire.

Les connaissances sont autant de signes placés sur le chemin de l'éveil, mais il ne faut pas les confondre avec l'éveil lui-même. Elles indiquent la route, tout simplement. La compréhension intellectuelle ne se confond pas avec l'expérience. Survoler la jungle en avion avec une carte, ce n'est pas y marcher. L'expérience est fort différente.

Isis nous invite donc à pratiquer envers nous-même et envers les autres une forme d'amour qui dépasse la raison (les Égyptiens, d'ailleurs, associaient la vache à la connaissance intuitive), une forme d'amour qui s'accompagne d'intuition, une forme d'amour qui finit par imprégner l'être en entier. Cet amour qui se déploie aussi bien sur le terrain spirituel que sensuel ne connaît pas de jugement ni de frontière.

À la fin de la légende, lorsque Isis rend la vue à Horus en frottant ses orbites avec du lait de gazelle, elle lui transmet la force de cet amour qui ne fait pas de différence. Car la compassion réelle consiste à voir la beauté profonde qui réside en chaque être. Se rappeler en tout temps que l'on est un être de lumière, digne d'amour et de bonté, et que les autres le sont aussi, voilà la véritable compassion. Voilà la vision qu'Isis offre à son fils devenu victime de Seth.

J'aime la conception du monde qu'exprime la présence amoureuse d'Isis. Tous et toutes, nous nous croyons victime de la vie alors que c'est nous qui trahissons sans cesse l'élan vital. Nous nous croyons victime des autres alors que c'est nous qui peinons à voir en eux des êtres aussi lumineux que nous. Nous nous croyons victime du destin alors que c'est nous qui, au sein même de notre ignorance, le forgeons.

Ainsi, Isis accomplit son action en chacun de nous. Si elle nous conduit à abandonner tout jugement sur nos actes, ce n'est pas pour nous encourager à sombrer dans la complaisance. C'est plutôt pour en tirer une connaissance qui nous mettra sur le chemin de la lumière. Les pires détours apparaissent alors comme des outils lumineux que nous nous sommes offerts pour nous souvenir de notre véritable nature.

Isis-oiseau

À plusieurs reprises, Isis se transforme en oiseau. Si vous avez déjà laissé votre regard errer sur les représentations égyptiennes, vous avez sans doute rencontré l'effigie de la déesse, ses grandes ailes déployées. Nous pouvons voir en cette image la représentation du pouvoir d'Isis : pouvoir de nous guider dans le royaume de l'esprit, d'éveiller en nous un nouvel esprit, de ressusciter notre essence spirituelle, comme elle le fera pour Osiris. Pour employer une expression du langage populaire, elle nous « donne des ailes ».

Pourtant, Isis reste d'abord et avant tout la maîtresse des terres humides et fertiles. Son esprit n'est pas désincarné. Il ne souffre pas d'un excès d'abstraction, d'un excès solaire. La fertilité lui vient des crues du Nil. Son esprit est avant tout accueil et attention à la vie. Il est accueil et attention pour toutes les formes de vie, sans discrimination, sans jugement. La terre accepte tout ce qui se passe à sa surface et en son sein, sans révolte. Elle se veut un exemple par excellence d'amour inconditionnel.

Comme elle l'a fait pour Horus, Isis a le pouvoir de nous donner de nouveaux yeux. Elle nous présente la vie sous un nouveau regard. Elle nous dit qu'il ne sert à rien de se sentir coupable ni honteux de ce que nous sommes et de ce que nous avons été. L'important est de reconnaître que nous portons bel et bien ce goût de l'unité — resté intact en nous. Sans cesse il nous attire à lui. Nos désordres et nos souffrances n'expriment en somme que nos résistances à redevenir Un, alors que c'est par ailleurs notre vœu le plus cher et la loi fondamentale de notre être.

Le mythe chrétien

La spiritualité antique diffère sensiblement de ce que j'ai connu — et vous aussi, peut-être — dans le giron chrétien de mon enfance. C'est pourquoi j'ouvre ici une parenthèse. Il est notable que les dieux de toutes les mythologies précédant le monothéisme chrétien sont animés de faiblesses bien humaines. La déesse Isis est éplorée lorsque son époux disparaît et, comme toutes les mères, elle veut épargner toute souffrance à son fils. Le sage Osiris abuse de ses pouvoirs. Même l'intraitable Seth finit par se soumettre et gonfler de sa brise les voiles d'Osiris, son frère et son ennemi. Les mêmes remarques valent pour la mythologie grecque où les dieux et les déesses sont pleins de sagesse et de bonté, mais aussi de jalousie et de mesquinerie. Dionysos boit jusqu'à rouler sous la table. La toute-puissante Déméter, généreuse terre-mère, affame le monde entier parce que sa fille a disparu. Zeus ne cesse de tromper sa femme.

Cette conception présente un avantage : les humains se reconnaissent aisément dans les dieux antiques puisque ceux-ci ont les mêmes travers qu'eux. Ainsi, ils peuvent leur emboîter le pas plus facilement. La marche est moins haute. Il existe un espace pour respirer, pour ne pas être parfait, pour faillir. Ces héros aux psychologies complexes rendent mieux compte de l'aventure humaine, où le trivial le dispute sans cesse à l'idéal.

Au contraire, le mythe chrétien nous présente Jésus, Marie et Joseph comme des êtres parfaits, sans faiblesses. Ils incarnent donc des modèles difficiles à suivre. Par exemple, en déniant tout rapport sexuel entre Marie et Joseph puis en faisant de l'Immaculée Conception un dogme, le catholicisme a communiqué la peur du corps et de la sexualité à des générations de fidèles. La culture égyptienne nous présente une figure bien différente. Isis, à la fois sœur et épouse d'Osiris, se déplace dans le monde spirituel à l'instar de la Vierge Marie, mais en outre, elle possède les attributs sexuels qui font d'elle une femme à part entière ainsi que, comme nous venons de le voir, des attributs animaliers qui la rapprochent encore plus du monde quotidien des humains. Elle peut donc voyager dans tous les registres de l'être.

De même, la représentation du bien et du mal élaborée dans la légende osirienne a moins de résonances morales que dans la tradition chrétienne. Fidèles à la plupart des traditions antiques, les Égyptiens de la culture pharaonique conçoivent le bien et le mal de façon complémentaire. La bonne marche du monde nécessite la présence des deux valeurs, et chaque être les porte toutes deux en lui. En définitive, Seth et Osiris servent la même lumière, le même mouvement créateur. Alors que dans le monde chrétien, le bien et le mal sont nettement polarisés. On est d'un côté ou de l'autre, ce qui inspire nécessairement une grande culpabilité à celui qui peine à être parfait.

Nous pourrions poursuivre longtemps le débat. Je désire simplement noter, pour finir, qu'il y aurait avantage à voir les faits qui occupent la fable centrale du christianisme comme symboliques et non comme véridiques ou à voir Jésus comme un maître accompli qui nous révèle les capacités inouïes de l'âme humaine et non comme un Dieu — mais développer cette idée m'entraînerait trop loin. Je me contenterai de faire remarquer qu'en faisant de Jésus le fils unique de Dieu, on a rendu son imitation bien ardue, et ainsi engendré des montagnes de culpabilité et des excès d'ascèse inouïs. Selon moi, il ne faut pas chercher ailleurs la désaffection actuelle pour les confessions chrétiennes au profit du bouddhisme, par exemple.

L'autoguérison

La résurrection d'Osiris

Se rassembler, se ramasser. Se cueillir, s'accueillir, se recueillir. Voilà à quoi va surtout servir la compassion d'Isis, comme nous allons maintenant le voir en abordant le cœur de la légende, à savoir la résurrection d'Osiris. Pour cela, je vous invite à vous remettre dans la peau d'Isis. Nous allons le faire en paraphrasant le texte de René Lachaud.

> *Lorsque vous recevez la terrible nouvelle du démembrement et de l'éparpillement de la dépouille d'Osiris à travers l'Égypte entière, vos forces vous abandonnent. Vous perdez tout désir de quitter votre lit. Dans la profondeur de votre malheur, vous devenez presque humaine. Ainsi, Seth a fini par vaincre votre magie. Vous ne voyez aucun signe en vous du retour de votre force. Vos pensées sont si sombres et les nuages s'accumulent si lourds dans votre âme qu'ils vous tirent des larmes. Ces larmes donnent naissance à la pluie et vous y voyez un ultime effet des suaves pouvoirs du défunt qui, chaque année, faisait à l'Égypte le don de ses crues.*
>
> *Mais voilà que, dans votre tristesse, le Kâ d'Osiris, son principe vital, vous envoie un message : il faut partir à la recherche des parties de son corps. Alors, sous les yeux de votre sœur Nephtys et de votre fidèle garde du corps Anubis, vous vous métamorphosez lentement en oiseau puis vous jaillissez comme une flèche dans le ciel d'Égypte. Telle une hirondelle dans l'espace, vous scrutez chaque méandre du fleuve et chaque fourré de plantes aquatiques. Vous vous laissez porter par les courants, aspirer par les trous d'air, descendre au-dessus du limon laissé par la crue des eaux. Et par quatorze fois, comme accordée aux pulsations lunaires, vous trouvez et rapportez un morceau du corps tant aimé.*
>
> *Le temps n'existe plus, l'éternité est en marche. Vous recueillez les reliques de votre époux et les déposez dans un lieu secret, près de Memphis, où veillent Anubis et Nephtys. Vous procédez pour la première fois au rite de l'embaumement. Dès lors, la momification sera considérée comme le procédé le plus sûr pour acquérir l'immortalité.*

Le corps démembré aurait dû retrouver son intégrité, mais une partie en a été mangée par un poisson vorace. Le sexe est à jamais perdu. Vous modelez alors dans le limon un nouveau pénis pour Osiris, tandis que, patiemment, Nephtys élabore les baumes et Anubis assemble les morceaux. Alors vous, Isis, maîtresse de toutes les terres, initiée par Thot aux philtres les plus secrets et les plus subtils, vous entamez les incantations susceptibles de réveiller le Grand Dormeur.

Pour que le corps retrouve son intégrité, vous l'enveloppez soigneusement dans des bandelettes de lin pur. Puis, accompagnée de vos aides-magiciens Nephtys et Anubis, vous vous attachez à lui rendre les forces de la vie. Le sexe de terre est pointé vers le ciel. Redevenue oiseau, vous vous posez doucement sur lui pour que la vie jaillisse de la mort. Vous entrez en fusion spirituelle avec Osiris et, bientôt, la semence du dieu est en vous. Horus, le dauphin et l'héritier, naîtra de cette lumière. Le miracle s'est produit. Anubis enveloppe alors Osiris dans une peau de léopard pour lui transmettre l'énergie qui lui permettra d'affronter les douze heures de la nuit.

Avec Nephtys, vous battez l'air de vos ailes dorées au-dessus du cadavre embaumé. Beaucoup d'amour, infiniment de formules incantatoires afin qu'advienne pour la première fois dans l'histoire des hommes le miracle de la résurrection des morts. Osiris triomphant se redresse et son regard se pose sur votre visage inondé de bonheur. Anubis murmure : « Que le Dormeur s'éveille ! Que le Djed, le pilier, la colonne vertébrale, s'érige dans le ciel de toute sa vigueur. Osiris Souverain, ouvre les yeux ! Tu es intact, tu es parfait[40] ! »

Le recueillement

Que le Dormeur s'éveille ! Voici donc où voulait en venir la fable. Que le Grand Dormeur s'éveille ! Que l'être sorte de son ignorance de lui-même et revendique sa véritable nature. Qu'il cesse de se jouer le

---

40. Cette partie est adaptée du livre de René Lachaud, *L'Invisible Présence. Les Dieux de l'Égypte pharaonique*, Monaco, Éditions du Rocher, coll. « Champollion », 1995, p. 48s.

drame de bourreau et de victime. Qu'il se rende compte que, depuis l'origine, il était créateur de lui-même et de tout ce qui lui arrive.

C'est comme un jeu de poupées russes. D'abord Seth vient révéler par son action que, derrière une façade de liberté, l'être était enfermé. Puis il montre que l'enfermement cachait un éparpillement. Enfin, Isis entre en scène pour souligner que cet être, en réalité, n'a jamais été éparpillé : derrière la dispersion de la personnalité se cache son unité fondamentale ; il la retrouvera pour peu qu'il consente à s'y éveiller.

Isis et Nephtys représentent nos forces vives. Ces forces se mettent en action toutes les fois que le goût de vivre est menacé. Représentantes par excellence de l'Anima, l'archétype même de la vie, elles agissent à l'intérieur de l'être en gardiennes, guérisseuses, et dispensatrices de vitalité. Dans un premier temps, Nephtys, comme la fée de nombreux contes, a agi à titre d'Anima négative, pour séduire Osiris et le conduire à sa perte. De même qu'une aventure amoureuse remet en question la vie conjugale d'un couple, Nephtys a révélé à Osiris que sa quête de renommée devait prendre fin. Puis Isis se manifeste pour rendre la vie, mais une vie plus profonde, une vie dégagée des soucis de la personnalité, une vie libérée du personnage.

Vous l'aurez sans doute remarqué, lorsque nous vivons des périodes très difficiles, qui nous démembrent et qui nous défont, et que nous sommes parvenu à un certain point, il nous semble que des forces naissent en nous pour nous indiquer le chemin possible d'une guérison. Isis manifeste ainsi sa présence pour faciliter une transformation. Par exemple, il arrive que peur et tension lâchent d'un coup, et vous ressentez alors un soulagement brusque.

Isis représente les processus d'autoguérison qui agissent au sein de chaque cellule. Ces processus font exactement ce qu'Isis fait : ils amassent les substances nécessaires au maintien de notre immunité physiologique. Ainsi, si vous vous coupez, l'organisme fabrique les substances nécessaires à la coagulation et les achemine à l'endroit de la coupure.

Dans le psychisme, il se passe la même chose. Lorsque vous n'allez pas bien, si vous prenez la peine d'écouter votre malaise, vous viendront à l'esprit toutes sortes d'éléments épars. Si vous suivez alors les différentes pistes qu'ils vous indiquent, vous atteindrez progressivement le cœur de votre souffrance. À ce stade, le travail d'Isis consiste à rassembler et remembrer les morceaux éparpillés de la psyché. En somme, il ne peut y avoir de guérison sans ce premier acte qui consiste avant tout à retrouver le contact avec soi-même.

L'essentiel de la guérison consiste à se souvenir de soi. Le premier travail thérapeutique consiste donc à se remémorer les parties de soi qui ont connu des difficultés et été victimes d'abus. Ce sont des parties endolories, englouties ou ensevelies sous l'impact du démembrement. Elles sont restées éparses, sans signification, éléments absurdes d'une histoire décousue. Elles ont sombré dans l'inconscient représenté par le Nil dans lequel Seth éparpille les morceaux d'Osiris, et on les a oubliées. À présent, il faut s'en souvenir, il faut les rassembler à nouveau si l'on veut retrouver une nouvelle vie.

Par la suite, commence un patient et délicat travail de reconstruction. En rapprochant les morceaux, on renoue les liens, on retrace son histoire — avec sa part d'ombre et sa part de lumière. Les soins qu'Anubis, Nephtys et Isis accordent à la dépouille suggèrent à celui qui décide de raccommoder ses propres morceaux de procéder avec beaucoup de délicatesse, avec beaucoup d'attention. Je ne le répéterai jamais assez : l'amour de soi est indispensable lorsque l'on manipule les parties souillées, blessées et abusées.

Je ne le répéterai jamais assez : il faut redoubler d'amour lorsque l'on accueille nos sous-personnalités manipulatrices, contrôlantes, exigeantes, intolérantes, colériques, haineuses, dédaigneuses et perverties. Chacune de ces parties mérite respect et délicatesse parce que, comme nous l'avons vu, toutes nous indiquent les voies à ne plus emprunter. En définitive, c'est l'amour qui guérit. L'attention que nous mettons à nous recevoir est l'élément le plus important de notre guérison, de notre autoguérison.

L'embaumement

Dans un tel contexte, que signifie l'embaumement ? Il consiste en l'extraction des viscères, promis à une putréfaction rapide. Nous pouvons voir dans cette éviscération un «détachement» par rapport aux désirs, aux besoins et aux peurs tapis au fond de nos tripes. Une fois à l'écoute des blessures du passé, nous comprenons la formation de nos besoins et de nos croyances. Nous comprenons comment les comportements répétitifs ont pris forme et nous prenons conscience des peurs qui nous manipulent et nous terrorisent. Voilà l'effet du travail amoureux et lumineux d'Isis. Elle nous aide à tirer une leçon des expériences difficiles. Elle fait en sorte que la souffrance, puisque souffrance il y a, serve à la renaissance — telle est, en vérité, sa raison d'être.

En somme, on dégage l'être de la personnalité pour faciliter le passage à l'individualité. On procède à ce rituel avec le plus grand soin pour mieux se mettre à l'écoute des parties de nous-même soumises au désir. De la même manière, les Égyptiens, en le vidant, libéraient symboliquement le corps de ses aspirations matérielles et bloquaient les désirs humains.

« Tu es parfait, tu es intact ! »

Avec amour, avec tendresse, avec délicatesse, Isis nous aide à comprendre que, tant que nous restions du côté du personnage, il n'existait pas de liberté en nous, il n'existait pas d'unité, il n'existait pas d'amour. Elle nous fait comprendre que notre existence ne servait pas la pulsion de vie mais bien la pulsion de mort. À force de résister à l'élan vital, sans le savoir (et en nous éparpillant pour ne pas le savoir), nous accomplissions un lent suicide. L'art d'Isis la magicienne consiste à nous mener aux frontières d'une prise de conscience étonnante : le jeu de l'enfermement dans la personnalité auquel nous nous sommes prêté, ce jeu de mort n'était qu'illusion. Notre essence plus profonde, la racine de notre individualité, n'a jamais été touchée par nos vicissitudes.

N'est-il pas surprenant que ce soit dans la bouche du chacal puant que la légende ait placé ces paroles adressées à l'impotent privé de pénis : *Tu es parfait, tu es intact !* On dirait la cour des Miracles, où l'aveugle a pour guide un paralytique. Magnifiques paroles… *Que le dormeur s'éveille !* Et nos pires tourments s'évanouissent comme songes.

L'invincible défaite nous révèle sa raison d'être. Elle nous menait à travers la nuit jusqu'aux portes de l'aube. Elle nous invitait à une résurrection. Pourquoi cette créature puante annonçant à un homme castré la réalité de sa perfection et dénonçant l'illusion que représentent ses ombres ? Tout simplement pour que la personnalité ne puisse faire de cette annonce un nouveau motif d'orgueil, un mets délicieux propre à ravir sa prétention. Notre personnalité ne sait que faire de l'imperfection. Voilà pourquoi nous pourrions dire que, d'un certain point de vue, celle-ci est si précieuse.

Lorsque Osiris est démembré et la situation sans espoir, lorsque Isis a perdu sa magie, cette incroyable parole peut exploser au cœur de notre humanité. Ayant perdu notre belle faconde, nous l'entendons alors : *Tu es parfait, tu es intact. Que le dormeur s'éveille !*

À nous qui vivons suspendu au journal télévisé égrenant au jour le jour les malheurs du monde, cette proclamation semble bien naïve. Mais justement, il ne s'agit pas d'une proclamation. Plutôt d'un chuchotement. Ces paroles, Anubis les murmure à l'oreille d'Osiris. Elles sont le chuchotement de l'aube au creux de la nuit. Elles expriment ce qui, en nous, n'a pas de voix, mais qui répare et guérit en silence, sans relâche. Elles racontent la foi et l'espoir de tous ceux et de toutes celles qui œuvrent sans bruit à la venue de la lumière. Elles sont le chuchotis d'amour d'une maman penchée au-dessus d'un berceau. Elles disent l'espoir des mères et des pères qui travaillent et qui suent avec, dans le cœur, l'image d'un enfant intact malgré ses défauts. Elles chantent le soupir des lilas, le gazouillis de la rivière, l'extase du vent dans les arbres. Elles témoignent de tout ce qu'il y a de noble et de bon dans chaque jour, qui poursuit sa route malgré nos folies.

Ce qui me plaît particulièrement dans l'épisode, c'est précisément qu'à l'origine de cette parole on trouve des éclopés. Pour moi, cela signifie qu'il ne s'agit pas de nier notre Ombre pour croire que, par la magie d'une sorte de « pensée positive » (*positive thinking*), nous n'avons jamais été blessé. Cela signifie que souffrances et blessures bien réelles ne survenaient que pour révéler la dimension plus profonde de l'être. Rien ne peut être réparé entièrement — on ne retrouve pas le pénis —, mais tout est sauvé parce que tout a été utile. Du point de vue du Soi, du point de vue de l'individualité éclairée, les peurs, les croyances et les complexes nous servent comme des outils ou comme des alliés pour découvrir notre nature essentielle.

Dès que cette essence est perçue, dès que cette essence est goûtée, la personnalité perd de son emprise. Nous n'arrivons plus à croire alors à la réalité solide de nos expériences passées. Celles-ci sont de plus en plus relatives et, bientôt, nous n'arrivons plus à nous y identifier. Elles sont comme nos vieilles chemises ; on les aimait bien mais elles ont perdu leur attrait, alors maintenant, nous les laissons au fond d'un placard.

Voilà pourquoi, dans notre fable, le moment d'éveil d'Osiris est aussi le moment de la conception d'Horus. À partir du moment même où nous accueillons en nous l'hypothèse d'une lumière essentielle et d'une beauté qui transcendent les vicissitudes de l'existence naît dans notre conscience une nouvelle attitude. Une nouvelle idée vient de pénétrer notre esprit, celle de la nature immaculée de notre essence. Assurément, ce nouvel esprit est encore à l'état embryonnaire, et il est bon de le nourrir si nous voulons qu'il parvienne réellement à naître, mais une limite importante vient d'être franchie.

Notre personnalité devra laisser de plus en plus de place à ce qui donne de l'élan, à ce qui sert le goût de vivre, à ce qui donne une joie pure à l'être. Il ne s'agit pas de la satisfaction des besoins immédiats, mais plutôt de la rencontre des élans de création, d'expression et de participation qui nous poussent à vouloir goûter des aliments de plus en plus sublimes.

Tout cela pour dire tout simplement, qu'un jour ou l'autre, fatigués de la souffrance, nous en arrivons à laisser tomber nos boucliers. Naît alors en nous le faucon, le seul oiseau, avec l'aigle, qui peut regarder le soleil en face.

Encore une fois, tout cela ne dépend pas de notre habileté ou de notre perfection dans le monde temporel. Rappelez-vous qu'Osiris perd son pénis en cours de route. Cependant, s'il perd son pouvoir humain, c'est pour avoir accès à une tout autre souveraineté et dans un tout autre royaume. Il est rendu à lui-même, à sa véritable puissance. Il a retrouvé sa familiarité avec tout ce qui existe. Il est en communion avec tout ce qui est. La perte de son sexe est une castration symbolique. Elle permet l'accès à une autre vigueur, sur un autre plan.

En laissant son pénis aux dents d'un poisson vorace, Osiris perd sa propre voracité. Par conséquent, le personnage n'a plus la capacité de le dévorer. Lorsque Isis lui fabrique un pénis en limon, elle nous signale le retour d'Osiris à sa nature fondamentale. Il ne faut pas oublier que le limon servait aux Égyptiens de couche chaude pour faire germer les grains de blé, qui représentaient le dieu dans l'attente de sa renaissance.

Sa castration symbolique conduit Osiris à gouverner dans l'au-delà. En psychologie, cet au-delà est l'au-delà de la personnalité, du personnage ; c'est l'au-delà des croyances et des peurs. Osiris pénètre ainsi dans le royaume de l'individualité gouvernée par le Soi.

La réalité spirituelle de l'être

J'ai avoué, au début du volume, que j'utilisais le terme « spiritualité » avec beaucoup de prudence en raison de ses connotations religieuses. Je disais que je n'aimais pas l'idée de placer en dehors de soi, dans les mains des autres, de l'au-delà ou du Père céleste, l'extrême richesse que chacun porte en lui-même, et qui est celle de la vie. Vous comprenez sans doute mieux ma réticence, maintenant. C'est aussi pourquoi je répète avec insistance que les dieux auxquels nous avons affaire représentent des processus archétypaux existant en nous. Il n'y a donc pas lieu de leur élever des autels ni de leur faire des offrandes, à moins d'être capable de garder présent à l'esprit que de tels rituels n'ont d'autre objectif que de rappeler notre nature essentielle.

La légende nous invite à découvrir que l'essence créatrice est en nous, et que nous ne sommes pas autre chose que ce mouvement créateur. La résurrection d'Osiris et son entrée dans la contrée de lumière symbolisent l'entrée de l'être dans une dimension spirituelle. En psychologie, ce symbole désigne l'être vivant qui commence à vivre dans la conscience de la nature essentielle de ce qui lui arrive.

Le mythe nous convie en quelque sorte à un dialogue intérieur, à une rencontre réelle, à une intimité avec nous-même. L'être qui entre dans une dimension spirituelle interprète les événements de son existence comme étant non le fruit du hasard mais plutôt l'expression de ce qu'il porte caché en lui-même, ombre ou lumière. Côté ombre : nous en avons longuement parlé, c'est ce qui nous occasionne tant de souffrance. Côté lumière : c'est la réalisation que ces ombres existent en fin de compte pour que nous puissions les voir et, ce faisant, nous rappeler ainsi à la présence de la nature confiante, généreuse, ouverte, compatissante qui dort aussi en nous.

Cette renaissance dans la lumière pourrait bien entendu nous entraîner dans des spéculations philosophiques qui dépassent largement le cadre de cet ouvrage. À coup sûr, les sages égyptiens désignaient une réalité plus ample que la réalité psychologique. Ils parlaient de la possibilité pour l'être de mourir consciemment, de voyager dans d'autres mondes et de parvenir à une fusion complète avec la lumière.

Ainsi, l'auteur égyptien Anoubis Schenouda, qui a eu accès à de nombreux écrits laissés sur les murs des tombes, fait une interprétation originale. Le texte du mythe, nous apprend-il, affirme que la momification est « le remède le plus sûr pour acquérir l'immortalité » ; selon lui, elle représenterait donc une sorte de stratégie que les grands prêtres avaient inventée pour tromper la mort. En effet, ces derniers croyaient en la réincarnation. Ils momifiaient donc les corps pour signifier à la Mort que le défunt n'était pas réellement décédé puisque son corps demeurait sur la terre. La présence terrestre de son corps momifié permettait à l'initié de voyager dans la contrée de lumière sans retrouver tout de suite une nouvelle incarnation, en attendant sa fusion avec le soleil[41].

Je n'ai pas assez de connaissances pour m'aventurer dans ce domaine mais je trouve qu'une telle interprétation a le mérite d'être tout à fait cohérente avec ce que nous savons des croyances égyptiennes.

Cela dit, je ne vois pas l'intérêt d'opposer les deux perspectives. Pour ma part, je pense que la dimension spirituelle entrevue par les initiés ne peut se concevoir sans un travail de compréhension et d'éclaircissement psychologiques, même si ce travail semble obscur. Peu importe comment on le qualifie, de toute façon, le travail sur soi se fait toujours en partie dans la noirceur car il a affaire avec les parties sombres de l'être, avec l'Ombre.

Par ailleurs, je pense qu'il y a un grand intérêt pour la psychologie à s'ouvrir sur l'horizon spirituel tout en conservant sa rigueur. Je ne parle pas ici de croyances religieuses limitatives ni de dogmes contraignants, mais bien de valeurs représentant un au-delà de la personnalité et du personnage. Tout comme Jung a tenté de le faire avec l'hypothèse du Soi. N'est-ce pas le sens même du poème que j'ai cité en exergue à ce livre : « *J'ai franchi dans la solitude les ténèbres qui se trouvent sur le chemin de la lumière divine. J'ai pris possession du ciel*[42]. » Sinon, il n'y a pas d'espoir. Nous serions conduit à nous comprendre mais sans but.

Dans la pratique, entre les quatre murs d'un cabinet de psychothérapeute, la réalité d'un au-delà du Moi se profile chaque jour. Lorsqu'un événement d'une vie a été analysé, démembré, reconnu se produit un nouveau mouvement chez le patient qui n'est pas le fait de la volonté consciente. Un nouvel élan prend forme, et la personne

---

41. Schenouda, Anoubis, *La Légende d'Osiris et la vie et la mort de Jésus, op. cit.*, p. 23.
42. Jacq, Christian, *La Sagesse vivante…, op. cit.*, p. 50.

vit cette nouvelle vitalité comme une renaissance. L'aile d'Isis vient de passer, peu importe le nom qu'on lui donne.

Deux médecines

Le contexte soutient la guérison

Les Égyptiens possédaient deux sortes de médecine. La première est une médecine chirurgicale qu'ils développaient lors de la mise en pratique de la momification : en ouvrant les corps, ils ont pu observer des différences par exemple entre un foie sain et un foie malade. Cette médecine a donné naissance à la nôtre.

La seconde médecine était d'ordre énergétique. Elle visait à traiter les corps subtils et le corps de lumière, le *merkaba*, des êtres humains, en bonne ou mauvaise santé. Pour cela, ils utilisaient les phénomènes magnétiques, la lumière, les couleurs, les sons et les parfums. Cette médecine est antérieure à la médecine chirurgicale. Je m'attarderai à cette seconde médecine car Isis l'utilise abondamment. Même si nous la voyons recoudre les morceaux d'Osiris et procéder à une momification, elle guérit avant tout par l'atmosphère.

Notons au passage que la technique d'Isis qui consiste à envelopper le corps dans des bandelettes pour le remembrer a survécu jusqu'à nos jours en psychiatrie. On l'appelle maintenant le « *packing* thérapeutique ». Les membres d'un patient en crise psychotique sont enveloppés de bandes de linge humide. Cette technique prend parfois l'allure d'un véritable rituel, particulièrement lorsque d'autres personnes assistent le thérapeute et que l'on prend la peine de mettre une musique à même de calmer le patient. Étonnant, n'est-ce pas ? Étonnant et, dans certains cas, très efficace ; touchée, serrée et enveloppée, la personne malade retrouve le sens d'elle-même, après s'être sentie éparpillée sous l'impact du délire.

J'ai visité à Berkeley, en Californie, la clinique psychiatrique Saint Georges Homes. On y installe les patients en crise psychotique dans une belle demeure qui a la particularité d'être lumineuse, ornée de vitraux et de beaux planchers de bois: Rainbow House, c'est-à-dire la Maison Arc-en-ciel. Cet environnement harmonieux est supposé produire un effet positif sur les malades. La beauté restaure en eux le sens de leur valeur et offre à leur esprit l'habitat qui est naturellement le sien. Ainsi, dans la légende d'Osiris, la clarté et les couleurs harmonieuses qui baignent la scène de la momification rappellent à l'être qu'il est lui-même lumière. Les huiles et les effluves dont Isis se sert évoquent l'essence subtile dont l'être est habité et dont il doit prendre conscience avant de quitter ce monde. Les chants qui remplissent d'émotions disent à son cœur qu'il est vibration. Ce rappel à soi, ce souvenir de soi-même, cette mémoire du Soi constituent sans doute la véritable guérison et Isis s'applique avant tout à cette guérison.

Rappelez-vous: tout à l'heure, lorsque Isis s'est rendue en Phénicie pour délivrer Osiris du pilier du palais… Elle s'est assise à la fontaine puis a coiffé les cheveux des servantes du palais. Elle les a imprégnés du parfum qu'exhalait son corps, tant et si bien que la reine l'a invitée au château et lui a confié son plus jeune fils.

Les Égyptiens ont utilisé très tôt l'essence des arbres et des fleurs pour en faire des fragrances. Encore aujourd'hui, la plupart des essences qui servent de base à nos parfums viennent d'Égypte. Et lorsque vous parlez aux actuels parfumeurs égyptiens, ils vous déclinent les propriétés thérapeutiques de leurs produits.

Cela vous semble peut-être inconcevable, mais que diriez-vous si, en entrant dans le bureau d'un thérapeute, vous trouviez un bureau sordide et nauséabond? Pas grand-chose, n'est-ce pas? Vous ne vous sentiriez pas poussé aux confidences. À ce propos, une journaliste américaine a fait une enquête auprès de patients de psychanalystes dont la thérapie était terminée depuis de nombreuses années. Elle voulait savoir si les modifications qu'ils avaient connues en cours de traitement avaient duré et ce qui les avait déclenchées. Quelle ne fut pas sa surprise de constater que les clients se rappelaient surtout de la capacité d'accueil de leur thérapeute, de sa douceur et de sa chaleur! Avec une égale vivacité, ils parlaient de l'ambiance de la pièce et du confort du divan ou du fauteuil qu'ils avaient utilisé. Très peu avaient un souvenir des interprétations fulgurantes de leur psychanalyste…

En psychologie, nous pourrions également dire qu'il existe deux sortes de médecine. La première est celle que nous pratiquons dans cet ouvrage. Elle a pour objectif une compréhension des mécanismes psychologiques qui sont à l'œuvre dans l'élaboration de la personnalité. Elle vise à décrire les pièges de l'identité de façon à ce que l'être puisse continuer sa croissance jusqu'à éprouver un sentiment de grand bonheur.

L'autre médecine psychologique n'a rien à voir avec la psychologie proprement dite mais elle influence fortement les états intérieurs de nos patients. Ainsi, à l'occasion, j'ai pris la liberté de conseiller à des personnes très dépressives de marcher dans la nature ou même d'aller faire des exercices d'aérobie au gymnase du coin. L'idée est que tout est bon pour se remettre en mouvement ; la vitalité physique peut très bien entraîner la vitalité psychique.

J'ai conseillé à d'autres patients de se faire masser pour accompagner et soutenir l'effort psychothérapeutique. Dans les groupes que j'anime au sein de ma propre organisation, Productions Cœur.com, j'encourage la pratique des moyens d'expression créatrice, car j'ai vu plusieurs de mes patients et patientes reprendre goût à la vie en participant à une chorale ou en faisant du théâtre amateur.

Bref, il m'a toujours semblé qu'en parallèle à l'indispensable compréhension psychologique devaient être proposés des moyens que nous pourrions qualifier d'outils d'expression et d'expansion. Ces moyens ne règlent pas directement le problème, mais ils modifient l'état intérieur de la personne qui souffre et, en ce sens, ils servent la croissance intérieure. Si vous respirez abondamment, si vous chantez, si vous dansez, si vous vous promenez dans la nature, si vous contemplez des choses que vous aimez, et si vous méditez, cela changera votre état intérieur.

Si vous prenez la peine de mettre en place autour de vous une atmosphère harmonieuse avec musiques, senteurs et lumière appropriées, l'effort vous aidera dans votre parcours. La démarche est ni plus ni moins une façon constructive de se reconnaître et de s'aimer — plus constructive, en tout cas, que d'utiliser la cigarette ou la bouffe en guise de récompense.

Il s'agit en somme d'un accompagnement thérapeutique d'une autre nature. Il réside dans l'ambiance et l'environnement que nous mettons en place pour favoriser l'expression de nos élans. Par extension, un couple, une famille, un cercle d'amis, un travail forment un contexte de guérison dont nous sommes responsable. Ce ne sont pas ces environnements relationnels qui sont responsables de nos états intérieurs — ils ne font que refléter ce qu'il y a en nous — mais ils peuvent nous inspirer. Disons finalement qu'à partir du moment où un être a touché à sa fibre créatrice, il s'offre des environnements qui correspondent de mieux en mieux à son élan créateur et il se donne le droit d'en changer sans honte et sans culpabilité.

La lumière d'une lampe

Un de mes amis utilise une métaphore pour illustrer ces deux façons de cheminer vers soi. Dans une pièce éclairée par une lampe, dit-il, il y a deux moyens d'augmenter la lumière : vous enlevez l'abat-jour ou vous changez l'ampoule. La compréhension psychologique des mécanismes qui conditionnent notre vie nous aide à enlever graduellement les voiles qui constituent l'abat-jour. Les expériences liées à l'expression créatrice, à la méditation et à la nature nous permettent de jouir d'un accroissement de lumière sans attendre que tous nos problèmes soient réglés. Le premier type d'approche, celui du dévoilement, concerne la personnalité, alors que le second facilite l'émergence de l'individualité et des élans fondamentaux.

L'idéal, bien entendu, est de pratiquer simultanément les deux méthodes. En effet, comme nous l'avons vu au chapitre précédent, lorsque notre personnage vacille jusqu'à traverser des épisodes de confusion momentanée et des sentiments de perte de soi, il est bon d'avoir déjà des expériences du côté lumineux pour appuyer nos efforts de renaissance. Sinon, la remise en question de la personnalité nous apparaîtra comme un véritable saut dans le vide, provoquant des vertiges souvent terrifiants et surtout inutiles.

La compréhension psychologique peut nous amener à saisir qu'il n'y a pas d'avenir du côté de l'identification à notre personnalité. Cependant, si nous n'avons pas cultivé en même temps les moyens immédiats de goûter la paix et la sérénité qui existent au cœur de notre être, nous éprouverons de la peine à abandonner nos gratifications limitées au profit de satisfactions certes durables mais lointaines. Il nous faut plutôt pratiquer les deux méthodes afin que, tel l'enfant qui abandonne naturellement ses jeux en grandissant, nous puissions abandonner certaines récompenses douteuses au profit de joies plus nourrissantes.

À mon avis, le rythme est crucial. Particulièrement sur ce point, il faut être bienveillant avec soi-même. La précipitation mène au désastre. Les alchimistes utilisaient l'image du feu sous la marmite pour parler de la progression de l'œuvre. Alors qu'un feu trop vif risque de faire éclater l'*athanor*, le four où se déroule l'expérience, et de mettre ainsi fin prématurément au travail entrepris, un feu trop doux nourrit l'ennui et empêche la joie qui accompagne le développement.

Ainsi, arrêter de fumer pendant que vous êtes en thérapie, occupé à éclaircir les relations que vous entretenez avec votre mère, ou encore vous priver de sucreries pendant que vous divorcez, ce n'est pas forcément une bonne idée. Vous allez activer le feu, mais pour de mauvaises raisons. Ce faisant, vous risquez d'interrompre, par excès d'exigence, votre important processus de croissance.

En résumé

La prise de conscience de nos forces d'auto-organisation, d'auto-création et d'autoguérison constitue à n'en pas douter le message essentiel d'Isis. Elle nous montre que le fruit de notre épisode névrotique, et même psychotique, illustré par le démembrement, consiste en la découverte de notre puissance intérieure. Nous nous rendons compte alors que les difficultés de la vie nous conduisaient à cette possibilité cachée. Le changement de regard qu'Isis nous proposait dès le départ invitait à cette prise de conscience : si nous sommes des cellules qui ont la capacité de s'autocréer et de s'auto-organiser, cela signifie que nous avons la capacité de créer nos bonheurs comme nos tourments et que ces derniers ne résultent en somme que d'une ignorance de nos capacités d'harmonisation.

Isis nous propose de devenir Disciple de nous-même pour accueillir notre Ombre avec bienveillance. Elle nous dit que nous pouvons comprendre la victime et la consoler. Elle nous dit que nous pouvons aimer le bourreau dans sa peur et dans sa colère, et que nous pouvons nous pardonner l'automutilation à laquelle nous nous sommes livré. Parce que, en réalité, sous le regard d'Isis, il n'y a pas de victime et il n'y a pas de bourreau, il n'y a que des êtres beaux mais ignorants d'eux-mêmes qui se mutilent et s'automutilent à leur insu.

Disciple de notre vie, nous pouvons être touché par nos drames, par nos éparpillements, par nos enfermements pour comprendre comment nous en avons été l'artisan. Par la suite, nous pourrons nous transformer en oiseau, c'est-à-dire que nous pourrons suivre en nous un nouvel esprit pour avoir la capacité de nous remembrer, de nous recueillir, et de recueillir les morceaux de nous qui errent dans le monde.

En psychologie, nous parlerions de «retrait des projections». En osant nous souvenir des orages qui ont assombri notre route, nous pouvons reprendre à notre compte ce que nous avons prêté aux autres et qui nous appartient. Sur cette voie, nous pouvons même nous rendre compte que tout nous appartient, puisque ce que nous voyons dans le monde n'est souvent que le reflet de ce que nous sommes intérieurement. Ce souvenir de nous-même nous aide à remonter jusqu'à notre véritable origine. Là, nous pouvons découvrir l'harmonie et la joie qui nous appelaient de l'intérieur, qui nous suppliaient de lever nos voiles et de vivre plus intensément, selon les élans du cœur.

Est-il nécessaire de préciser que, lorsque nous adoptons une telle attitude, nous cessons d'attribuer aux autres la responsabilité de nos états intérieurs ? Nous ne sommes plus dépendant d'eux, nous avons gagné une part d'autonomie réelle. Ce qui ne veut pas dire que nous ne reconnaissons pas une interdépendance. Bien au contraire. Cependant, les relations que nous avons avec autrui se voient progressivement dégagées des attentes inconscientes, des besoins et des peurs qui nuisent généralement à presque toutes les relations. Elles deviennent par conséquent plus légères et plus satisfaisantes — car nous savons que les éventuels problèmes ont leur racine en nous. Plus exactement, nous savons que, si nous ressentons une douleur d'ordre psychologique en rapport avec un événement, l'origine de cette souffrance se trouve en nous et non dans ce qui nous arrive.

Votre libération

Le portrait de la victime

Pour prolonger notre propos, j'invite ceux et celles qui le désirent à faire un exercice en deux temps. Il permettra de mettre en pratique ce que nous avons vu jusqu'ici. Il s'agit d'un exercice long, dont chaque partie peut exiger de vous une heure environ. Assurez-vous que vous avez un bon moment de libre avant de commencer chacune d'entre elles.

Prenez un grand carton, aussi haut que vous, si vous le pouvez. Ou une grande feuille de papier. Mais ne vous laissez pas arrêter par la taille, prenez ce que vous avez à votre disposition. Quelques pastels gras de préférence, des crayons de couleur, ou des feutres à la rigueur, vous aideront à accomplir votre tâche.

Vous allez faire le portrait de la victime. Il s'agit, dans un premier temps, de dessiner votre silhouette, approximativement, il va sans dire, sur le papier ou le carton que vous avez devant vous. Vous pouvez placer cette silhouette dans la position qui vous convient. Autrement dit, elle peut se trouver allongée sur le côté, sur le dos, sur le ventre. Peu importe, il s'agit de vous représenter dans une attitude où vous vous reconnaissez. Ne vous laissez pas inhiber par votre manque de talent de dessinateur ou de dessinatrice — il importe fort peu pour la suite de notre exercice.

Une fois que vous avez dessiné votre silhouette, fermez les yeux quelques instants, prenez contact avec votre propre présence, goûtez le souffle qui circule en vous sans tenter de le modifier et détendez-vous, tout simplement. Après quelques instants, portez votre attention à votre cœur. Faites comme si celui-ci pouvait vous parler. Faites comme s'il pouvait s'alléger des lourdeurs qui l'ont affecté pendant toute votre vie. Et laissez-le vous rappeler les parties de vous-même qui ont été victimes des coups du destin.

Vous pouvez, par exemple, visualiser une maladie qui vous a touché au ventre et vous la symboliserez par un grand tourbillon de couleur rouge. Vous pouvez vous rappeler d'un abus sexuel et le représenter par des éclairs orange dirigés vers le sexe. Par la suite, vous vous appliquez à dessiner ce tourbillon rouge ou cet orage d'éclairs. Avez-vous connu une enfance violente qui vous a poussé à vous fermer ? Vous aurez peut-être envie de figurer ces épisodes par une ligne barbelée qui entoure votre cœur, votre nuque, ou les régions qui ont été frappées. Si le mépris d'un proche a affecté votre vie, appliquez-vous également à le représenter.

Bref, il s'agit de placer sur ce dessin tout ce qui a pu vous toucher gravement d'une manière ou d'une autre, tout ce dont vous vous êtes senti victime. Faites des représentations les plus imaginatives possible, et ne vous laissez surtout pas limiter par mes consignes.

Je vous conseille aussi de fermer les yeux de temps à autre, pour reprendre votre souffle et ainsi reprendre le contact avec votre propre présence. Laissez alors la part intérieure de vous-même vous rappeler des épisodes enfouis dans votre mémoire. Encore une fois, pendant ce rituel, il est bon de ne pas être dérangé. Et de l'organiser agréablement. Utilisez des bougies si vous en avez le goût, écoutez votre musique préférée ou, encore, installez-vous dans un coin de la maison que vous aimez. Accordez-vous une quarantaine de minutes au minimum pour réaliser votre dessin, voire beaucoup plus.

Lorsque vous aurez terminé, l'idéal serait que vous puissiez partager cette image de votre trajectoire personnelle avec quelqu'un qui a fait son propre dessin. De tels exercices rapprochent énormément, comme j'ai pu souvent le constater lors de mes ateliers. Si ce n'est pas possible, prenez la peine de consigner par écrit vos découvertes. Si l'inspiration et l'émotion sont au rendez-vous, comme c'est souhaitable, prenez garde de ne pas brusquer ce moment d'intimité et de rencontre avec vous-même. Il est rare que nous prenions le temps de faire de tels bilans. Rappelez-vous que votre être intérieur les reçoit comme autant de signes de reconnaissance directe.

Ne redoutez pas les effets de l'exercice que nous sommes en train de faire. L'objectif est l'allègement de votre être, même s'il vous faut passer par quelques impressions de lourdeur. De fait, il est bon de les éprouver, ces lourdeurs; si nous feignons de les ignorer ou de ne pas nous en souvenir, elles, elles ne nous oublient pas et nous agrippent de l'intérieur. Ces mémoires de victime sont celles-là mêmes qui nous font adopter des comportements de soumission ou de rébellion. C'est un passé qui n'est pas encore passé, pour ainsi dire, puisqu'il agit sans cesse au présent en conditionnant vos actes et vos pensées. Peu importe s'il est pénible de retrouver les émotions associées à tous ces souvenirs : celles-ci sont la preuve tangible que le passé est toujours vivant à l'intérieur de vous.

Donc, s'il y a des émotions, accueillez-les avec bienveillance et sans jugement, comme vous accueilleriez les confidences de votre meilleur ami. Si la coupe déborde, je vous conseille de vous confier à une personne proche ou de vous offrir quelques heures de psychothérapie.

Maintenant que vos épreuves principales sont couchées sur le papier, prenez un moment pour considérer l'ensemble. En réalité, cet itinéraire de vos épreuves personnelles est aussi la carte de votre libération. Lorsque vous aurez compris en profondeur et accueilli intimement la raison d'être de toutes ces épreuves, vous aurez trouvé la clé de votre propre prison et vous pourrez sortir.

La clé de la prison

Nous en arrivons maintenant à la seconde partie de l'exercice. Je vous propose de faire acte de bourreau. Déchirez votre dessin en autant de parties qu'il vous plaira, en suivant ses principales composantes. Vous vous trouverez ainsi à démembrer votre esquisse de la même façon que Seth a pu démembrer la dépouille d'Osiris. Vous pouvez le mettre en miettes, ou en trois ou quatre morceaux seulement, vous pouvez le mettre en quatorze morceaux comme Seth l'a fait avec la dépouille de son frère, peu importe.

Faites ce geste avec le plus de solennité possible, avec tout le respect dont vous êtes capable. En constatant peut-être au passage qu'il est difficile à accomplir parce que vous êtes déjà attaché à votre dessin. Pendant cette phase de quelques minutes, restez sans cesse attentif à ce que vous ressentez intérieurement en vous voyant dépecer ce dessin où vous avez investi votre vie.

Dans le même environnement méditatif que vous aviez créé quelques instants plus tôt, je vous propose maintenant de reprendre les morceaux déchirés un à un et de vous mettre à l'écoute de chacune des parties blessées. Quel est donc l'enseignement que vous pouvez en retirer ? Pourquoi ces souffrances sont-elles survenues dans votre vie ? Si elles sont arrivées, c'est qu'elles voulaient attirer votre attention, tout comme un enfant qui vous harcèle jusqu'à ce que vous interrompiez votre activité pour lui accorder le moment de reconnaissance qu'il désire.

Tentez donc d'écouter ce qu'elles veulent vous dire. Si vous n'êtes pas familier avec ce genre d'exercice, vous éprouverez peut-être de la difficulté à laisser votre intérieur s'exprimer. Il s'agit donc d'être patient et de laisser les mots venir tout naturellement et tout simplement de l'intérieur sans les juger.

Donc, vous prenez chacun des morceaux déchirés un à un et, chaque fois, quand vous avez retrouvé le contexte de la blessure en question, laissez-la vous souffler à l'oreille la raison de sa présence dans votre vie. Laissez-vous surprendre. Ou laissez-vous répéter des choses que vous savez déjà, mais que vous avez besoin de réapprendre ou d'intégrer plus profondément. Vraisemblablement, vous n'aurez pas de réponse à toutes vos questions et certains éléments demeureront mystérieux mais, au moins, le silence sera rompu et le dialogue entamé.

Vous aurez peut-être la surprise, dans les prochains jours, de voir votre inconscient répondre après coup, sous forme de rêves, d'intuitions ou d'idées subites. Rappelez-vous qu'il n'est pas question ici de performance. Après tout, il faut une vie entière pour résoudre ces simples énigmes. Soyez également à l'écoute de vos résistances à l'exercice. Dans tous les cas, ne soyez pas trop exigeant envers vous-même et n'oubliez pas que l'autojugement et l'autocritique sont les principaux instruments de sabotage et de persécution de Seth.

Chapitre dix

Le combat entre l'ombre et la lumière

C'est l'avidité qui amène querelle et combat.

ANKH-SHESHONQ

Devant la piste

Aïe, aïe, aïe ! C'est bien beau toute cette histoire de résurrection et de renaissance. Mais il y a loin de la coupe aux lèvres. Devant la piste de danse, on a beau avoir appris les pas, se sentir inspiré par l'orchestre, la musique, et la belle compagnie, il faut tout de même s'élancer. Valser librement, valser vraiment librement, délivré de notre personnage, dégagé du regard des autres, livré à notre folie créatrice, fût-elle douce, et en accord avec notre partenaire, ce n'est pas si facile !

On a beau mimer la légèreté de l'oiseau en s'inspirant d'Isis, n'est pas céleste qui veut. Les gestes sont si éloignés de nos lourdeurs passées que l'on a un peu peur de perdre le sentiment d'exister en suivant de tels élans. Alors, je dirais : autant y aller un pas après l'autre, pour éviter que le bonheur vienne trop vite, chassant sans crier gare nos confortables malheurs. Je plaisante… mais à peine.

Pressentir et concevoir la lumière, cela va encore ! Encore faut-t-il la mettre au monde. Cela n'est pas une mince affaire ! Ou bien peut-être est-ce justement une affaire trop mince pour notre goût du sérieux, du lourd… Ma foi, au lieu de danser, nous voici replongé en pleine névrose !

Un hymne aux névrosés

Retour au cœur du problème, en effet, puisque le personnage ne peut rien faire qui ne soit une performance ou un devoir dont nous devenons vite le porteur accablé.

Tout au long de ce livre, nous avons décrit les conditions inté-rieures liées aux peurs et aux besoins qui font de l'être une victime et un bourreau de lui-même. Graduellement, nous avons suggéré qu'il existe une possibilité de changer de position, en devenant Disciple de sa propre vie. Nous avons vu que ce changement s'opérait en empruntant deux voies jumelles. La première consiste à se mettre à l'écoute de l'Ombre afin de prendre conscience des conditionnements qui sous-tendent nos programmations inconscientes. La seconde consiste à cultiver nos moyens d'expression.

Mais le personnage ne lâche pas prise si facilement. Même une fois la libération entrevue, l'individu rencontrera encore de nombreuses perturbations. Il ne tiendra qu'à lui de conserver le cap puisqu'il comprend maintenant que ces perturbations ne viennent pas des autres, et qu'il est le créateur de sa vie. Dans ce chapitre, je vais m'attacher à montrer la réalité de ce combat permanent que l'ombre et la lumière se livrent en nous. Cela prend du temps de « reconstituer l'œil » comme disent les Égyptiens, c'est-à-dire d'obtenir l'œil unique, la vision unique et de la conserver instant après instant. Dans une vie, nous devrons reprendre plusieurs fois le cycle de la légende et, à chaque recommencement, il nous semblera répéter les mêmes leçons. En réalité la progression est comme une spirale : nous ne revenons pas au point de départ ; nous comprenons plus vite et nous souffrons moins longtemps.

Un psychiatre polonais, Kazimierz Dabrowski, évoque avec beaucoup d'originalité cette lente mise au monde de l'autonomie et de l'harmonie intérieure. Il l'appelle la « désintégration positive ». Pour lui, être en déséquilibre, être névrosé, ce n'est pas être malade, c'est être en train d'en sortir, d'évoluer. Comme le dit si bien le maître tibétain Sogyal Rimpoche, une pièce semble toujours plus en désordre au moment du ménage qu'avant.

Névrosés, je vous salue !

Parce que vous voyez de la sensibilité dans l'insensibilité
du monde, et de l'incertitude dans ses certitudes.
Parce que souvent vous sentez les autres aussi bien que vous-
mêmes.
Parce que vous ressentez l'anxiété du monde tout comme sa
prétention et son étroitesse sans fin.
Soyez salués
Pour la phobie de laver la saleté du monde de vos mains.
Pour votre peur d'être enfermés dans les limitations du monde
et pour votre crainte de l'absurdité de l'existence.
Pour la délicatesse que vous avez de ne pas dire aux autres ce que
vous voyez en eux.
Pour votre maladresse à négocier avec les choses pratiques et pour
votre sens pratique à négocier avec des choses abstraites et
inconnues.
Pour votre réalisme transcendantal et pour votre manque de
réalisme quotidien.
Pour votre goût de l'exclusivité et pour votre peur de perdre vos
amis intimes.
Pour votre créativité et votre extase.
Pour votre mésadaptation à ce qui est et votre adaptation à
ce qui devrait être.

Pour vos habiletés grandes mais inutilisées.

[...]

Pour le fait que vous vous laissez « traiter » au lieu de traiter les
autres.

Pour votre pouvoir céleste sans cesse réprimé par la force brutale.

Pour ce qui est prescient, non-dit et infini en vous.

Pour la solitude et l'étrangeté de vos manières d'être.

Je vous salue[43] !

Cet hymne à la névrose est revigorant. Dabrowski s'est attaché
toute sa vie à montrer l'aspect évolutif des symptômes. Un de ses livres
s'intitule *Psychoneurosis is not an illness* (La névrose n'est pas une
maladie). Il y définit la personnalité comme composée d'un
« ensemble de qualités psychiques individuelles et essentielles » qui
forment une unité consciente d'elle-même, qui se choisit, s'affirme et se
détermine. Pour lui, la capacité des individus à changer leur environnement intérieur et leur propension à influencer positivement l'environnement extérieur témoignent de leur habileté à se développer.

Dabrowski constate cependant que ces capacités s'associent à
une excitabilité mentale accrue, à des dépressions, à des insatisfac-
tions vis-à-vis de soi-même, à des sentiments d'infériorité, de culpabilité, à des états d'angoisse, à des inhibitions et à des ambivalences.
Il fait remarquer que le psychiatre tend à étiqueter ces symptômes
comme d'ordre névrotique. Or si nous définissons la santé mentale
comme étant un processus de développement de la personnalité,
tous les individus qui présentent « des symptômes actifs de développement dans un but d'intégration supérieure » (la névrose) sont
mentalement sains[44].

---

43. Dabrowski, Kazimierz, *Psychoneurotics, Be Greeted!*, cité par W. Tillier dans un
article intitulé « A very brief sketch of the theory », non daté, que l'on peut trouver
sur le site http://members.shaw.ca/positivedisintegration/. La traduction est de moi.
44. Dabrowski, Kazimierz, *Positive disintegration*, Boston, Little Brown & Co., 1964,
p. 112. Les parenthèses et la traduction sont de moi.

Autrement dit, chers amis, il y a de l'espoir ! Dabrowski voit dans les processus névrotiques intenses des caractéristiques spécifiques d'un développement accéléré de la personnalité. Je cite :

« Selon notre théorie, un développement psychique accéléré est actuellement impossible sans un passage transitionnel par des processus de nervosité et de névrose, sans des conflits intérieurs et extérieurs et sans une "mal adaptation" aux conditions actuelles de l'individu. Tout cela dans le but de parvenir à un ajustement à des valeurs de niveau supérieur (à "ce qui devrait être") et sans conflit avec les niveaux de réalité inférieurs. Ce [développement] résulte d'un choix spontané ou délibéré de renforcer le lien avec des réalités de niveau supérieur[45]. »

Ainsi donc, la lutte entre l'ombre et la lumière provoque de nombreuses turbulences avant de produire l'harmonie recherchée. Cependant, selon le point de vue du psychiatre polonais, ces turbulences ne relèvent pas de la pathologie ; elles sont liées tout naturellement à l'entrée dans un processus de changement conscient.

Pour Dabrowski, le but du processus est le développement d'une personnalité individuelle et unique qui est de l'ordre d'une création, ce qu'il décrit comme un ajustement à des valeurs de niveau supérieur, un ajustement à « ce qui devrait être », selon son expression.

Il explique, par exemple, qu'il existe trois niveaux de vie. Au premier, nous existons principalement sous l'influence de l'hérédité et des habitudes ; au deuxième, nous sommes influencé par l'environnement et la société, qui modèlent nos actions et nos réactions. Le troisième s'oppose aux premiers, ceux de l'hérédité et de la socialisation ; il s'élabore à partir de choix conscients et volontaires faits en faveur

---

45. Dabrowski, Kazimierz, *Psychoneurosis is not an illness*, Londres, Gryf Publications, 1972, p. 220, cité par W. Tillier dans « A very brief sketch… », *loc. cit.* Les parenthèses sont de Dabrowski, la traduction de moi.

de ce que nous percevons comme idéal. Pour atteindre ce niveau supérieur, la personne devra passer par des transitions souvent douloureuses, qu'il appelle des « désintégrations positives ».

Le troisième niveau correspond, en fait, à celui de l'autonomie. La personne essaie de créer et de stabiliser une image idéale d'elle-même, et cherche à l'incarner dans le monde. Lorsque la tentative aboutit, il se produit alors chez l'individu une harmonie de la pensée, de l'émotion et de l'action qui élimine les conflits internes. Dabrowski dit aussi qu'à ce moment la personne change de centre d'attention ; elle s'attache à faire du monde un « meilleur endroit pour vivre ». En somme, la théorie de la personnalité de ce psychiatre polonais décrit un individu qui, à travers des degrés intenses de perturbations, parvient à des niveaux « de plus en plus universels de développement ».

Ce passage d'une personnalité conditionnée par l'hérédité et la société à une personnalité « unique et individuelle », selon ses termes, ne correspond-il pas à la distinction que nous avons tenté de faire tout au long de ce livre entre la personnalité et l'individualité ? Ne correspond-il pas à la distinction que Jung fait entre une vie qui donne la place centrale au Moi et une vie qui reconnaît la prédominance du Soi ?

Pour moi, l'aspect le plus séduisant de la théorie de Dabrowski réside dans sa définition de la personne comme étant un tout qui s'autocrée à travers une série de désintégrations positives. Notre légende porte la marque de ces désintégrations — retournons-y pour quelques réflexions sur la violence et sur la guerre.

La violence au cœur de soi

Les désintégrations successives d'Horus

Une fois la lumière conçue en soi, une fois la lumière née, elle doit s'affirmer, c'est-à-dire trouver son expression pleine et entière… dur labeur ! Voilà sans doute pourquoi la légende accorde une place centrale au combat que se livrent Seth et Horus. Dans la version de la légende d'Isis et Osiris établie par Plutarque (*Traité d'Isis et Osiris*), la description du duel occupe une place de choix. Je me suis long-temps demandé à quoi servaient ces péripéties. Puis je me suis rendu compte qu'elles décrivaient à merveille la lutte qui se déroule en nous entre les élans constructeurs et les habitudes destructrices. Nous le savons à présent, l'Ombre n'est pas vaincue parce qu'elle a été débus-quée. Elle est toujours là, et l'être doit tenir compte de sa présence, choisir à chaque instant de se construire plutôt que de se détruire. Dans le monde chrétien, la narration de l'histoire de Jésus s'arrête peu après sa Résurrection, alors qu'il trône à la droite du Père. Dans le mythe égyptien, quand Osiris entre dans l'au-delà après avoir franchi les portes de la mort, nous n'en sommes qu'à la moitié du récit.

Selon moi, les Égyptiens avaient tellement à cœur l'incarnation de l'élan vital dans la réalité de tous les jours qu'ils ont tenté de décrire son accomplissement dans leur mythologie. Comme si ce peu-ple hautement spirituel avait voulu mettre en image une priorité : introduire la lumière au cœur de la matière pour rendre celle-ci trans-parente au souffle de vie — ce qui ne peut se faire sans une succes-sion de profondes désintégrations positives. Autrement dit, le passage accompli par Osiris dans le monde de l'esprit n'est pas la destination finale du voyage. Il ne s'agit pas uniquement de gagner son ciel. La visite de l'au-delà n'est qu'une autre étape dans une métamorphose dont l'aboutissement est Horus, le faucon d'or, l'oiseau de lumière, qui vit à la fois dans le ciel et sur la terre.

Car Horus est union. Il représente la conjonction du ciel et de la terre. Il n'est pas l'un ou l'autre, il est l'un et l'autre. Il se déplace avec la même aisance dans les deux éléments. Son vol les unit. Il repré-sente le principe même du mouvement unificateur. Il n'est pas mou-vement vers la lumière comme Osiris. Non, il est lumière et il ne renie pas pour autant l'Ombre ni la chair. Osiris a quitté la terre pour exister en esprit seulement, comme un souffle, comme une inspira-tion. Il laisse derrière lui son fils Horus qui poursuit son œuvre de spi-ritualisation de la matière, d'exaltation de « ce qui devait être » selon les mots de Dabrowski.

Tout comme le dieu-soleil Râ était pour les Égyptiens le grand maître, le grand diffuseur, le grand enseignant, parce qu'il était rappel constant de la lumière intérieure de l'être, Horus nous rappelle lui aussi notre nature lumineuse. Notons au passage que plusieurs sites importants de l'Égypte ancienne ont en leur centre la statue gigantesque d'un pharaon face à un faucon doré. Horus est là pour rappeler au souverain qu'il possède une lumière intérieure. Tout aussi révélateur, le pharaon portait toujours dans son nom le titre « Horus », comme nous pouvons adjoindre au nôtre « monsieur » ou « madame ».

Symboliquement, Horus est fils d'Osiris, le représentant du soleil, et d'Isis, la terre humide. Il est lumière incarnée, lumière accessible, lumière douce à l'être. Horus est amour. Il est né de cette conjonction consciente entre la déesse créatrice et Osiris au moment où le dieu passait à l'universalité. Il est le produit d'une immaculée conception, puisque le fluide qui passe entre les amants est de nature spirituelle. Les deux êtres qui font l'amour sont conscients de leur nature universelle. Ils savent que les personnages sont des rôles empruntés. Ils savent que leur rôle est d'incarner l'essence même de l'être, à savoir sa nature lumineuse et glorieuse.

Voici donc l'environnement parental dans lequel Horus naît. Il est accueilli par des êtres qui connaissent leur nature profonde et qui, par conséquent, vont la stimuler en lui. Pourtant, avant de devenir le faucon couronné, le Seigneur du Double Pays, Horus doit lui-même rencontrer des épreuves, affronter Seth, car personne n'échappe à son Ombre. Lui aussi aura à traverser une série d'attachements identitaires qui se déferont un à un.

Voilà pourquoi nous rencontrons plusieurs Horus dans la fable. En fait, la légende commence avec Horus et elle se termine avec Horus. En effet, il y a d'abord Horus l'Ancien, tout à fait comparable à l'esprit qui, dans la Bible, plane au-dessus des eaux. Lui aussi est l'oiseau qui plane sur l'océan primordial. Puis vient Horus le Frère. Cet Horus-là sera témoin de la querelle destructrice qui éclate entre son aîné et son cadet, tous deux prisonniers de leur personnage. Il acquiert de la sorte la connaissance de la douleur de ces limitations. Par la suite naît celui que l'on connaît sous le nom de « Horus Vengeur de son Père », le fils d'Isis et Osiris. Au moment précis de sa conception meurt Horus le Frère. La fable établit donc une continuité entre les différents Horus.

Horus Vengeur de son Père sera instruit par Osiris, en rêve, dans l'art de la guerre et de combattre Seth, l'oncle qui a usurpé le trône royal. Il représente alors le guerrier qui, avec son épée de lumière, tente de déchirer les voiles de l'Ombre. Sa lutte l'entraîne dans toutes sortes de tribulations qui peuvent être interprétées comme autant de crises de croissance.

À travers toutes ces étapes, l'individualité d'Horus est marquée par l'hérédité et le devoir familial. Jusqu'au jour où, ayant triomphé de ses ombres, il pourra s'identifier à la lumière et devenir « l'éclat de l'œil de Râ ».

Horus représente donc l'individu qui se dégage des voiles de l'obscurité et s'ouvre totalement à l'universalité qu'il porte. Il complète ainsi le processus d'individuation et nous insuffle la volonté de réaliser un tel processus de notre vivant, avant la mort.

Le déconditionnement

Plusieurs idées naissent en moi lorsque je m'attarde à l'évocation des diverses désintégrations que connaît Horus dans la guerre qu'il livre à Seth pour retrouver son siège royal. De quoi ce trône est-il le symbole ? De la royauté intérieure, me semble-t-il. Et aussi de l'assise intemporelle de l'être ayant parcouru le chemin qui va du Moi au Soi. Or l'Ombre a pris possession de ce trône qui se trouve donc dans l'obscurité, dans l'inconscient. Ce qui signifie qu'au départ, une royauté intérieure ignorée du Moi est possible. Le Moi ne la voit pas. Il ne la conçoit pas. Elle ne lui apparaîtra que progressivement.

Même si un individu devient Disciple de sa vie et reconnaît son inspiration centrale, sa résolution reste fragile au début. Il perd régulièrement de vue son objectif. C'est normal. Lorsqu'un processus débute, lorsqu'une pousse sort de terre, lorsqu'un enfant naît, ils sont fragiles. Lorsque l'on apprend à marcher, les jambes sont incertaines et la chute est facile.

Dans sa ruse, Seth attend qu'Isis s'éloigne et là, transformé en serpent venimeux, il s'introduit auprès d'Horus et le mord. Au retour de la mère, l'enfant se tord de douleur. Elle a beau exercer sa magie, rien n'y fait.

> Impuissante malgré ses pouvoirs de magicienne, Isis, désespérée, fit appel à l'humanité tout entière, mais personne ne put guérir l'enfant. Isis soupçonna alors Seth d'être la cause de tous ses malheurs et vit en lui une manifestation cosmique du mal, acharné à détruire la bonté et l'innocence sur terre. Désespérant de sauver Horus, Isis résolut de demander le secours du dieu suprême. Son appel fut entendu à bord de la «barque des millions d'années», qui arrêta sa course pour elle. Thot, la lune, descendit auprès de la déesse et, s'étonnant de ce que les pouvoirs magiques d'Isis soient inopérants, il l'assura que la puissance de Râ lui était entièrement acquise. Les ténèbres descendirent sur terre et Thot annonça à Isis que la barque du soleil ne reprendrait pas sa course tant qu'Horus ne serait pas guéri; aux yeux des dieux, la mort d'Horus signifiait fatalement que la création tout entière était soumise au principe du mal incarné par Seth. Agissant au nom de Râ, Thot parvint à extraire le poison du corps d'Horus. L'événement fut célébré dans l'allégresse par les habitants des marais et par Isis elle-même[46].

Que symbolise cet empoisonnement? En psychologie, il nous donne la mesure de la force de l'Ombre qui vit en nous. En effet, tant que nous n'éveillons pas le monstre endormi, que nous restons soumis à la tyrannie de nos peurs et de nos besoins, une harmonie de

---

46. Cette partie est adaptée du livre de Véronica Ions, *Sous le signe d'Isis et d'Osiris*, *op. cit.*, p. 57 et 60.

surface règne en nous. Il n'y a pas de grand bonheur, mais une sorte de bien-être existe, car les besoins élémentaires sont satisfaits.

Or ce bien-être repose sur une illusion, une sorte d'intoxication. Et lorsque nous faisons enfin face à la somme des besoins et des croyances, des blessures et des peurs que notre personnage nous permettait d'éviter, nous avons de quoi reculer d'horreur, nous tordre de douleur. C'est comme si un serpent nous avait mordu. Nous nous rendons compte que nous sommes complètement conditionné et que nous ne disposons d'aucune liberté intérieure. Le découragement nous menace. Le doute frappe à la porte. Car le grand découragé et le grand douteur accompagnent toujours le grand dormeur.

Cette prise de conscience brutale, alors que le processus n'en est qu'à ses premiers balbutiements, menace l'œuvre en entier. Tout à coup, l'entreprise semble démesurée. Il vaudrait peut-être mieux la tuer dans l'œuf, se contenter de confortables compensations. Pourtant, un élan encore plus puissant indique la voie. Un change-ment de niveau s'annonce et une désintégration se prépare au sein de ce que nous pourrions appeler une crise de guérison.

Encore ici, Seth vient révéler ce qui était déjà. La nature de l'être qui veut changer est une nature intoxiquée. L'être est empoisonné par des conditionnements inconscients, par une multitude de peurs et des besoins exigeants. Son état exige un déconditionnement.

Dans la légende, ce travail nécessite un temps d'arrêt. La noirceur descend sur la terre et Thot, le dieu de la Médecine, se fait l'instru-ment de la magie de Râ. Pour les Égyptiens, l'Ombre ne peut triom-pher. Elle est condamnée à servir le processus d'évolution. Comme Seth, à la fin de l'histoire, est condamné à souffler éternellement dans les voiles de la barque d'Osiris.

Cette intervention de Râ à travers Thot signifie que l'être a alors besoin, pour poursuivre l'œuvre, d'un surcroît de vision intérieure, de conviction et de détermination. La Bible offre une scène racontant ce moment précis. Michel-Ange l'a sculptée dans la statue qui montre David rassemblant ses forces pour affronter Goliath. Cette sculpture illustre magnifiquement l'instant dont il est question et ce qui est en jeu : pour se désintoxiquer, il faut s'aguerrir. Les instruments mêmes de l'Ombre devront être utilisés pour faire triompher en soi-même les élans les plus généreux. La détermination légendaire de Seth, son pouvoir de discrimination et sa capacité de trancher feront la différence.

Car l'être qui a choisi sa direction, qui veut laisser place à ses élans, sera confronté à ses peurs fondamentales par la nature même de son mouvement. Il craindra de ne plus jouir s'il laisse ses plaisirs coutumiers ; il craindra d'être isolé s'il ose arpenter des voies si peu familières ; et il aura peur de se dissoudre dans le Tout s'il abandonne sa personnalité.

Je ne sais combien de gens j'ai rencontrés qui, ayant entrepris une démarche de transformation psychologique, se plaignent amèrement de leur solitude. Bien sûr, comme le dit Dabrowski, une telle démarche entraîne des perturbations importantes. Pourtant, d'une certaine façon, la solitude préexistait à la démarche. Elle gisait en Soi. Le développement de notre individualité ou, plus exactement, sa reconnaissance nous lie au contraire au monde et aux autres, même si l'on se trouve dans une caverne isolée. Il se peut donc que la crainte d'être seul ou le sentiment exacerbé de solitude soit une autre façon qu'a le personnage de nous retenir à lui. C'est lui qui craint l'isolement et la mort ; il ne veut pas que nous nous débarrassions de lui.

Le conflit de base : la peur de fond

Je voudrais vous donner un exemple de ce que produit un travail de déconditionnement :

De relation en relation, Alexandre répète les mêmes scénarios conflictuels avec ses partenaires. Il choisit invariablement des compagnes dominatrices et, après un temps, il se rend compte qu'il est en guerre avec elles. Lors de nos rencontres, il réfléchit sur la phobie de l'engagement que la répétition des ruptures et des échecs a fini par lui communiquer. Il cherche la femme parfaite mais il ne sait pas pourquoi il la cherche. Il cherche celle qui ne déclenchera pas cette peur en lui. En cours de route, il s'est réfugié dans la consommation de pornographie, consommation dont il se sent très coupable. Au cours de sa première séance, il ajoute qu'il a connu une enfance difficile auprès d'une mère dépressive qui frappait ses enfants.

Voyons comment fonctionne Alexandre : il rencontre une femme, tombe amoureux et entreprend une relation. Peu à peu naissent des conflits entre eux. Il croit alors que le caractère dominateur de sa partenaire est responsable de son malheur. Il l'en accuse et, bientôt, le climat étant devenu intenable, il se met à fantasmer sur une autre compagne. Le conditionnement a produit le résultat escompté.

Or Alexandre a connu une enfance violente auprès d'une mère en difficulté. La répétition de traumatismes multiples a engendré chez lui la peur d'être détruit par celle-là même qui lui a donné la vie. Cette terreur l'a en quelque sorte intoxiqué jusque dans ses cellules tant physiques que psychiques. Il désire ardemment s'engager et connaître l'amour pour répondre à ses élans, mais une terreur dont il n'est pas conscient l'en empêche. Là réside son conflit intérieur. Tant que celui-ci ne sera pas mis au jour, la situation ne pourra pas évoluer parce qu'elle l'entraîne à répéter la même attitude stérile. Car Alexandre ne fait pas le lien entre son enfance et ses malheurs amoureux.

Ce scénario durera jusqu'à ce qu'il comprenne que l'intimité avec une femme éveille en lui l'angoisse d'être détruit. Pour cette raison, il ne trouvera jamais la femme qui convient. Sa terreur est complètement irrationnelle d'autant qu'elle s'est établie à un moment où il n'avait pas encore de mots pour l'exprimer. Il n'avait que des cris et des pleurs que sa propre mère ne pouvait entendre. Elle circule donc en lui comme un poison puissant qui le paralyse et l'empêche de nouer des relations engagées et satisfaisantes. Il veut sincèrement s'engager, c'est son vœu le plus cher, mais il ne peut le faire parce que, aussitôt qu'une femme est proche de lui, il déclenche à son insu une petite guerre destinée à l'écarter. Pour Alexandre, il s'agit d'une question de vie ou de mort. Quelque chose en lui croit qu'il doit à tout prix éloigner cette femme pour survivre.

Ses rivalités extérieures lui apparaissent comme la cause de ses problèmes, mais c'est exactement l'inverse. Elles sont le fruit de son antagonisme intérieur. Son dilemme, qui se résume à «Je veux m'engager mais je ne peux pas m'engager», s'appuie sur une peur fondamentale liée à sa survie : la peur d'être détruit. Tant que ce conflit et cette peur ne seront pas mis en lumière, l'un et l'autre le posséderont et l'obligeront à avoir une vie relationnelle fort insatisfaisante. Parvenir à démonter un tel mécanisme n'est pas facile parce qu'il s'agit avant tout d'un processus émotif et inconscient. Tout l'être d'Alexandre vibre de cette peur à son insu. Il faut donc défaire le montage morceau par morceau. Il faut le démembrer.

En tout premier lieu, il s'agit de délier la forte association qui s'est forgée entre «la peur d'être détruit» et «la femme». Comme nous le disions plus tôt, la peur essentielle de l'intimité avec une femme cache une peur plus grande. Alexandre est conscient de sa peur de l'engagement, mais sa peur d'être détruit lui demeure cachée. La peur de l'intimité l'occulte. Il doit donc accepter de reconnaître en lui l'angoisse existentielle de la destruction qui intervient chez lui dans sa forme pure car elle est à la base des peurs et conflits.

Comme je l'ai déjà dit, la peur d'être détruit par une femme masque la terreur encore plus ancienne de ne plus exister. De telles angoisses prennent souvent forme au moment de la naissance. L'être vivait dans un monde unitaire, paradisiaque, et, soudain, il a été projeté dans un monde de division et de séparation. Or, au cours des premiers mois, la mère n'a pu le recevoir de façon rassurante et compenser par sa douceur cette difficile transition. La naissance demeure donc en lui un souvenir effrayant qui anime tout son être et se trouve projeté sur le monde des femmes : car lorsqu'il s'est séparé du ventre de sa mère qui symbolisait le Tout, les soins maternels n'ont pas permis un passage en douceur. Cela fait que cet être aura toute sa vie des difficultés à aimer et à se laisser aimer.

Il n'est pas si aisé de débusquer ses peurs fondamentales. Pourtant, tel est l'enjeu d'un changement réel d'atmosphère intérieure. Pour que l'être puisse de mieux en mieux exprimer les élans créateurs qui l'habitent, les conflits inconscients doivent être mis en lumière. Parmi ces conflits inconscients, il existe un antagonisme de base qui repose sur une peur essentielle, elle-même mandataire d'une peur existentielle : la peur de ne plus exister, que ce soit en étant séparé du Tout ou, au contraire, en étant absorbé par lui.

La peur d'aimer d'Alexandre engendre nécessairement des besoins compensatoires. Alexandre fait de l'exercice, surveille son alimentation, ne fume pas, ne boit pas, mais il se défoule dans la pornographie. Comme il ne peut satisfaire son élan d'union affective, il le déplace vers la sexualité et le transforme en d'ardents désirs sexuels qui trouvent leur exutoire dans des films et photographies pornographiques. Devant ces images, il fusionne sans danger avec la femme et se procure l'intensité orgasmique qu'il souhaiterait trouver dans l'amour. La pornographie est en somme une compensation facile à se procurer, qui ne repose pas sur les humeurs d'autrui et ne met pas en jeu sa sécurité intérieure. Elle lui « tient compagnie » comme la nourriture tenait compagnie à la jeune femme dont nous avons parlé plus tôt.

Il se sent très coupable et cela aussi fait partie des bénéfices cachés de sa dépendance : tant qu'il reste prisonnier du cercle infernal désir-compensation-culpabilité, il demeure focalisé sur une problématique de surface qui le protège de la perception de sa solitude et de son désespoir fondamental. Autrement dit, l'intensité du plaisir apporté par la pornographie lui épargne le contact avec ses peurs mais ce bien-être factice l'empêche de connaître des joies amoureuses plus grandes.

Accueillir ces réalités avec bienveillance, demeure une chose fondamentale. Il ne s'agit pas ici d'étiqueter ni de juger Alexandre, ni de juger ou d'étiqueter les autres acteurs du drame, sa mère par exemple ; chacun a servi d'outil à l'autre dans la mise en scène de son conflit de base, et, par là même, l'a mis sur la voie du déconditionnement. Vous constatez cependant que, pour accepter cette idée, il ne faut plus voir les autres comme responsables de nos malheurs. Il faut avoir la conviction intime que tout émane de soi, que tout ce qui est arrivé venait répondre à une soif intérieure, et nous menait sur le chemin de la conscience. La force d'amour d'Isis demeure donc la compagne privilégiée de cette démarche.

Laisser le soleil se lever en soi

Il faut déduire de tout cela qu'une guerre se livre en nous. La violence y est d'emblée présente. Nous favorisons sa reproduction dans notre vie quotidienne aussi longtemps que nous ne prenons pas conscience de cette réalité fondamentale. Pour en arriver à créer dans l'être une paix réelle, il faut d'abord se rendre compte qu'il existe un conflit inconscient au cœur de soi. Les conflits qui apparaissent dans nos relations, à la surface visible de nos vies, ne sont que l'expression de ce conflit inconscient, et non pas l'inverse. Les conflits qui nous déchirent et nous tiraillent nous empêchent de voir que la tension sourd de l'intérieur. Nos conflits, querelles et chicanes ne sont que l'expression d'un tourment intime plus profond.

Si vous tentez, par exemple, de maintenir une paix réelle en vous et dans vos relations sans régler votre conflit fondamental, vous échouerez. Comment répondre à de telles terreurs ? En entreprenant un travail de déconditionnement. La reconnaissance des éléments conditionnants permet de se dégager peu à peu de la peur de fond. Cependant, il faut ajouter que la simple prise de conscience ne suffit pas, même si elle enlève du pouvoir au conditionnement. Elle doit donc s'accompagner d'une pratique. En accomplissant chaque jour quelque chose qui va consciemment à l'encontre de la répétition automatique liée au conditionnement, nous nous déprogrammons graduellement et nous prenons de nouvelles habitudes.

Voici, brièvement, quelques pistes pour faciliter la reprogrammation. Physiques, d'abord : notre corps a besoin de force, de souplesse et de mouvement. Donc, manger sainement, respirer abondamment et faire des exercices réguliers régénèrent l'organisme.

Psychiques, ensuite : en plus de la compréhension psychologique de vos difficultés, le meilleur moyen de répondre aux tendances destructrices est de choisir un « moyen d'expression créatrice » qui vous permettra de satisfaire votre élan créateur de fond et donc de moins recourir aux besoins compensatoires.

Spirituelles, enfin : il s'agit de choisir un « moyen d'expansion » comme la contemplation, la méditation, le travail avec les sons, ou le rapport avec la nature.

Vous voyez, c'est très simple ! C'est pourtant difficile à réaliser parce que le personnage complique tout. Et le Disciple de la vie ne peut avoir la naïveté de croire que l'Ombre n'existe pas. L'envie, l'orgueil, la dispersion, la peine et la peur sont toujours dans le tableau mais, à mesure qu'un être goûte aux expériences lumineuses, les dimensions obscures exercent moins d'attraction sur lui.

Nous devons nous rappeler que la meilleure arme contre les conditionnements limitatifs réside dans notre capacité à choisir la lumière à tout instant. C'est à chaque instant, de seconde en seconde, que se pratique la désintoxication. C'est ainsi que, peu à peu, nous reconstituons notre œil, que nous retrouvons notre vision unique, et que nous sortons du cercle des peurs.

Dans la caverne du dragon

Pour parler plus légèrement de ce combat entre l'ombre et la lumière, j'ai eu l'idée de composer un conte, un conte avec un dragon qui garde un trésor. Le dragon représente la personnalité. Le trésor représente l'individualité retrouvée. Et le héros représente le Disciple de la vie déterminé à sortir de son ignorance. Vu sous un autre angle, nous pourrions dire que le trésor symbolise l'autonomie de l'être et que le dragon incarne les épreuves de la vie que le Disciple doit absolument affronter pour entrer en possession de la richesse qu'est sa liberté.

Il faut d'abord savoir que le dragon a derrière lui des siècles d'expérience. Peu d'êtres lui ont échappé véritablement. Il se moque des armes modernes. Vous pouvez faire sauter sa caverne à coups de missiles ou lui trancher la tête à l'arme automatique ; ce sont des solutions temporaires. Un jour ou l'autre, vous trouverez une queue de dragon dans un placard oublié. Rien ne sert de courir, il ira toujours où vous allez puisqu'il est en vous-même. Pour qu'il accepte de libérer ses victimes, vous devez l'affronter en combat singulier, au corps à corps ; foncer sans crainte d'y perdre des plumes, sans peur d'avoir peur.

Vous devez vous rappeler que ce dragon est passé maître dans l'art de la manipulation et de la culpabilisation. Son avantage sur vous est que tous les coups lui sont permis. Il peut vous émouvoir jusqu'aux larmes pour vous convaincre de ne pas porter le coup de grâce, et vous mettre la patte dessus l'instant d'après, triomphant sans honte. Son seul objectif est de vous garder en sa possession ; il est prêt à tout pour ça.

Vos armes sont limitées mais elles sont efficaces. La première est la volonté. On ne vient pas à bout du dragon de la personnalité par accident. Il est nécessaire de s'appliquer à cette tâche avec détermination. Tous les moments de relâchement et d'oubli donnent du répit au personnage, lui permettent de refaire ses forces.

Le dragon se mobilise dès que vous entreprenez votre recherche. Il va dresser devant sa caverne un grand miroir et le tourner contre vous. Ce miroir a la propriété d'être recouvert d'une sorte de brouillard qui confond les assaillants. Voici la première épreuve. En approchant de la caverne vous ne verrez rien d'autre que vous-même et vous vous demanderez ce que vous êtes venu faire là. Tout à coup, la nature même du problème auquel vous vouliez vous attaquer vous échappera. Comme lorsque l'on va chez le médecin et que, une fois sur place, on n'a plus mal…

C'est le moment de sortir votre deuxième arme : le discernement. Vous devez vous asseoir pour réfléchir et retrouver le sens de votre démarche. Voyant que vous êtes assis à ne rien faire, les fantômes du passé ne manqueront pas de venir vous visiter. Votre enfance et votre âge adulte vous reviendront en mémoire. Le rapport avec vos parents refera surface. Vous constaterez combien ceux-ci vous ont fait souffrir et vous serez tenté de rejeter sur eux toute la responsabilité de vos malheurs, les utilisant comme boucs émissaires. C'est l'option du blâme. Certes, elle vous décharge de toute responsabilité mais elle vous garde victime des autres, et du dragon.

L'option est séduisante ; il faut donc posséder un couteau bien aiguisé pour trancher dans l'illusion. Nombre de chevaliers quittent le champ de bataille après cet examen de conscience qui les a fait conclure que leurs conditionnements relevaient de la responsabilité des autres.

Vous pouvez effectivement quitter le terrain sur-le-champ et vous satisfaire de ce constat : vous n'êtes ni si méchant ni si ingrat, il y en a des pires, et, tout compte fait, vous vous en êtes plutôt bien tiré. C'est à ce moment précis que des bruits étranges montent d'on ne sait où. Le dragon se tord de rire. Il se moque ouvertement de vous. Vous croyez l'avoir vaincu alors que le face-à-face n'a pas encore eu lieu. Somme toute, vous avez été une proie facile.

Si vous prenez conscience de la fausse note qui résonne en vous et décidez de rester dans la quête, le courage sera votre prochaine arme de combat. Au sortir de votre analyse, vous décèlerez le strata-gème du dragon. Le miroir qui embrouille les pensées est placé devant l'ouverture de la caverne, il en est la porte d'entrée, pour ainsi dire. Muni de votre petit bagage de connaissance sur vous-même, vous pouvez maintenant y pénétrer. La caverne est noire et humide, empreinte d'une odeur sulfureuse qui donne envie de vomir. À nouveau, les doutes vous envahissent. Avez-vous le droit de faire ce que vous faites ? Pourquoi ne pas laisser les choses dormir comme elles sont ? N'êtes-vous pas en train de faire souffrir vos proches avec vos velléités de compréhension et d'autonomie personnelle ? La culpabilité vous étouffe. C'est la troisième épreuve.

Vous aurez l'impression d'être devenu du jour au lendemain un mouton noir pour vos intimes. D'ailleurs, ils vous le manifesteront. Votre mère lance que vous allez la tuer, que l'on n'a pas le droit de dire ça à ses parents et que, après tout, elle a fait de son mieux. Votre mari et vos enfants vous feront sentir que la vie était plus agréable lorsque vous passiez vos journées à la maison. Votre femme menacera de divorcer si vous continuez à l'embêter avec vos histoires de psychologie.

Il est encore temps de fuir. Vous pouvez sortir de l'antre du dragon, reprendre votre vie de bonne mère soumise et dévouée ou de bon garçon bien adapté. Vous pouvez continuer à jouer au gentil, avec un petit excès de temps à autre, histoire d'évacuer la tension. Rien de mal là-dedans. Mais si vous en avez assez de ravaler vos frustrations, il vous reste à prendre votre courage à deux mains — poursuivez l'aventure. Sachez seulement que passé ce point, on ne revient plus indemne.

Les miroirs de l'Ombre

Une chose est sûre, vous avez maintenant besoin d'une bougie pour y voir un peu plus clair. Dans les vrais contes de fées, cette bougie est le produit du courage, de la détermination et du discernement fondus ensemble, car le héros sait qu'il est lumière. Mais comme les héros et les héroïnes ne sont plus ce qu'ils étaient, vous sentirez croître en vous le besoin d'un peu d'aide extérieure.

Votre élan de liberté, sans parler de vos angoisses, vous jettera dans les livres de psychologie. Vous voudrez faire de la méditation, du taï chi, de la visualisation. Vous fréquenterez des maîtres spirituels, des psy, des médiums. Vous prendrez des temps de retraite, avalerez beaucoup de vitamines, ferez des diètes, et j'en passe. Avec un peu de chance, car il en faut tout de même un peu, la flamme de la conscience s'allumera. Vous aurez alors l'impression de savoir un peu mieux ce qui vous arrive et où vous en êtes. Premier répit, premier lâcher prise. Bien entendu, au début, il s'agit d'une toute petite flamme tremblante, mais elle va quand même faire toute la différence. Parce qu'après ça vous pourrez voir à qui vous avez affaire. La quatrième épreuve vous guette. Elle a pour nom la consternation.

Vous allez d'abord voir la silhouette immense du dragon se profiler dans la pénombre puis vous vous rendrez compte que les anneaux du serpent forment les murs mêmes de la caverne. Autrement dit, le personnage vous entoure de toutes parts. Vous êtes au beau milieu d'un serpent lové autour de vous. Vous réaliserez d'un seul coup que votre liberté est nulle. Le serpent a toujours été là et vous en avez toujours été prisonnier. Son haleine imprègne chacune de vos cellules. Votre vie se résume en quelque sorte à ce ballet mécanique Victime-Sauveur-Persécuteur. Vous saurez alors qu'il n'y a pas d'action dans votre vie: il n'y a que des réactions programmées. Vous n'auriez jamais cru que le problème pouvait être si vaste. Vous allez regretter instantanément d'avoir allumé votre petite bougie. C'était moins difficile avant car, comme le dit le dicton, ce qu'on ne sait pas ne nous fait pas mal.

Il vous faudra ici une double dose de détermination pour ne pas céder au sentiment d'impuissance, au défaitisme. C'est la cinquième épreuve. Seules peuvent désormais vous sauver la persévérance et votre foi chancelante en l'existence d'un trésor au delà de ces méandres tortueux. Vous pouvez bien sûr éteindre votre chandelle et faire comme si de rien n'était mais, d'une certaine façon, il est trop tard. Vous ne pourrez plus jamais oublier le spectacle.

Les écailles du monstre sont autant de petits miroirs sombres qui vous renvoient tous une image peu reluisante de votre vie. Ce sont les miroirs de l'Ombre. Ils vous convient à un examen de conscience sans fard. D'un fragment à l'autre, vous découvrirez comment vous avez construit votre propre malheur. Comment, à force d'atermoiements, vous avez réprimé votre goût de vivre et oublié l'essentiel: l'homme ou la femme libre que vous êtes.

Vous pouvez passer des années dans le dédale de ces petits miroirs. Car, même si le séjour est très inconfortable, on ne peut progresser qu'à petits pas. À mesure que l'on avance, la puanteur s'accroît et le dragon tente de vous étouffer en resserrant ses anneaux. Vous aurez des visions terrifiantes au cours desquelles vous tuerez vos proches. Vous crierez pendant votre sommeil. Vous vous éveillerez en pleurant. Rien ne vous sera épargné. La peur, l'horreur, la terreur paralyseront chacun de vos pas ; elles vous démembreront avec plus d'efficacité que le plus habile des chirurgiens. Vous aurez l'impression de voler en éclats.

Vous verrez votre lâcheté, votre hypocrisie, vos manipulations, vos jugements impitoyables. Vous prendrez conscience de votre complaisance et de votre rage. Votre amour de la guerre, votre jouissance dans la maladie, votre capacité de tuer, votre vide, votre haine, votre exhibitionnisme, votre égocentrisme, vous verrez tout ce que vous avez toujours souhaité que les autres voient en eux… et ne voient jamais chez vous. Certains jours, il vous semblera frôler la folie. La fibre même de votre être sera défaite à force d'avancer dans cette chaleur froide, dans cette humidité sèche, dans cette puanteur parfumée. Jusqu'à ce que, épuisé, vous déclariez forfait. Jusqu'à ce que vous abandonniez toutes vos postures, et le courage, et la détermination, et la persévérance, et la bougie et tout ce que vous avez appris. Jusqu'à ce que vous vous déclariez battu à plate couture. Pire encore, jusqu'à ce que vous vous fichiez éperdument d'être vainqueur ou vaincu, battant ou battu.

Sans le savoir, vous aurez eu le bon réflexe au bon moment. Car à cet instant précis, vous serez face à face avec le monstre, à sa merci. Les méandres de l'Ombre ne servent à rien d'autre qu'à vous épuiser, qu'à faire mourir en vous tout autre désir que celui de vivre quelques instants de paix véritable. Les miroirs de l'Ombre servent à vous pousser fermement vers la simplicité de l'essentiel.

L'affrontement

Vous pensiez vous retrouver devant un monstre fumant, agité par une colère intense. Pas du tout, le monstre est charmant. Vous devrez à ce point réunir ce qui vous reste de courage et de détermination pour briser la fascination qu'exercent sur vous les yeux de la bête — ils sont la meilleure arme du dragon. Pour gagner votre liberté, vous avez un dernier geste à accomplir : trancher les attaches qui vous lient à votre personnage tel le cordon ombilical à votre maman.

Vous serez alors assailli par la plus formidable attaque de doute, de peur et de culpabilité que vous ayez jamais connue. Car maintenant qu'il risque de perdre sa victime, le dragon réagit. Vous entendrez ses cris stridents qui évoqueront en vous la douleur insupportable d'une mère ou d'un enfant. Vous aurez l'impression de renoncer à la vie même. Vous ne devez pas vous laisser attendrir, cela vous tirerait immédiatement en arrière. Il vous faut assumer pleinement le geste que vous faites. Si vous résistez à l'appel des pleurs et maintenez votre volonté d'en finir avec le chantage, la possessivité et la jalousie, vous sentirez les liens céder peu à peu et le dragon blessé relâcher son emprise.

En tranchant la tête du dragon, vous tranchez votre lien au passé et votre compulsion à chercher à l'extérieur la solution à vos besoins. En tuant le dragon, vous renoncez à votre propre grandeur. Vous coupez le cordon ombilical de vos peurs. Vous ouvrez en vous-même un espace de liberté et d'autonomie réelle.

Vous saurez instantanément que l'enfance est finie, que ce ne sera plus jamais la faute des autres, que vous venez de prendre votre vie en main et que vous êtes désormais seul maître de votre destin. Vous direz adieu à la douce irresponsabilité qui a été la vôtre jusqu'à maintenant.

Cette humble victoire sur le dragon brisera votre identification au personnage. Vous prendrez conscience que vous êtes parfaitement libre d'être ce que vous voulez, et que vous l'avez toujours été. Aux yeux du monde, cela n'a aucune espèce d'importance que vous utilisiez ou non cette liberté. À vos yeux, cela en a beaucoup. C'est toute la différence entre une vie contrainte, passée à l'attention aux autres, et une vie épanouie dont vous devenez peu à peu le maître ou la maîtresse d'œuvre.

À ce point de votre aventure, vos mains sont sales, vos vêtements puent la sueur froide et vous baignez dans le sang, comme un enfant nouveau-né. Les liens mutilés forment autour de vous un cordon ombilical géant. Des larmes de joie vous submergent; un formidable goût de vivre vous récompense pour vos peines. Un vent de fraîcheur balaie la caverne. Un coin de ciel bleu filtre à travers les rets que forment les anneaux du serpent. Il vous semble alors que, pour la première fois, vous pouvez respirer sans entraves. Vous êtes en train de renaître. Le trésor ? Ah ! oui, le trésor ! J'allais oublier le trésor ! En fait, c'est ça, le trésor ! Vous vous rendrez compte qu'au delà du personnage, au delà du dragon et de la caverne, l'univers tout entier s'étend devant vous — ouvert à perte de vue.

En contemplant votre nouveau domaine, vos yeux s'emplissent de douceur et de compassion, des yeux qui ont vu toute la misère du monde et la tolèrent sans juger, des yeux qui voient à travers les êtres, des yeux qui ne trichent pas. Avec ces nouveaux yeux, vous verrez le cœur de votre mère et vous serez touché aux larmes. Vous verrez le cœur des êtres qui vous ont entouré pendant votre vie et vous comprendrez qu'ils vous voulaient du bien, malgré les coups, malgré les négligences.

Vous aurez les yeux d'une mère qui aime. Vous aurez les yeux de l'amour. Vous saurez à travers ces yeux que vous avez été aimé et que vous avez aimé. Ne serait-ce qu'une heure, ne serait-ce qu'une seconde, vous avez été un enfant du désir et de l'amour. Et par la grandeur de cette seconde, tout sera réparé. Le reste, ce sont des détails, des ajustements. Ça ne veut rien dire. Vous n'aurez plus d'yeux que pour l'amour triomphant, l'essence même de tout ce qui est.

Vous serez devant le secret même de votre origine. Vous pourrez ouvrir votre cœur, reconnaître l'amour profond que la vie a eu pour vous, qu'elle a toujours et encore. Si vous ne pouvez assumer cet amour, votre esclavage continuera car c'est la haine qui fait la force de vos liens avec le dragon, c'est la haine de soi qui nourrit le pouvoir du dragon. Il n'a jamais eu d'emprise sur vous, il n'en a jamais eu d'autre que celle que vous lui avez permis d'avoir en inventant l'histoire de votre enchaînement.

Vous réaliserez que vos parents, vos enfants, vos patrons, vos amis reflètent parfaitement la personne que vous êtes. Ils sont ceux dont vous aviez besoin pour évoluer et apprendre à vous détacher. Vous réaliserez qu'ils vous ont poussé à devenir vous-même et vous les aimerez. Sans conditions, vous les aimerez. En faisant la paix avec votre passé, vous entrerez dans le moment présent, vous deviendrez ce petit coin de ciel bleu et par lui vous prendrez possession du ciel.

L'obscur par le plus obscur

Pour ceux et celles qui n'auraient pas apprécié la petite danse à laquelle nous venons de nous livrer, en voici une traduction libre.

La question est la suivante : quelle attitude adopter devant cet épineux problème qu'est l'écart existant entre notre personnalité et notre individualité ? Eh bien ! pour résoudre un problème, il faut d'abord le regarder en face, accepter d'y être plongé. En termes psychologiques, il faut accepter de souffrir de tous les irritants qu'il peut présenter. Cela permet non seulement de s'armer contre le malheur mais également de trouver une solution dans la situation au lieu d'en parachuter une de l'extérieur en plaquant dessus de la théorie, des concepts.

Il faut cultiver une attitude de réparation lente et non une attitude de transformation rapide. Votre garagiste ne vous propose pas de changer de voiture chaque fois qu'il la révise. Son attitude consiste plutôt à observer dans un premier temps comment fonctionne le véhicule. Une telle démarche — étudier avant d'agir — est salutaire. Lorsque nous sortons trop rapidement d'une dynamique relationnelle et que nous ne prenons pas le temps d'y penser, nous n'apprenons rien des difficultés qu'elle présentait, et inévitablement elle se répète.

La bonne voie consiste à apprendre de ses ombres, à trouver la lumière au milieu d'elles. La règle d'or serait donc, dans un premier temps : ne rien faire, surtout ne rien faire, autrement dit, observer avec soin comment ça fonctionne, en soi et chez les autres. Il ne faut pas céder aux pressions intérieures et extérieures qui exigent une résolution rapide. Au contraire, avec vigilance, il faut étudier comment les choses se sont déréglées, voire aggravées, avant même d'intervenir.

Pour en arriver à adopter une telle attitude, il faut accepter l'évidence : les problèmes existent, ils se présentent, ils sont inévitables, ils font partie de la vie. Les conflits, les querelles, les souffrances, les séparations sont des événements normaux de l'existence.

Lorsqu'une personne adopte une attitude d'énervement, de crise, voire de négation du problème, cela signifie que celui-ci est le plus fort. Il se réjouit en cachette. Si, au contraire, elle parvient à l'envisager sans chercher à le fuir, lui apportant attention, amour, et même vénération, il perd une partie de son pouvoir. Car les problèmes sont des créatures qui détestent recevoir de l'affection. Ils se nourrissent de l'attention négative. L'Amour les intimide. Dites donc à vos difficultés combien vous les aimez, les chérissez et que vous ne sauriez vous passer d'elles. Elles reculeront devant la nouveauté de la situation.

Si vous êtes convaincu que chaque difficulté a sa raison d'être, que tout est parfait, vous aurez trouvé une clé importante de votre évolution ; et si vous mourez de vos problèmes, vous mourrez le sourire aux lèvres, ce qui est déjà un accomplissement remarquable. C'est parce que nous boitons que nous cherchons l'équilibre ; c'est parce que nous percevons un manque que nous créons de la vie. Nous vivons dans une parfaite imperfection qui nous conduit à reconnaître qu'en nous existe la perfection même.

La violence au cœur du monde

La guerre représente la somme des conflits individuels

Quelques mots maintenant sur la lutte qui se déroule sous nos yeux, dans le monde, entre l'ombre et la lumière.

La dureté. Partout la dureté. La dureté des êtres les uns envers les autres. La dureté inconsciente des êtres envers eux-mêmes. L'une reflétant l'autre. Et nous qui faisons semblant de l'ignorer. Pour nous protéger de quelque chose qui fait trop mal : la perception aiguë de la guerre qui fait rage, dans le monde et en chacun de nous, une guerre entre les tendances destructrices et les élans de vie, une guerre entre l'ombre et la lumière.

Nous ne pouvons pas grand-chose contre la vieillesse et la mort.

Pourtant, il est un mal qui relève entièrement de nous : la guerre. La guerre est une création humaine et, en tant qu'humanité, nous pouvons enrayer le fléau. Lorsqu'un être souffre, la vérité est que nous souffrons aussi. Lorsqu'une population meurt de faim, une partie de nous reste triste et affamée.

Le concept « d'inconscient collectif » proposé par Jung trouve ici son utilité. Il nous rappelle d'abord que la communauté se compose d'une somme d'individus et que ce qui anime les inconscients personnels nourrit ce que nous appelons l'inconscient collectif. Ainsi, nous pouvons raisonnablement penser que ce qui arrive dans le monde reflète ce qui se passe en chacun de nous. En ce sens, les conflits mondiaux sont la résultante des conflits individuels non résolus. Et non l'inverse.

Par un étrange retournement des choses, nous nous éloignons tellement de cette perspective que nous en venons à penser que nous, individus, nous n'y pouvons rien. Croire en cette impuissance, c'est oublier que nous ne sommes pas séparé. Chaque individu agit et influence les autres, tout comme les autres l'influencent. En réalité, ce que nous pensons et ressentons fabrique à chaque instant l'univers psychique collectif.

Il ne faut pas négliger un tel éclairage sous peine de se faire l'esclave d'une société qui stimule et provoque sans cesse des peurs en nous. Nous croyons alors que nous sommes essentiellement victime de ce qui se passe dans notre environnement social. Nous nous plaçons alors dans la même position qu'Alexandre, qui considère ses partenaires comme responsables des conflits apparaissant dans le couple.

Nous n'avons certes pas, à l'échelle individuelle, un grand pouvoir d'influence sur les conflits mondiaux. Pourtant, si nous comprenons ce que nous ressentons, si nous avons conscience que notre vibration personnelle participe à la vibration du monde, nous pouvons comprendre qu'en incarnant nos élans créateurs au lieu de nous occuper exclusivement à la satisfaction de nos besoins nous contribuons à améliorer la situation.

Par exemple, lorsque vous êtes heureux, vous vibrez d'une joie communicative. Il en est de même pour la tristesse. Ainsi, mieux les êtres humains apprennent à conscientiser leurs peurs et les conflits inconscients qui en résultent, plus ils œuvrent à les dépasser, plus ils collaborent à leur sécurité intérieure et à la paix dans le monde.

Lorsque nous obéissons à la peur, nous faisons le jeu du personnage. Nous jouons le jeu de l'orgueil, de la comparaison et des jugements. Nous accusons les autres. Nous les rendons responsables de nos malheurs. Et nous partons en guerre contre eux. Cela résulte de notre ignorance fondamentale de l'Ombre. La meilleure recette pour réussir une guerre sainte consiste à nier qu'il existe un tyran caché en soi, un terroriste et beaucoup de peur. Alors, nous allons combattre les méchants à l'extérieur, avec Dieu de notre côté.

Sans le savoir, nous luttons alors pour la survie de notre personnage. Nous combattons pour élargir son territoire. Nous bataillons pour la satisfaction de ses besoins primaires, sans prendre garde que les autres ont exactement les mêmes besoins. Nous guerroyons pour nous assurer que nous aurons suffisamment de pétrole pour nos voitures. Demain, nous nous battrons pour être sûr d'avoir de l'eau, alors que près d'un tiers de la planète en manque déjà.

À cet égard, l'ex-président de la Croix-Rouge internationale, Cornelio Sommaruga, fait une suggestion. Outre la mondialisation de l'économie, dit-il, nous aurions intérêt à parler de la « mondialisation de la responsabilité » : tant que chacun de nous ne se sentira pas responsable de tous les autres, il n'y aura pas de paix sur terre[47]. Une si noble pensée a des prolongements psychologiques importants : il n'y aura pas de paix sur la terre tant que chacun de nous ne se sentira pas responsable des peurs qu'il porte en lui car, prisonnier de ces peurs individuelles, nous ne pouvons être sensible aux autres autant que nécessaire.

---

47. Sommaruga, Cornelio, « Paix et sécurité : le défi permanent pour tout être humain responsable », Conférence prononcée le 4 décembre 2002 à Montréal dans le cadre de l'Association internationale Initiatives et Changement, dont il est le président.

Je n'aurai pas la naïveté de prétendre que les conflits mondiaux n'ont pas leur part d'influence sur nos psychés individuelles. Des peurs individuelles naissent les peurs collectives, mais, en retour, les peurs collectives ont un impact très important sur les peurs individuelles ; comme nous le constatons actuellement, elles les réveillent et les entretiennent. Si bien que chaque individu, dans sa vie personnelle, finit par avoir des réflexes de contraction, jusqu'à limiter de lui-même l'exercice de sa liberté.

La peur est un poison toxique. Elle est le meilleur agent de contrôle car la peur domine presque tous les êtres. N'est-ce pas pour répondre aux besoins de sécurité engendrés par les peurs que l'on accroît les contrôles dans les aéroports et ailleurs ? On en arrive même à se demander si certaines guerres ne seraient pas créées de toutes pièces pour provoquer peurs et frayeurs au profit de quelques dirigeants.

Le terrorisme sonne l'alarme

Le terrorisme est un véritable mal de tête, et tout comme le mal de tête, il est un signal d'alarme ; il annonce que quelque chose ne va pas. Vous pouvez bombarder votre migraine d'analgésiques. Ils l'endormiront. Mais elle se réveillera parce que la cause n'a pas été touchée. Si votre mal de tête vient d'un ralentissement du foie, seule la découverte de l'origine du mal et la cure appropriée vous soulageront. Nous pouvons museler nos angoisses avec des médicaments. Nous pouvons renforcer tous les systèmes de sécurité de la planète. Nous pouvons arrêter toutes les personnes soupçonnées de terrorisme, nous n'aurons pas réglé le problème en profondeur.

Le véritable remède est toujours le même : se mettre à l'écoute de la souffrance intérieure, qu'elle soit individuelle ou collective, pour comprendre les blessures qui se cachent derrière les besoins, les croyances limitatives qui entretiennent ces mêmes besoins, et les peurs qui motivent de tels conditionnements.

Croire que nous sommes véritablement programmés pour le malheur équivaut à croire à la toute-puissance de Seth. Celle-ci fait le jeu du personnage, elle fait le jeu de l'orgueil. Voilà pourquoi la barque des millions d'années s'arrête lorsque Horus est menacé. Paradoxalement, la situation actuelle appelle et permet un accroissement de lumière. Chacun de nous est appelé non seulement à se comprendre mais à fréquenter sa propre lumière, à fréquenter ce qui lui donne le goût de vivre, ce qui lui donne de l'élan. Cela veut dire que chacun de nous est appelé à se souvenir de sa splendeur oubliée. Telle est la meilleure réponse à la limitation des libertés pour cause de peur.

Si les conflits mondiaux résultent de la masse des conflits individuels inconscients, pourquoi n'en serait-il pas de même de la paix ? Elle résultera d'une pacification intérieure des êtres — pour que la paix règne dans une vie, il faut qu'elle soit d'abord établie en soi. Bombarder un mal de tête, c'est tirer sur le messager du désordre, qu'il soit intérieur ou extérieur.

La compassion ne nuit pas à l'engagement politique

Il s'en trouve qui craignent de tels propos. Ils voient en eux du nombrilisme, alors qu'il y a tant à faire dans le monde. En effet, si nous admettons que nous portons aussi en nous cette Ombre tyrannique et destructrice que nous désirons combattre à l'extérieur, il se peut que notre détermination fléchisse — ne serions-nous pas en train de combattre notre propre frère ?

La sagesse suggère de regarder les choses sous un autre angle, un angle auquel j'aime me référer pour guider mon action sociale. Lorsque nous prenons conscience du tyran qui vit en nous, lorsque nous prenons conscience que nous sommes et que nous avons été véritablement bourreau de nous-même, nous nous libérons de ce bourreau. Des choix s'offrent à présent à nous, alors qu'auparavant il n'y avait qu'esclavage par rapport à des besoins et à des peurs. Cela signifie également que nous connaissons intimement, c'est-à-dire de l'intérieur, notre ennemi. Nous savons qu'il est lui-même esclave de son image et de ses besoins, notamment de ses besoins de pouvoir et de sécurité.

En fait, nous n'avons pas besoin de haïr le tyran pour agir sociale-ment. En vibrant de la même colère et de la même peur nous faisons plutôt partie du problème que de la solution. Pourquoi ne pas éclairer la situation à la lumière de la compassion ? La véritable compassion consiste à voir que tous les êtres poursuivent le bonheur. Elle nous montrera celui ou celle qui nous opprime comme un être doté de la même pulsion d'union que nous. Mais nous pourrons constater que certains répondent à cette pulsion d'union par une prise de contrôle. Ils cherchent le bonheur de façon étroite et limitative, pour eux-mêmes et pour les autres êtres.

Notre élan de création et de transformation nous conduira peut-être, à ce moment-là, à nous associer consciemment à certaines ini-tiatives collectives et même à défendre nos idées avec force. Mais notre action ne sera mue ni par la soif inconsciente de pouvoir, ni par le désir de vengeance. Elle ne naîtra pas de l'ignorance. Elle naîtra de l'amour. Comment pensez-vous que Nelson Mandela a pu tenir vingt-six ans dans les prisons sud-africaines et en sortir sans proférer une seule parole de haine ?

Nos goûts individuels nous entraîneront peut-être à jouer le guer-rier de lumière sur la scène du monde mais, encore une fois, n'ou-blions pas que, en public ou en privé, la véritable force de change-ment consiste à laisser s'exprimer et s'épanouir l'amour qui nous habite. Comme nous l'a enseigné Isis, c'est l'amour qui guérit.

Un être qui vibre d'amour, un être qui vibre de joie réveille chez les autres la possibilité de l'amour et de la joie. Cette force est tout aussi enivrante que le poison de la peur et de la haine. La joie est contagieuse, elle aussi et, en général, on aime mieux rire que pleurer. Que nous manifestions dans la rue, que nous parlions en réunions ou que nous éclations de rire du fond de nos entrailles, nous agissons pour nous et pour notre monde.

Se pacifier n'est pas s'endormir

Le climat de peur collectif réveille l'angoisse endormie, ce qui n'est pas un mal si on se résout à y répondre en remontant aux causes psychologiques. Or ce n'est pas exactement le cas. On a plutôt recours à des tranquillisants. On répond ainsi à une intoxication par une autre. De plus en plus d'êtres souffrent d'anxiété, de plus en plus jeunes, et de plus en plus y répondent par la médication, dont ils deviennent peu à peu dépendants. Le journal *Washington Post* du 14 janvier 2003 fait savoir qu'il y a eu en dix ans une augmentation de 300 % des prescriptions de Ritalin, un médicament pour calmer les jeunes affectés de symptômes hyperactifs et hyperanxieux. Dans le même article, l'Association des psychiatres américains propose qu'on donne du Prozac à partir de l'âge de huit ans à ces mêmes jeunes pour remplacer le Ritalin. Ainsi donc, nous tranquillisons d'un côté, et nous euphorisons de l'autre. C'est comme si nous refusions d'entendre le signal collectif que nous envoient ces enfants. Nous faisons taire le symptôme au lieu de l'écouter parce qu'il nous terrorise. Mais disparaissent du même coup les chances de guérison.

Voilà donc véritablement ce qu'il faut craindre pour l'avenir : que les êtres choisissent de réduire eux-mêmes leur élan vital à l'aide de médicaments parce que la peur aura triomphé en eux. Nous revêtirions alors de véritables camisoles de force chimiques pour étouffer cet élan vital qui nous dérange. À quand des vaccins annuels qui nous prémuniront contre l'angoisse ?

Nos ardeurs ainsi calmées, nous serons, ainsi « a-morti », véritablement livré en pâture à ceux qui veulent exercer un pouvoir. Ce n'est pas l'arme nucléaire que nous devons redouter, c'est l'arme chimique que nous réclamerons nous-même au pharmacien. Affaibli, nous ne pourrons cependant pas oublier que nous aurons été l'artisan de notre malheur en refusant de rencontrer nos ombres intérieures ; avec Seth, c'est toujours la même règle : on tranche ou on est tranché ! Et si on est tranché, il n'y a personne à qui se plaindre autre que soi.

La somme de nos peurs individuelles devenue terreur collective aura engendré notre esclavage et notre malheur.

Pourtant, comme le dit bien la légende d'Osiris: «L'Ombre ne peut pas triompher de la lumière», et toujours la douleur, le démembrement, la souffrance sauront nous indiquer le chemin du retour à nous-même.

En passant, avez-vous noté que les deux protagonistes du duel, Seth et Horus, n'arrivent pas à mettre fin eux-mêmes au conflit? On doit finalement s'en remettre au tribunal des dieux. Étonnant, n'est-ce pas? Trois mille ans avant l'Organisation des Nations unies…

La flamme intérieure

Je suis l'œil d'Horus, rayonnant dans la nuit,
qui crée une flamme au moyen de sa lumière propre.
Textes des sarcophages (chap. 1053)

La dernière valse

18 février 2003. Je suis dans le petit village espagnol de Hoyos, dans la province de l'Estrémadure, en bordure du Portugal. Avec des amis, je participe à une manifestation pour la paix. Deux jeunes filles et une mère de famille ont parlé, puis un vieux monsieur a lu un texte contre la guerre avec beaucoup d'émotion, sans l'ombre d'une prétention. Ensuite, des enfants ont lâché deux colombes enfermées dans une vieille boîte de carton. Elles se sont envolées au-dessus de la place dans un ciel bleu azur sur la chanson *Imagine* de John Lennon. J'ai les larmes aux yeux. Je viens d'assister à une manifestation plus poétique que politique, et tant de simplicité me va droit au cœur.

Comment mieux introduire le vol d'Horus, le vol du faucon couronné ? Comment mieux reproduire le vol léger de celui qui sait n'être ni victime des autres ni bourreau de lui-même, mais bien créateur de sa propre vie ? Car la sagesse nous invite à constater que nous n'avons jamais été rien d'autre que ce mouvement créateur et amoureux, et qu'il en a toujours été ainsi. Même nos impulsions les plus obscures peuvent être envisagées comme des œuvres lumineuses puisque, par la souffrance qu'elles occasionnent, elles nous conduisent à la paix intérieure.

Voici, en somme, ce que je suis venu vous dire à travers ce livre. Voici ce que j'ai pu entrevoir moi-même dans ce bouquet de réflexions et d'inspirations que j'ai partagé avec vous. Maintenant, pour vous comme pour moi, il reste à pratiquer les pas de cette chorégraphie. J'avoue que je suis loin de maîtriser tout ce dont je vous parle. Je constate chaque jour combien ma vie est véritablement soumise aux peurs et aux besoins. Pourtant, chaque fois que je fais cette constatation, un voile se lève, puisque la part de moi qui peut la faire est libre des conditionnements et des façons programmées de se comporter. Dix fois par jour, les mêmes questions se posent : est-ce que je souhaite vraiment ce changement de regard avec tout ce qu'il implique ? Est-ce que je souhaite vraiment cette transformation ? Je me rends compte, finalement, que tout est fonction de la permission que l'on se donne. Tout est fonction de l'autorisation intérieure.

Ah ! Ils annoncent la dernière danse. Le bal s'achève déjà. Pour les derniers pas de la soirée, j'ai une proposition à vous faire : permettons-nous de danser plus librement, pour le simple plaisir. Faisons confiance à notre élan, et, comme Horus voguant dans l'univers, élançons-nous sur la piste.

Voyez-vous, s'en tenir à des figures consacrées, séparer la psychologie de la spiritualité, la logique de l'intuition, à la fin, ça fatigue. Alors, pour ce dernier tour de piste, dansons avec notre cœur tout simplement. Après tout, n'est-ce pas ce que nous sommes venu apprendre dans ce livre ?

Ils ont pensé à tamiser les lumières. L'heure est délicieuse ! Je vais vous faire une confidence : j'ai un amour sans réserve pour les personnages de cette légende. Leur lumière m'a enivré ; j'en ai la tête qui tourne. Ils me font vivre intérieurement et j'espère vous avoir transmis un peu de ma griserie.

J'ai vécu le moment culminant de mon aventure avec eux en avril dernier, à la pyramide de Khéops. Après une courte nuit, je m'étais levé de bon matin, avec une partie du groupe que j'animais. Nous voulions être les premiers à acheter les billets qui nous permettraient de pénétrer au centre du monument car les autorités limitent le nombre de visiteurs à cent par jour.

Nous avons donc eu accès au cœur de la pyramide, le lieu du sarcophage, aujourd'hui vidé de son contenu. Il s'agit d'une pièce rectangulaire de bonne dimension. Des plaques de granit pur forment les murs du tombeau, si bien que tout y résonne sourdement. J'avais l'impression d'être à l'intérieur d'un poumon de pierre, tant les vibrations sonores étaient palpables.

Nous avons fermé les yeux pour une courte méditation. J'ai senti tout de suite que je faisais corps avec le roc. Je fusionnais avec la pyramide. Je sentais ma large base et ma pointe orientée vers le ciel. Je ressentais en moi une puissance tranquille, une tranquillité simple, forte, intense. Je n'avais jamais éprouvé une sensation aussi dense auparavant. J'ai vu une membrane molle et vaporeuse flotter sur le flanc de la pyramide, à l'extérieur. J'ai pensé par la suite qu'il s'agissait de mon Moi habituel, de ma personnalité. Il me semblait que celle-ci n'avait aucune consistance.

Revenu de cette expérience de paix profonde, j'ai songé aux pharaons qui faisaient édifier ces gigantesques tombeaux alors qu'ils vivaient eux-mêmes dans des demeures souvent modestes dont il n'est rien resté. Je me suis dit qu'ils avaient saisi que la partie personnelle de l'être n'a somme toute pas beaucoup d'importance, alors que la partie universelle, celle qui est cachée dans le noir, occupe en réalité la place centrale, primordiale. Les pyramides permettaient aux pharaons d'entreprendre leur voyage dans l'éternité. Aujourd'hui, elles servent à révéler la présence de cette partie universelle qui est en nous. Leurs monuments sont là pour nous rappeler qu'il y a une autre partie en soi et qu'il ne faut pas attendre la mort pour communier avec elle.

Comme je l'ai souligné tout au long de ce volume, nous croyons que notre individualité se limite à notre personnage, mais tel n'est pas le cas. Elle a la possibilité de se mettre en relation avec l'universalité, elle a la possibilité de s'ouvrir. Pour cela, le Moi, qui est le véhicule d'orientation et d'affirmation de l'individu, doit se tourner vers des réalités intérieures afin de vibrer sous l'effet des élans fondamentaux.

C'est déjà parfait

Lorsque j'expérimente de tels états, j'en reviens toujours avec la même conviction : c'est déjà parfait, tout est déjà parfait. Il me semble en fait que nous employons le plus clair de nos énergies à résister au mouvement essentiel qui nous anime, tout en prétendant chercher à y répondre.

Je dis bien « tout en prétendant », car tout est affaire de prétention. La prétention scelle notre prison. Notre prétention à être quelqu'un qui compte, qui a du poids, qui peut faire sa marque, qui veut devenir, exister, se prolonger, au-delà de la mort même, cette prétention nous enferme. Une prétention lourde, sans bonheur. Pas d'amour, pas de joie, pas de légèreté, pas de liberté, pas de paix — mais une lourdeur administrative, une gestion de soi qui finissent par être maladives.

Il y a la prétention, et derrière elle, rien de tangible, un personnage qui a peur, tout simplement. Un personnage qui craint de ne plus exister s'il s'ouvre, s'il partage, s'il s'abandonne, s'il se transforme.

Les arbres ne peuvent résister à leur destin, qui est de grandir et de chercher le soleil avec leurs branches. Ils sont d'excellents maîtres. Quant à nous, nous arrivons si bien à ralentir notre mouvement, à ne pas grandir, à rester petit, bien en deçà de nous-même ! Quel spectacle pathétique nous offrons ! Ce pauvre petit être qui, se sentant isolé, joue à perpétuité le drame de l'abandon à travers ses guerres de pouvoir et de territoire. Alors que le mouvement universel et amoureux l'accompagne sans relâche, alors que tout ce qui lui arrive est un autoportrait de ses obstacles intérieurs. Alors que tout l'invite à comprendre la lancée de sa vie et à se retrouver.

« Tout est parfait » ne signifie pas que rien ne doit changer. Cela signifie que la mécanique du mouvement universel est parfaite. Cela signifie que tout change de toute façon — si nous voulons cesser d'être les esclaves du changement, nous pouvons épouser la pulsion créatrice, pour notre plus grand bonheur. Il n'y a qu'à permettre ce mouvement de libération auquel aspirent jusqu'à nos cellules. Celles-ci ne cherchent qu'à se réunir au souffle fondamental. Elles ne savent, de toute façon, que s'accorder à la note de base et nous signifier nos disharmonies en se désordonnant.

Il n'y a pas de dieu à inventer, pour tout ça, et pas de clergé intermédiaire à investir d'une prétendue autorité. Il n'y a pas d'autel à élever ni au spiritualisme ni au matérialisme, pas de vérité pour laquelle il faudrait sacrifier son existence. Autrement dit, cette aventure est profane, elle est laïque, elle est le miracle ordinaire, le sacré de tous les jours. C'est la simple évidence. Il n'y a strictement rien à faire dans le sens que l'on donne habituellement aux mots « projet, stratégie, construction, démarche ». Il n'y a qu'à suivre l'impulsion qui défait inlassablement notre prétention à être autre chose que ce que nous sommes, à savoir des protagonistes du mouvement universel, des représentants de la lumière, des amoureux et des créateurs de vie.

La négation de la beauté

Regardez, j'ai dans la main une améthyste. Je suis émerveillé par sa beauté. La surface extérieure presque lisse, d'un gris pâle, puis la première couche intérieure, blanche, tirant vite sur un mauve qui passe au rubis puis au violet intense sur la dernière paroi interne. Je suis consterné par l'apparence de cette paroi interne et normalement cachée pratiquement taillée au couteau telle celle d'un diamant. Tant de beauté révélée au jour par la cassure de la pierre, par son démembrement ! N'êtes-vous pas frappé, vous aussi, par tant de majesté ? Regardez-la bien, elle est là, devant vos yeux, pouvez-vous croire à cette magnificence ?

Pensez à la magie qu'incarne un enfant. Comment croire qu'un être entier s'organise à partir d'une seule cellule ? Pensez-y, une seule cellule microscopique qui porte en elle le plan entier d'une explosion de vie. Pensez à la tendresse d'un bourgeon. Pouvez-vous concevoir une telle splendeur ?

Moi, difficilement, et il me semble que le problème vient de là. Quelque chose en nous n'arrive pas à croire à la beauté de ce que nous voyons. Quelque chose en nous n'arrive pas à acquiescer à la beauté de ce que nous sommes. Quelque chose en nous a besoin de nier la lumière, de la voiler, de la détruire. Comme si elle nous aveuglait, comme si elle nous insultait. Comme si c'était trop.

Douter, nier, ne pas croire à la merveille, voilà de quelles couleurs nous peignons les murs de notre prison. Une négation constante de l'évidence nous offre la maigre récompense de pouvoir croire à nos personnages limités. Comme si nous ne pouvions pas exister à titre de merveille, à titre de beauté, à titre de puissance créatrice. Car, au bout du compte, ne s'agit-il pas de la négation de notre puissance créatrice ?

Les paroles de Marianne Williamson que le président Nelson Mandela a lues le jour de son intronisation nous disent la même chose :

« Notre peur la plus profonde n'est pas d'être incapables. Notre peur la plus profonde est d'être puissants au-delà de toute mesure. C'est notre lumière, pas notre ombre, qui nous effraie le plus. Nous nous demandons : ''Qui suis-je pour être brillant, magnifique, talentueux et fabuleux ?'' En fait, qui êtes-vous pour ne pas l'être ? Vous êtes un enfant de Dieu. Jouer petit ne rend pas service au monde. Il n'y a rien de sage à vous rétrécir pour que les autres ne se sentent pas en danger à cause de vous. Nous sommes nés pour rendre manifeste la gloire de Dieu qui est au-dedans de nous. Elle n'est pas seulement dans certains d'entre nous, elle est dans chacun et, en laissant notre lumière briller, nous donnons aux autres la permission d'en faire autant. Lorsque nous sommes libérés de notre peur, notre présence libère automatiquement les autres. »

À mon sens, voilà le terrible secret que chacun porte en lui-même : « C'est notre lumière, pas notre ombre, qui nous effraie le plus. » Notre lumière, c'est-à-dire notre créativité, notre imagination, notre enthousiasme, notre élan de vie. Je vais vous dire quelque chose qui va vous étonner dans la bouche d'un psychanalyste : je pense que nous ne pouvons pas faire grand-chose pour aider les autres. Nous pouvons tout au plus tenter d'éveiller leur lumière. Et le meilleur moyen d'éveiller cette lumière consiste à vivre notre propre lumière. Les autres solutions proposées aboutissent en quelque sorte à nier la lumière de l'autre.

Nous les thérapeutes, la nécessité nous oblige parfois à prendre quelqu'un en charge. Considérant ce que nous venons de dire, il ne peut s'agir que d'une mesure temporaire. C'est pourquoi le plus grand cadeau, selon moi, qu'un être puisse faire aux autres est de reconnaître leur lumière en les encourageant à puiser eux aussi à la source universelle. Puisque chacun de nous porte la même lumière, il va de soi que nous ne pouvons qu'encourager nos semblables à sortir de leurs scénarios contraignants pour goûter leur véritable liberté. De même, le plus grand cadeau qu'un être puisse se faire à lui-même est de se donner un droit à la lumière et de s'en délecter.

Devant la mort

Il n'y a pas de transaction possible avec la personnalité, pourrions-nous dire. Aussitôt que nous sommes pris dans des peurs, des désirs ou des besoins, nous ne sommes plus libre. Cela semble une tâche impossible que de nous dégager de l'attraction de notre personnage, mais en réalité l'inverse pourrait tout aussi bien être dit : la tâche est très facile. Le dragon est entouré par l'immensité de l'espace, comme nous le sommes. C'est la lumière qui produit de l'ombre et non le contraire.

En définitive, il s'agit surtout d'une présence à soi. À savoir une écoute de ce qui est ressenti, la dégustation de l'instant, sans demande, sans exigence. Toutes les fois que nous sommes tendus dans la recherche d'un effet quelconque, nous nous éloignons de notre bonheur. D'un bonheur qui dure.

Au fond, ce qu'il y a de rassurant c'est qu'il ne s'agit ni d'être en bonne santé, ni d'être parfait, ni d'être en équilibre. Quelle que soit notre situation, malade, en bonne santé, ou prisonnier d'une habitude, il est toujours possible de nous en dégager pour quelques secondes afin de goûter à ce qui existe déjà : le fond lumineux de notre être.

Devant la mort, nous avons peur de nous dissoudre et de nous perdre dans l'immensité. J'ai acquis la conviction que ce qui se dissout et se perd est la personnalité. Ce n'est pas l'individualité qui sombre. Au contraire, je pense que l'individualité harmonisée au mouvement universel demeure notre véhicule central.

Quand j'ai été près de mourir, j'ai vécu ces états où nous sommes en union totale avec ce qui nous entoure, comme confondu au monde extérieur. Je n'avais pas l'impression que je m'étais perdu ou dissous, bien au contraire, j'avais l'impression de m'être enfin trouvé. Je goûtais une familiarité avec toute chose, une familiarité comme je n'en avais jamais connue. Rien ne pouvait plus m'arriver, tout m'était arrivé d'une certaine façon. Je n'avais plus peur de mourir : dans mon esprit, j'étais déjà mort, je marchais déjà dans l'éternité. Je vivais dans une jouissance profonde. Jamais je n'avais savouré avec autant de plaisir ce que je voyais, ce que je touchais. Pendant ma convalescence, prendre une douche devenait une source d'extase. Manger me plongeait dans une jubilation voisine de celle de l'enfant. J'étais tellement confondu au Tout qu'à certains moments j'avais l'impression que c'était le Tout qui nourrissait le Tout, ce qui provoquait en moi des fous rires sans fin.

Ce que je voudrais vous souffler à l'oreille, ce soir, pendant la dernière danse, se résume ainsi : « Il n'y a pas de souci à se faire. Nous pouvons nous détendre car nous sommes déjà dans l'éternité. Notre vie n'a pas de frontière. Notre univers est infini. Nous faisons semblant de croire le contraire pour rassurer notre personnage parce qu'il a peur de ne pas vraiment exister. Et, à vrai dire, il a bien raison de s'en faire car il n'existe pas vraiment. Il est une illusion nécessaire. Mais, un jour ou l'autre, nous déposons notre bouclier parce que nous n'avons plus peur. Alors, nous expérimenterons la liberté. »

Mais je parle, je parle. Nous dansons, nous tourbillonnons. Que dites-vous ? Vous aimeriez connaître la fin de notre légende ? Ah ! C'est vrai ça. J'en ai presque oublié notre légende. Revenons donc à Horus.

Les yeux du faucon

La plupart d'entre nous changeons constamment de regard. Nous voyons tantôt à travers les yeux avides du personnage, cherchant notre intérêt en tout, tantôt à travers les yeux du Soi, considérant alors le bonheur collectif. Les Égyptiens avaient fort bien saisi cela. Ils savaient qu'un des grands problèmes des êtres humains résulte de leur aveuglement. Ils ne voient pas la lumière en eux. Aussi, comme je l'ai mentionné plus tôt, le véritable enjeu du combat entre l'ombre et la lumière était-il pour eux de « reconstituer l'œil ». Comme si l'œil était éparpillé dans l'univers et qu'il fallait le ramasser et le réparer pour obtenir l'intelligence du regard. Toute la fin de la légende s'attache donc au développement d'une vision juste chez Horus. Le poème suivant va nous introduire à ce thème. Il est tiré du *Livre du sortir au jour*.

Quand je marche sur les eaux célestes,
Je vénère l'éclat du soleil comme lumière de mon œil.
J'assemble mes noms.
Hier m'appartient, je connais demain.

Je suis le phénix, il n'y a pas d'impureté en moi.
Je connais le chemin,
Je me dirige vers l'île des justes,
Je parviens à la contrée de lumière,
Je reconstitue l'œil,
Je vois la lumière,
Je suis l'un de ces êtres de lumière qui habitent la contrée de lumière[48].

Les yeux de l'amour

Horus va devenir un de ces êtres de lumière, mais pour cela, son regard sur la réalité doit changer. Voyons les étapes de ce parcours. Nous avons parlé plus haut de l'épisode du marais, où, transformé en hippopotame, il finit par trancher la tête de sa mère pour la punir de la pitié qu'elle a éprouvée pour Seth son adversaire. À ce point de l'histoire, le tribunal des dieux condamne le fils d'Osiris à perdre son trône. Horus fuit et se cache dans le désert. C'était oublier que Seth règne en maître sur les étendues ensablées. Celui-ci le rattrape donc sans peine. Il lui arrache les yeux et l'abandonne à une mort certaine.

La légende dit alors que deux fleurs de lotus, symboles par excellence de sagesse et de résurrection, poussent là où ont été jetés les yeux. Encore une fois, la brutalité de Seth a servi le processus de transformation. Encore une fois, Seth prépare, affine, et mène aux portes de la lumière. En aveuglant Horus, il lui permet de voir. Il lui permet d'entrer à l'intérieur de lui-même.

Après l'épisode de l'empoisonnement et celui de la bataille sous la forme des hippopotames, cet événement représente une troisième crise initiatique, destinée à mettre Horus en contact avec son individualité réelle. Car, pour continuer d'évoluer, il doit maintenant quitter la position du guerrier vengeur. Sinon, il continuera à faire le jeu de Seth et il se transformera lui-même en bourreau aveugle,

---

48. Jacq, Christian, *La Sagesse vivante…*, *op. cit.*, p. 44.

cet «aveugle enfermé en nous» dont nous parlait l'auteur Pär Lagerkvist.

Retrouvons donc une dernière fois le texte de la légende sous la plume de Norman Mailer :

Isis-Hathor finit par retrouver Horus qui gisait aveugle sur le versant d'une montagne. Elle alla quérir du lait de gazelle puis lui en frotta les orbites jusqu'à ce qu'il eût retrouvé la vue. Il vit sa propre main et s'écria à haute voix : «Ma mère m'a pardonné !» L'instant suivant, il aperçut les yeux tristes et lumineux de Isis-Hathor et vit sa grosse langue aux senteurs de terre et d'herbe qui lui léchait le front. Alors, il ne put que marmonner : «Comment pourrais-je me pardonner moi-même ?»

Isis-Hathor posa un doigt sur son front pour lui transmettre la réponse : il fallait qu'il offre à son père ce qui avait le plus de prix pour lui, quoi que ce fût. Et alors qu'il s'interrogeait, se demandant à quoi il pourrait bien renoncer, il regarda le désert qui était d'une beauté peu commune. Les roches avaient pris la couleur de la rose et le sable était comme une poudre d'or. Partout où la lumière frappait la pierre, il voyait étinceler des gemmes. Devant une telle générosité, Horus n'hésita plus : «Ô mon père ! dit-il, moi, Horus, ton fils, je me suis vu rendre mes yeux pour pouvoir te les offrir.»

Comme il disait cela, la vue d'Horus sombra de nouveau dans les ténèbres et cette perte résonna comme une avalanche de rochers dans une gorge de montagne. Quand il rouvrit les yeux, la vue lui avait été rendue mais sa vision était devenue fort différente. À son œil gauche, les couleurs étaient encore resplendissantes, comme illuminées par un puissant soleil. Mais son œil droit voyait la profondeur grise de chaque pierre comme éclairée d'une pleine lune blanche et froide. Quand les deux yeux regardaient ensemble, le monde n'apparaissait ni beau ni hideux, mais bien équilibré[49].

---

49. Cette partie est adaptée de Norman Mailer, *Nuit des temps*, *op. cit.*, p. 89-90.

Lorsque Seth arrache à Horus sa première paire d'yeux, il lui enlève sa vue ordinaire. Les yeux, en effet, symbolisent notre manière de regarder le monde, nos conceptions, nos points de vue, ce que nous admettons et rejetons avec notre esprit. Cette vision première doit être remise en question car elle est conditionnée par l'héritage du passé et les conventions sociales.

Avec sa deuxième paire d'yeux, celle que lui donne Isis, Horus change de point de vue, il change de conception. Il épouse alors le regard de la déesse de la Création, le regard de la compassion, le regard de l'amour qui voit la beauté scintillante de tout ce qui existe : « Les roches avaient pris la couleur de la rose et le sable était comme une poudre d'or. Partout où la lumière frappait la pierre, il voyait étinceler des gemmes. » Avec les yeux d'Isis, Horus acquiert une vision lumineuse. Le rayon d'or a pris possession de son regard. Il voit le monde avec les yeux du cœur.

Ce n'est plus la vision d'Horus l'Ancien, d'Horus le Frère ou d'Horus le Vengeur de son Père. Seth lui a arraché une vision faite d'images du passé, transmise par ceux qui ont précédé. Il est véritablement fils d'Isis, mais d'Isis la déesse. Il est devenu fils de la compassion généreuse qui voit l'amour dans tous les êtres.

Se donner le Tout

Le cœur ainsi éveillé, Horus éprouve alors de la culpabilité. Il se rend compte qu'il a ignoré cette vision, qu'elle était en lui comme un diamant mais qu'il avait négligé de l'utiliser. Il murmure alors : « Ma mère m'a pardonné mais saurai-je me pardonner moi-même ? » Saurai-je me pardonner d'avoir décapité l'amour ? pourrait-on ajouter.

Pour moi, la question d'Horus se réfère à l'amour de soi. En effet, comment se pardonner à soi-même cette défiance qui raccroche l'être aux mêmes stratégies de mise en échec de sa créativité ? Comment se pardonner à soi-même le manque de foi en l'élan vital qui supporte tout un chacun ? Comment se pardonner le manque de foi en ses propres ressources, et en ses capacités à entrer en contact avec elles ?

Pedro Segura, un psychanalyste jungien passionné d'étymologie, m'a permis de pénétrer ce thème du pardon de façon originale. La racine « par » de par-donner vient du latin *per* qui veut dire « tout, totalité, globalité » comme dans le mot « par-fait » qui signifie « faire total, faire complet ». Ainsi « se par-donner » veut dire « se donner le tout, la totalité, la globalité ». Il s'agit donc d'un geste de reconnaissance envers soi-même, par lequel nous nous faisons complet, nous nous accordons le Tout et nous nous accordons au Tout.

Renoncer à ses attachements

Mais comment se donne-t-on le Tout lorsque l'on se sent coupable de ses propres attitudes ? Isis répond à cette interrogation muette en posant un doigt sur le front d'Horus. Elle éveille ainsi chez lui le pivot de la connaissance universelle, le troisième œil. Chez les Égyptiens comme chez les Indiens, le milieu du front représente le centre de l'omniscience. Et, chez ces deux peuples, la connaissance de notre lien avec le Tout est la seule chose qui délivre et guérit véritablement.

Pour acquérir la connaissance qui guérit, Horus doit offrir ce qu'il a de plus précieux à son père. Or, à ce point de l'histoire, Osiris est devenu maître de l'au-delà. Il s'est reconnu dans l'esprit. Le geste d'Isis peut donc s'interpréter comme signifiant : offre à l'univers ce que tu as de plus précieux, permets que la racine de ton individualité soit éclairée par la connaissance universelle, permets un réalignement de ton être avec un tel enseignement.

En psychologie, ce don sera celui de notre attachement le plus important. À savoir du plaisir, du talent, de la qualité ou de l'organe auquel nous tenons le plus. Parce que cet attachement est forcément le centre de notre personnalité, la clé de notre prison, pour ainsi dire. Je souligne fortement qu'il ne s'agit pas de sacrifier une aptitude ou un talent en l'anéantissant, mais en l'utilisant à autre chose qu'à mettre de l'avant notre personnage.

Nous pouvons donc nous pardonner nos trahisons de nous-même et nous «rendre complet» en abandonnant le symbole dominant de notre égocentrisme fondamental pour le mettre au service de l'amour et de la connaissance.

Autrement dit, par son geste Horus abandonne le souci qu'il avait de lui-même. Il revendique par cette castration symbolique sa véritable liberté et sa véritable autonomie, car il sait maintenant qu'être aveugle ne peut lui enlever la vision de la beauté intérieure de l'être et de l'univers. Par ce consentement, par cette autorisation qu'il se donne à lui-même de se détacher, il déploie véritablement ses ailes de faucon. Il va pouvoir prendre son envol. Son offrande le libère, l'allège.

Il y aurait beaucoup à dire et à méditer sur le thème du renoncement qui affranchit l'être de ses esclavages. Il s'agit d'une loi fondamentale, à expérimenter. Pour le moment, je me limite à attirer votre attention sur la nature volontaire de ce renoncement. C'est en toute liberté qu'Horus s'aventure dans cette dernière transformation. En vérité, on ne peut pas s'y aventurer autrement. L'être libre peut souffler sur les derniers voiles qui le séparent de la lumière, mais pas celui que les peurs et les besoins tyrannisent encore. Ce dernier pas ne se fait pas sous les coups de Seth. Il s'accomplit délibérément.

En accomplissant ce geste, Horus reconnaît qu'il n'a jamais été ni victime ni bourreau de personne, sauf de lui-même. Il reconnaît être libéré de ses besoins et de ses peurs et il revendique sa liberté. Il redécouvre sa puissance créatrice. En offrant ce qu'il a de plus précieux dans le but d'élargir sa vision, il démontre qu'il a atteint la maîtrise de lui-même et se possède.

L'œil unique

La troisième paire d'yeux donnée à Horus par Osiris en récompense de son offrande permettra au faucon de voir à la fois le jour et la nuit. Avec un œil, il verra l'ombre ; avec l'autre, il verra la lumière. Et ainsi, nous dit la fable, sa vision sera parfaitement équilibrée. Par son sacrifice, Horus a reconstitué l'œil. Il a obtenu la vue globale, l'œil unique. Il voit maintenant avec les yeux de l'universalité. Sa conception des choses est à présent cosmique.

Reconstituer l'œil signifie que l'être reconnaît à chaque instant qu'il est fils de la lumière et maître de sa destinée. Cette connaissance ne le quitte plus. Quelles que soient les circonstances de sa vie, il ne peut plus se voir victime de quiconque.

La réalisation d'Horus n'est pas une échappée naïve ou idéaliste qui nierait l'existence de l'Ombre. Elle représente plutôt un affranchissement du contrôle exercé sur lui par les forces de l'obscurité, ce qui ne veut pas dire que ces forces n'existent plus.

Le développement de cette vision qui transcende le jour et la nuit, l'intérieur et l'extérieur, l'ici-bas et l'au-delà, qui les transcende pour les unir, va devenir l'emblème d'Horus. Horus est l'union entre le ciel et la terre ; il n'est ni le ciel ni la terre, ni l'ombre ni la lumière, ni l'esprit ni la matière. Il est union des deux polarités.

Voici donc la vision de l'éveil que les sages de l'Antiquité égyptienne voulaient nous proposer en prolongeant ainsi la fable. L'entrée dans le domaine de l'esprit, l'entrée dans le ciel réalisée par Osiris n'est qu'un passage. Horus complète le mouvement de son père : il devient l'éveillé, qui vit sur deux plans à la fois. Il devient le Seigneur du Double Pays. Il n'y a plus de séparation entre les mondes, plus de haut et plus de bas. Horus a atteint la vision de l'équanimité. L'incarnation n'est plus pour lui un obstacle à la réalisation totale.

En termes psychologiques, puisque nous parlons psychologie, cet éveil signifie la conquête d'une véritable autonomie intérieure. Cette autonomie n'est pas synonyme d'indépendance. Elle marque plutôt un dégagement par rapport à la tyrannie habituelle des conditionnements inconscients. Elle est naissance d'une joie sans rapport avec ce qui arrive ou qui n'arrive pas, ce que l'on accomplit ou pas, ce qui est parfait ou non en nous.

Fort de cette connaissance, Horus rappelle à chaque être qu'il est créateur de son propre destin — un destin qui reflète ses mouvements intérieurs. La prise de conscience pleine et entière de cette réalité va permettre à l'être de devenir un artiste de la vie. Il comprend maintenant qu'il peut choisir en tout temps la qualité de son état intérieur, et que nulle force n'a le pouvoir de le priver de cette liberté. Voilà le savoir caché qui dort en chacun de nous. Voilà le maître qui sommeille. Voilà le trône royal.

Horus connaît le secret maintenant. Il porte en lui la connaissance et, grâce à cette connaissance qui délivre, il peut s'oublier. Il peut s'oublier au sens où Albert Low dit : « Se connaître, c'est s'oublier. » Il peut oublier les soucis d'image et de pouvoir, ce qui ne veut pas dire qu'il n'aura plus d'image ni de pouvoir. Il peut oublier la tyrannie des joies et des peines, ce qui ne veut pas dire qu'il n'aura plus de joies et de peines. Il peut échapper à l'esclavage de ses besoins, ce qui ne veut pas dire qu'il n'aura plus de besoins. Il peut oublier l'identification à tout cela. Il peut oublier le personnage. Il peut se détacher.

Devenir créateur de son destin ne veut pas dire que la vie devient rose bonbon pour autant et que la souffrance disparaît. Des incompréhensions multiples, des tremblements de terre, des guerres, continuent d'alimenter les relations interpersonnelles. Devenir créateur de son destin ne signifie pas non plus qu'un être possède soudain le contrôle des événements extérieurs. Cela veut plutôt dire qu'il prend conscience de sa liberté intérieure : il n'a pas le pouvoir sur les circonstances, mais il est libre de ses réactions. Il est l'artisan de son état intérieur.

L'individu entre ainsi dans la dimension du choix véritable, de l'action véritable. Il pourra même choisir une situation personnelle provocante et inconfortable parce qu'elle le fait avancer.

Sa liberté pourra même faire en sorte qu'il se retrouve rejeté, mis à l'écart, ou emprisonné en raison de ce qu'il dit. Car la peur ne contraint plus cet être — mais elle attache encore ceux qui l'entourent et qui pourront de ce fait avoir peur de sa liberté, ou l'envier.

Lorsque la vague sait qu'elle est le lac

Pour l'être qui a parcouru le chemin qui va de soi à soi-même, les peines subies dans le passé apparaissent maintenant comme symboliques, des étapes nécessaires. Il n'a pas à en éprouver de culpabilité. L'être n'a pas la responsabilité des malaises qui le bouleversent, ils sont des tremplins naturels. Il a la responsabilité du dialogue avec ses épreuves. Il a la responsabilité de consentir au Tout.

Il n'a pas non plus à en ressentir une quelconque lourdeur. Nos échanges avec les autres, les reconnaissances et les conflits qui en naissent, l'auto-observation, l'expression créatrice, les moments d'expansion, les périodes de noirceur, tout cela conduit à l'allègement intérieur. Autrement dit, un dégagement réel s'accompagne d'un sentiment de légèreté. Si la légèreté n'est pas au rendez-vous, c'est qu'il y a encore des choses à comprendre, à reconnaître, à intégrer. La peur se tapit encore au cœur de l'être et elle le met en conflit avec lui-même, conflit qui, à n'en pas douter, s'exprimera sous forme de difficultés relationnelles ou de maladies, signes de disharmonie entre ses besoins et ses élans, entre sa personnalité et son individualité, entre l'amour et la connaissance.

Il s'agit là de la constatation d'un mécanisme, pas d'un jugement. Éric Baret, un spécialiste du tantrisme cachemirien, donne une précision. Tant qu'un être, dit-il, souffre de façon psychologique, c'est que sa prétention à exister indépendamment du reste de l'univers l'empêche de savourer la joie de n'être rien. Cela ne veut pas dire qu'une fois délivré il ne souffrira plus, mais qu'il souffrira de façon fonctionnelle. Son corps souffrira si des fonctions vitales sont atteintes, mais il ne sera plus attaché psychologiquement à ses souffrances. Il n'ajoutera pas le poids de sa propre importance à ses tourments.

J'ai eu la chance d'accompagner mon père dans les jours qui ont précédé sa mort. Après deux opérations majeures subies en quelques mois, il était étendu dans son lit au service des soins intensifs. Cependant, il jouissait d'une parfaite lucidité. Amaigri, affaibli, son regard était pourtant transfiguré. Il était plein d'amour et de joie malgré la souffrance. Rien ne pouvait altérer le bonheur auquel il accédait. Un terrible hoquet l'a affecté cinq jours et cinq nuits durant sans l'empêcher de s'informer de mes activités, de mes amours et de mes prochains voyages.

Mon père touchait alors à son essence universelle. Il était monté dans la barque solaire et il voguait toutes voiles déployées vers les rivages de l'éternité. J'ai eu la chance de connaître un homme qui n'éprouvait aucun frisson d'angoisse devant la mort. Il s'était affranchi de ses peurs. C'était le plus beau cadeau qu'il puisse me faire. Ces moments émouvants m'ont inspiré ces quelques lignes qui lui ont servi d'épitaphe :

Lorsque la vague sait qu'elle est le lac,
elle est tranquille et joyeuse,
et même ce qui la brise et la défait
ne peut la déranger.

C'est notre regard qui nous fait souffrir

Lorsque j'ai redécouvert la légende d'Isis et Osiris, bien des années après la fin de mes études à l'Institut Jung de Zurich, où je l'avais lue pour la première fois, j'ai trouvé fantastique que trois mille ans de suspense et d'histoire se résument en une histoire d'yeux que l'on arrache et que l'on retrouve à plusieurs reprises. À mesure que j'ai pénétré le sens de la légende, ma surprise est allée grandissant.

J'y lisais, en termes de psychologie, qu'en définitive il n'y a que notre regard, que notre conception des choses, qui est livré à la force de la transformation. Notre vision de la réalité fait en sorte que nous souffrons ou que nous sommes heureux. Cela n'a rien à voir avec la réalité elle-même qui, au fond, ne change pas. Notre lumière fondamentale existe, que nous la voyions ou non. Un processus de changement peut entraîner toutes sortes de souffrances, à l'image de la vie elle-même, mais là encore tout dépend du regard que nous posons sur ces souffrances.

C'est l'orgueil qui se tortille et qui souffre. C'est la peur qui ne veut pas perdre son emprise. Ce sont les besoins qui craignent qu'on les dissolve. Ce sont les blessures du passé qui réclament que l'on croie en elles. À la limite, même, nous pourrions dire qu'il n'y a pas de démarche. Au bout du compte il ne s'agit que d'un changement de perspective.

En effet, sous un certain angle, même l'histoire de notre transformation est une histoire inventée de toutes pièces. Elle nourrit encore la réalité du personnage, qui a besoin de s'identifier à une telle histoire pour exister. Oui, véritablement, se connaître, c'est s'oublier, pour enlever toute importance à ce que l'on a été. L'être se met sous le pouvoir du moment présent. Ses souvenirs ne l'alourdissent plus. Il n'est plus lié. « J'ai bu du thé et j'ai mangé de la tsampa, dit un maître tibétain. Ma propre histoire ne m'intéresse plus. »

Pour moi qui suis un psychanalyste, ces simples paroles me conduisent à méditer longuement sur la nature de mon mode d'intervention. Est-ce que, de fait, il ne sert qu'à renforcer l'importance que ceux et celles qui me consultent accordent à leur roman intime, ou, au contraire, peut-il préparer le chemin d'un dépassement de la personnalité ? Toute la question est là, me semble-t-il. D'ailleurs, cette question reformule à sa façon l'objection traditionnelle des maîtres spirituels aux démarches psychologiques. Ils n'y voient souvent qu'une façon de renforcer le problème au lieu de le résoudre. À mon sens, malgré le danger d'un tel écueil, la place de la psychothérapie dans l'évolution globale d'un être est indiscutable.

Elle constitue l'entrée du chemin qui mène l'individu vers le sens profond de la vie. Elle prépare le terrain. Nous devons visiter les fondements obscurs de nos émotions pour nous transformer véritablement. Nous devons y rencontrer les désirs réprimés et les traumatismes de l'enfance.

À vrai dire, lorsqu'un être entame une démarche, il est véritablement aveugle. Il est de plusieurs façons victime et bourreau de lui-même sans le savoir. Il se croit victime de son histoire familiale et de ses parents, mais, en thérapie, il va pouvoir découvrir le lien que ses conflits extérieurs entretiennent avec des dimensions inconscientes de lui-même. Il pourra ainsi se recentrer et procéder à certaines réparations. Ici s'arrête, en général, l'ambition thérapeutique. Mais la direction fondamentale est donnée.

Par la suite, une démarche d'ordre spirituel pourra prendre la relève, bien qu'à l'occasion les deux démarches soient intégrées chez un même intervenant. Quand ce n'est pas le cas, je tiens à souligner qu'il est préférable qu'une démarche spirituelle sérieuse soit accompagnée ou précédée par une psychothérapie, ou du moins par un travail sur la nature des émotions et des conflits inconscients. Sinon, on médite mais on est assis sur un volcan. De toute façon, on ne pourra pas voler très haut, à moins d'exploser, ce qui n'est guère souhaitable, car les lourdeurs émotives vont garder l'être prisonnier de sa personnalité.

Bien que le contenu de ce livre dépasse déjà largement les cadres habituels de la psychothérapie, je souhaite pour ma part voir le jour où la psychologie aura suffisamment intégré les lois fondamentales de l'être pour s'aventurer sur de tels terrains. J'espère d'ailleurs que mon travail y contribuera.

Mon seul souci est la beauté de mon vol

Un poème de René Lachaud, un spécialiste de l'Égypte, nous permet maintenant de lier le début et la fin de notre fable :

Horus est l'éclat du soleil,
Mais il n'est pas le soleil.
En lui respire Rê, et se cache Atoum, le créateur.
Horus, disque ailé, plane à l'horizon toujours lointain.
Hiérophante, il te conduit vers ton apothéose :

La fusion complète avec la Lumière.
Horus est l'Initiation royale.
Il est l'Or,
Le Kâ du réalisé, le roi réactivé qui sommeillait en toi.
« J'ai rejoint les dieux du firmament,
Je suis au delà des quatre éléments,
Je suis Horus, le degré suprême,
La perfection transcendante,
La lumière de l'Âme.
Mon seul souci est la beauté de mon vol » [50].

Ce poème m'a inspiré parce qu'il vient reprendre et prolonger la démarche d'Osiris. « Mon seul souci est la beauté de mon vol », nous pourrions dire que, d'une certaine façon, ces paroles auraient pu commencer la légende, mais prononcées par un Osiris orgueilleux, imbu de lui-même, prisonnier de son propre narcissisme.

La parole d'Horus lui est diamétralement opposée. Horus parachève l'œuvre entreprise par Osiris, qui est celle de la fusion complète avec la lumière. Il est rappel en nous de cette possibilité, il est l'initiation royale, il est l'or. Il réactive le roi qui sommeillait en nous. Lorsqu'il dit « Mon seul souci est la beauté de mon vol », il ne parle pas d'un point de vue narcissique. Sa parole est celle de l'être délivré de ses conditionnements. Il agit sous l'impulsion créatrice et il vogue dans l'univers avec, pour seul souci, la transparence à la lumière, l'insaisissable élégance de cette même lumière, son impensable fulgurance.

Par la bouche d'Horus, René Lachaud nous dit que le seul but de l'existence est de voguer par pur plaisir d'exister, pour la simple joie d'être. Il n'y a pas de mission, il n'y a pas de devoir, il n'y a que le service de la lumière, sans souci de soi. Horus devient ainsi le faucon couronné.

---

50. Lachaud, René, *L'Invisible Présence…*, *op. cit.*, p. 72.

Vous avez sans doute vu cette illustration fort étrange d'un faucon couronné d'une tiare d'or. Il s'agit bel et bien d'Horus. Cette couronne ne représente pas une souveraineté extérieure. Elle est celle de l'être qui a retrouvé sa royauté intérieure, celle de l'être qui a retrouvé la gloire, la splendeur et la lumière de l'élan universel. Nous pourrions même aller jusqu'à dire : celle de l'être qui a renoué avec sa déité.

Après avoir retrouvé son trône, Horus va unir la Haute et la Basse-Égypte, confirmant son statut de Seigneur du Double Pays. Il réalise ainsi la fameuse formule alchimique d'Hermès Trismégiste qui dit : « Ce qui est en haut est comme ce qui est en bas. » Horus est retrouvailles avec le Tout. Il est le Tout en action à l'intérieur de soi. Il invite l'individu à reconnaître qu'il est l'univers entier.

Maître de soi-même

Horus a dépassé les positions de victime et de bourreau. Il a même transcendé la position de Disciple, parce qu'il a découvert le Maître en lui. Comment définir cet état de Maître ? Disons d'abord qu'il n'y a rien à faire pour devenir Maître puisque le Maître est toujours là. Il s'agit de le dévoiler, soudainement ou lentement.

Le Maître apparaît dans un courant que l'on porte en soi. Lorsque l'on épouse ce courant de sagesse, on devient Maître. Ces retrouvailles peuvent durer une vie mais, en général, elles ne durent que quelques secondes à la fois. On baigne dans un fleuve large, ouvert, tranquille, quelques secondes, quelques minutes, quelques heures, et l'instant d'après, on n'y est plus. Si un être s'associe à ce courant de plus en plus souvent, il se libère de la prison de ses peurs.

Les mêmes remarques peuvent être faites sur la position de Disciple. Parfois, nous parvenons à nous situer dans l'expérimentation tout en parvenant à maintenir un regard bienveillant sur nous-même. Nous arrivons ainsi à tirer un enseignement de ce que nous vivons. Mais nous pouvons difficilement rester dans la position du Disciple de la vie plus que quelques heures à la fois. La plupart du temps, nous vivons dans notre personnage, protégeant et défendant nos plaisirs limités. Nous vivons alors dans l'inconscience de ce que nous sommes véritablement. Il s'agit du courant le plus facile à maintenir, mais c'est aussi le plus douloureux car il suscite de nombreux rappels d'ordre de la part de nos profondeurs négligées.

Le Maître et le Disciple fonctionnent comme un duo. Le Disciple vit et expérimente, le Maître guide et oriente. Ces mouvements sont toujours présents en soi. Ils s'accordent l'un l'autre et tissent ensemble le mouvement amoureux de l'être, l'aidant à connaître des joies durables. C'est un dialogue intérieur. Il se compare à celui du fidèle qui converse avec son dieu en contemplant sa vie. À la différence près que le dieu en question ne se trouve pas projeté à l'extérieur mais qu'il est vécu intérieurement comme la dimension créatrice et lumineuse de l'être.

La sagesse de toutes les traditions nous enseigne qu'il existe en chacun de nous un être qui sait, c'est le Soi, l'être universel, l'Être qui est imprégné de toutes les connaissances de l'univers, de tous les éléments de sagesse, de toute la lumière. Le Disciple de la vie est celui qui a choisi d'entendre la voix de cette sagesse, celui qui a choisi de laisser émerger le Maître en lui.

Tant que l'être «possède» cette connaissance, il est Disciple. Le jour où il l'incarne totalement, il est Maître. Choisir la voie du Disciple signifie choisir d'être conscient, c'est-à-dire présent à toutes les circonstances. D'une part, pour les éclairer et se détacher de l'illusion. De l'autre, pour s'associer au mouvement amoureux fondamental et connaître des formes de plus en plus extatiques.

Cela implique une forme de discipline et d'engagement, mais un engagement envers la lumière que nous portons déjà en nous-même. Cette discipline implique des moments de création, d'expansion, de contemplation et de compréhension psychologique. Elle est un cadeau que l'être se fait à lui-même.

Lorsque l'on part à la rencontre de soi-même, on entre dans un processus de découverte de ce qui est déjà présent. Ce concept est surprenant à certains égards, pourtant la science ne procède pas autrement. Pour l'essentiel, le processus scientifique consiste à observer un phénomène pour en saisir la nature voilée. Il s'agit d'un processus de « découverte » à proprement parler. L'attitude d'observation et d'accueil avec le moins possible de préjugés, d'idées préconçues, permettra à la réalité de se révéler plus entièrement.

Pourtant, en pensant soulever les voiles qui recouvrent un phénomène, ce sont bien souvent les voiles de notre propre esprit que nous levons car ce sont eux qui obscurcissent nos conceptions. D'une certaine façon, nous pourrions aller jusqu'à dire que nous ne voyons que ce que nous admettons. Et non l'inverse.

Il en va exactement de même quant à l'approche de soi. En adoptant une attitude d'observation et d'accueil, dénuée de jugements et de préjugés, en faisant preuve de disponibilité et d'ouverture d'esprit, nous permettons à notre nature de se révéler. Nous la « découvrons » donc. Désormais, nous percevons, à travers les voiles, une réalité différente de celle que nous avions entrevue jusque-là. Et nous pouvons entrer en intimité avec cette nouvelle réalité, de même que nous sommes entré en intimité avec nous-même, porté par un regard renouvelé.

La présence à soi

Je vais tenter de décrire, approximativement il va sans dire — il me semble que les mots manquent toujours pour décrire de tels états —, ce que je ressens lorsque, en de trop rares moments, les voiles se lèvent sur ma réalité intérieure, lorsque je sens que je suis en moi, véritablement en moi-même. J'ai d'abord la sensation d'être présent, totalement présent, à l'intérieur de moi et de vibrer de cette présence. Je redécouvre alors la joie de bouger, de respirer, de faire retentir ma voix. Je les découvre à nouveau comme l'enfant qui s'étonne de la vie qui sourd de lui.

Je perçois alors qu'avant d'être la peau du fruit je suis d'abord et avant tout l'intérieur du fruit. Je remarque avec, chaque fois, une nouvelle fraîcheur, que je suis la chair, la sève et le cœur de ce fruit.

Chaque fois, la sensation, le sentiment, la connaissance de cette intériorité me ramènent à la maison, au cœur de moi-même, au cœur de l'univers. Et c'est comme si j'allais rencontrer le monde à partir de cette intégrité organique et psychique. C'est une communion entre l'extérieur et l'intérieur. C'est comme si je faisais l'amour avec les aliments, par exemple, comme si je faisais l'amour avec les sons et avec les êtres qui peuplent mon environnement.

Le confort de cette intériorité est tel que, dans ces moments, je n'ai pas le souci du temps qui passe. Je suis porté par l'affleurement d'une hypersensualité qui goûte tout et s'en imprègne subtilement. J'ai alors en moi une sorte de feu, un feu qui se nourrit de l'essence des choses beaucoup plus que des choses elles-mêmes. Comme si cette confortable conscience du corps me rendait conscient de l'existence en moi et autour de moi de corps beaucoup plus subtils, beaucoup plus étendus. Il me semble même parfois que je pourrais mourir dans de tels moments, que cela ne m'affecterait pas outre mesure.

Lorsque je me retrouve dans un tel état, j'ai l'impression qu'il n'y a rien à faire de particulier pour le goûter. Il suffit en quelque sorte d'y consentir. Car cette possibilité est en nous. Il suffit de la choisir chaque seconde qui passe. Il n'y a qu'à s'y autoriser. Il n'y a, comme le disent si bien les Égyptiens, qu'à « prendre possession du ciel ».

Nul doute que, tout comme moi, vous connaissez de tels moments d'affleurement du Soi — ils sont présents dans la vie de chacun. Ils sont nos guides, ils nous orientent. Ils nous donnent le goût de ce qui est à venir. Horus nous invite à prolonger de tels instants. Le faucon de lumière nous convie à déployer nos ailes dans l'existence, sachant qu'il n'y aura jamais d'autre royaume que cette présence de plus en plus globale. L'être réalisé vogue dans l'univers sans souci, devenu lumière, célébrant la lumière, ayant rejoint le Maître intérieur, ayant pris conscience du Soi.

Même si l'on court après toutes sortes de choses, l'on ne peut rien accomplir d'autre que notre état intérieur. Le reste est une illusion, ou si vous aimez mieux, un contexte, un outil, un miroir de ce que nous sommes et de ce que nous ressentons, de ce qui se tient caché en nous et que nous pouvons découvrir afin de libérer notre cœur et retrouver notre état lumineux.

Cet état intérieur est notre barque solaire, notre seul bien, le seul que nous ayons jamais eu. C'est celui avec lequel nous sommes arrivé, celui avec lequel nous repartirons pour franchir les portes de la première mort, la mort physique, puis les portes de la seconde mort, la mort spirituelle, pour revendiquer le ciel, et redevenir lumière.

Comme si tous les personnages de la légende réunis nous soufflaient d'une même voix: «L'aube est insaisissable. Le jour est insaisissable. Le noir de la nuit est insaisissable. Pourtant, ils viennent plus sûrement que l'amoureux que tu attends. Établis le soleil en ton cœur, car c'est la seule chose qu'il te sera jamais donné de saisir.»

Établir le soleil en son cœur… voilà donc où nous conduisait l'invincible défaite annoncée par Seth. Car Seth nous garde de l'absurde. Il nous protège du néant. Par ses sombres œuvres, il s'assure que la lumière triomphera toujours de l'anéantissement. C'est d'ailleurs pour cela qu'à la fin de la légende, l'ayant amené devant le tribunal des dieux, on ne le condamne pas à mort. Râ ne peut s'y résoudre car, toutes les nuits, alors que le soleil effectue le voyage qui va de son coucher jusqu'à l'aube nouvelle, Seth est le seul qui peut se tenir à la proue de la barque des millions d'années pour affronter Apophys, le monstre du néant. Nous avons besoin de la férocité et de la ténacité de Seth pour résister aux tentations nihilistes qui peuplent quotidiennement les pensées de celui qui veut suivre Horus.

Au lieu de le condamner à mort, on impose à Seth de souffler éternellement dans les voiles de la barque d'Osiris, qui mène les défunts du monde des vivants à celui des morts. Ou, si vous préférez, du monde des morts et des illusions à celui des vivants. Tout est affaire de point de vue, n'est-ce pas, surtout lorsque l'on a affaire aux Égyptiens… Se révèle ainsi, du même coup, la véritable nature de Seth. Par la puissance de son souffle, par la puissance de son inspiration, il guide l'être au delà de lui-même jusqu'à la contrée de lumière.

Cœur vaillant, cœur léger, cœur lourd...

Comme il se doit, nous allons terminer cette danse par la question du cœur, au travers du dernier thème, car je vous ai gardé le meilleur pour la fin. Dans l'au-delà, Osiris procède au jugement des morts. Ce jugement a en son centre un rituel très particulier : on pèse le cœur du défunt. Cela se fait sur la balance de Maat, la déesse de la Justice. Dans un plateau, on dépose le cœur et, dans l'autre, on dépose une plume. Si le cœur est plus lourd qu'une plume, il est jeté à manger à la Grande Dévoreuse, en l'occurrence un alligator, ce qui signifie que le défunt ne peut poursuivre sa route vers la lumière en parcourant les autres mondes. Il n'a pas passé l'épreuve de la seconde mort.

On vérifiait de la sorte si le défunt avait dit la vérité à l'assemblée des juges, qui avait pour rôle d'entendre ses aveux. À cet égard, les Égyptiens pratiquaient ce qu'on appelle la « confession négative ». Elle porte bien son nom puisqu'elle inverse le processus que nous connaissons dans le monde chrétien. Au lieu de confesser ses fautes, le défunt énumère ce qu'il n'a pas commis, ce dont il n'a pas été l'esclave. Il dit : « Je n'ai pas tué, je n'ai pas menti, je n'ai pas commis l'adultère », et ainsi de suite. Il fait valoir sa lumière au lieu de faire valoir son Ombre. C'est là encore un enseignement plein de finesse que nous chuchotent les sages de l'Égypte antique.

L'être intérieur n'atteint pas sa grandeur en s'apitoyant sur ses propres fautes. Complaisant, ce rituel peut interrompre la progression. Il faut au contraire souligner les points positifs, s'appuyer dessus pour s'en servir comme d'un tremplin.

Ainsi donc, fort de sa défense, le défunt devait affronter le pesage de son cœur. Ce qui veut dire que si la tête ne s'est pas mise au service du cœur, si la connaissance n'a pas servi l'amour, la félicité ne sera pas au rendez-vous.

Pouvez-vous imaginer que votre cœur soit plus léger qu'une plume ? Difficile, n'est-ce pas ? Cela signifierait que vous n'avez plus de contentieux, ni avec vous-même, ni avec les autres, ni avec la société. Cela voudrait dire que vous reconnaissez que la racine de tout ce qui vous est arrivé est en vous, et que toutes les relations qui vous ont heurté ont été autant d'alliées qui vous ont aidé à lever le voile sur les conditionnements qui vous enchaînaient au malheur.

Le cœur léger est celui qui a fait le tour de son jardin. Il est celui qui vit en paix avec les autres et avec lui-même. La joie peut pénétrer dans un tel cœur, car il est disponible ; il s'est rendu disponible à la vibration joyeuse. Alors, ce cœur peut devenir tout amour, non par devoir, mais pour le plaisir d'incarner une vibration passionnante. Pour nous, humbles mortels, il s'agit donc d'éclaircir chacune de nos relations significatives, d'en apprendre les ressorts intimes, de façon à libérer notre cœur pour que la paix de l'âme puisse s'établir à l'intérieur. Car la véritable paix, pour un être humain, résulte de la pacification de chacune des relations importantes de sa vie. Tant que cela n'est pas fait, le cœur n'est pas disponible pour la joie naturelle et spontanée de l'instant présent.

Le cœur aime aimer. Il aime aimer sans modération. Le cœur a l'élan d'aimer passionnément, immensément, infiniment. Lorsqu'il ne peut aimer de cette façon, le cœur est malheureux. Il se contracte, bat la chamade, fait des crises d'arythmie, et, parfois, il s'arrête, tellement son mouvement naturel se trouve contraint.

Nous cherchons désespérément une personne, une œuvre, une activité, un objet à aimer sans réserve. La majorité de notre vie se passe dans la recherche d'un objet d'amour qui permettra au cœur de se libérer de ses propres entraves. Où se trouve-t-il donc l'être que nous pourrons aimer ainsi ? Existe-t-il au moins ?

Eh bien, oui ! Si vous ne trouvez pas de personne à aimer, permettez-vous d'aimer immodérément la vie, permettez-vous de vous aimer sans retenue et sans jugement. Aimez le monde, aimez l'humanité, aimez l'univers. Et peut-être bien que l'être à aimer apparaîtra à ce moment-là, attiré par votre vibration amoureuse. Au moment où vous n'en aurez plus besoin, pour ainsi dire. Alors, une véritable vie à deux, la vie de deux êtres qui partagent le même élan, pourra commencer.

Toute ma vie, je me souviendrai des paroles d'un sage rencontré au hasard de la route, paroles que je paraphraserai ainsi : « Aimons-nous suffisamment pour aimer ce que nous aimons. Aimons-nous suffisamment pour aimer ce que nous faisons. Aimons-nous suffisamment pour aimer ce que nous sommes. Aimez-nous suffisamment pour être en mesure d'aimer quelqu'un d'autre. Et alors l'amour viendra, de surcroît, parfaire notre union et nous illuminer de sa flamme intérieure. »

Un rêve lumineux

Notre vie répond à nos états intérieurs, voilà ce que j'expliquais cette nuit en rêve à mon ami Louis. Celui-ci me répliquait que nous étions chanceux d'avoir pu connaître cette vérité dans notre vie, d'avoir pu expérimenter de véritables moments de bonheur. Il voulait dire que nous sommes assis à la source de l'élan vital. Notre vie individuelle jaillit de cette source universelle. Notre individualité peut se dégager des rets du personnage, et l'univers nous appelle à le découvrir. Nous sommes ce jaillissement créateur, nous sommes ce jaillissement orgasmique. Voilà peut-être pourquoi les Égyptiens disaient que le monde était né d'une éjaculation d'Atoum, le créateur. Voilà l'élan vital : une vibration de joie, comme lorsque nous jouissons.

Nous avons donc le choix entre le bien-être lié à la satisfaction des besoins ou le bonheur associé à l'incarnation des grands élans de vie. Les besoins de la personnalité nous promettent des plaisirs limités par la peur et les blessures du passé. Incarner les élans nous permet d'envisager des satisfactions plus tangibles, mais, nous propulser au delà des peurs nous oblige d'abord à les affronter, ce qui n'est pas aisé. « J'ai franchi dans la solitude les ténèbres qui se trouvent sur le chemin de la lumière divine ! » dit le sage qui a pris possession du ciel. Donc, à n'en pas douter, les épreuves et les doutes font partie du voyage.

Pourtant, la lumière brille au bout du tunnel. L'être qui a accompli la traversée vit alors dans un univers illimité où sa joie est celle-là même d'exister, sans autre apparat, rien que la joie pure d'un cœur affranchi! Rien que la tranquillité de l'individu qui se sait en intimité avec l'univers entier! Rien que l'extase de l'être qui a reconstitué l'œil unique! Rien que la grâce de celui et de celle qui ont retrouvé en eux la lumière et sont entrés en fusion avec elle! Telle est l'invitation que nous lance la légende; que chaque cœur l'entende et prenne le chemin de la transformation.

L'art du changement

Lumière divine, permets-moi d'être au nombre
de tes compagnons, membre de l'équipage
qui vogue dans ta barque divine.
STÈLE FLORENCE 1572 [2575]

Bon, il y a eu un rappel ! L'orchestre a accepté de jouer encore une pièce. Alors, cette fois-ci, faisons-nous vraiment plaisir, dansons comme si le temps n'existait pas !

Le processus que nous venons d'éclairer est celui qui va de la défaite intérieure à la prise de conscience de notre souveraineté réelle. Nous l'avons décrit comme se déroulant dans le temps. Pourtant en réalité, il se produit chaque jour en soi, parfois en quelques secondes. En effet, toutes les fois qu'un changement se profile, même la prise d'une décision simple, nous passons par des étapes qui vont nécessairement du démembrement au remembrement. Chaque fois, le personnage est mis en cause et le vit comme un déchirement.

323

Chaque fois, les forces guérisseuses d'Isis viennent nous rassurer pour nous donner confiance dans le processus vivant et, chaque fois, au terme de nos tergiversations, nous jaillissons à nouveau dans la lumière comme Horus le faucon, couronné d'une nouvelle vision, fort de notre nouvelle souveraineté. Nous conquérons notre monde avec cette nouvelle attitude et nous nous retrouvons fatalement dans la position d'Osiris, qui doit à nouveau être mis à mort parce qu'il est redevenu prisonnier de son personnage. Pour les grandes crises comme pour les petites, qu'elles soient individuelles ou collectives, le même processus nous guide à travers ces différentes étapes.

Il y a pourtant moyen de rompre le cycle : au lieu de nous prêter au jeu comme une victime, même consentante et consciente du processus, nous pouvons devenir des artisans conscients du changement. Nous pouvons devenir ce mouvement, comme le faucon de lumière, vibrant de la beauté et de la force de notre pulsion intérieure, vivant pour la joie d'incarner l'élan de vie dans la plus grande transparence possible.

Y a-t-il un autre moyen de respecter notre nature physiologique et psychologique faite de véritables cellules auto-organisatrices et autocréatrices ? J'en doute. Les positions de Victime, de Persécuteur et de Sauveur ne sont que des étapes sur le chemin qui mène à la véritable souveraineté de l'être. Elles constituent autant de négations de nos élans créateurs. Nous sommes ici pour créer. Nous sommes ici pour devenir des artistes de la vie. Nous sommes venu faire l'expérience qu'il n'y a pas d'autres obstacles à notre souveraineté que les limites que nous nous sommes imposées.

Un jour ou l'autre, en temps et en lieu, quand l'être a compris l'essentiel de ce chemin, sans colère et sans peur, sans honte et sans culpabilité par rapport au passé, il s'éveille et commence sa marche vers lui-même, sa marche vers la lumière. Il rassemble l'œil et retrouve la vision unique. Il lui semble alors qu'il n'y a pas de marche, qu'il n'y a pas de démarche, puisque, d'un bout à l'autre, il ne s'agissait que de naître à une luminosité qui a toujours été là. Il ne s'agissait, somme toute, que de consentir à la simple évidence du moment présent.

Madame, monsieur, lorsque tout est dit, il ne reste plus que la joie de valser avec la vie, car c'est une valse que nous venons d'exécuter, dans la plus belle salle de bal du monde : votre être intérieur. Je vous remercie du fond du cœur d'avoir bien voulu m'accorder cette danse.

Tu vas arriver

Pour terminer je vous offre un texte d'inspiration poétique griffonné au cours de la mémorable soirée passée en votre compagnie. Il résume sur un autre ton ce que nous avons dit. Je souhaite qu'il vous serve d'aide-mémoire lors de votre prochain rendez-vous avec les épreuves de la vie, ce qui sera aussi, à n'en pas douter, votre prochaine opportunité de faire de la lumière. Entre nous, y a-t-il une activité plus intéressante que celle qui consiste à produire de la clarté ?

Tu vas arriver et ils seront tous là.
Tous et toutes, ils seront là.
Et, lorsque tu arriveras,
Le drame pourra commencer.
Car il ne manquait que toi.
C'est ta propre histoire que l'on va jouer.
On va jouer ton éloignement par rapport à toi-même,
Ton éloignement de ce qui est même que toi,
Et que tu ne reconnais pas.

On va jouer la rage, le meurtre, la folie,
Le mensonge et la jalousie.
On va jouer le sexe, la passion, les soupirs,
Les ivresses, les défaites et la fatigue.
On va jouer toute la pièce.

Et tu pourras vociférer ou ne rien dire,
Tout va se jouer quand même.

Tout va se jouer jusqu'à ce que tu te dises :
« Ce n'est que du théâtre ! »
Mais cela est prévu dans la pièce,
Et tu ne pourras pas sortir.

Tu pourras t'émouvoir, t'émerveiller,
T'immoler, t'humilier,
Tout va se jouer quand même.
Jusqu'à ce que tu t'écries :
« Je comprends maintenant ! Je suis tous ces personnages ! »
Mais cela aussi est prévu dans la pièce
Et tu ne pourras pas sortir.

Tout va reprendre et se répéter,
Jusqu'à ce que ton cœur se brise,
Jusqu'à ce que ton petit Moi s'épuise,
Et que tu puisses tout accueillir.
Alors, en silence, tu te diras :
« J'aime ! Enfin j'aime !
Je savoure tous ces personnages,
Les victimes comme les bourreaux,
Les Sauveurs comme les Persécuteurs.
Je les ai dans la peau.
Ils passent tous en moi.
Je les vois circuler
Et je me sens libre de devenir chacun d'eux,
Ou de ne rien devenir du tout ! »

Cela aussi est prévu dans la pièce,
Mais, cette fois, tu pourras sortir du théâtre.
Cependant, ce ne sera plus une nécessité.
Tes yeux se seront affranchis

Et, la pupille dilatée,
Tu ne sauras plus que contempler
Tout ce que tu es.

Oui, je te le dis,
Lorsque tu arriveras,
Ils seront tous là.
Tu ne les reconnaîtras pas,
Et pourtant, ils ne seront autres que toi-même.

corneau

La légende d'Isis et Osiris

Version établie par Claude Lemieux,
assisté de Guy Corneau

Il est difficile de trouver une relation complète de la légende d'Isis et Osiris. Cela est dû au fait que la mythologie égyptienne n'a pas arrêté de se développer et de se modifier pendant plusieurs millénaires. La légende d'Isis et Osiris n'échappe pas à cette règle. Néanmoins, en se fondant sur le premier texte qui relate le mythe, soit le *Traité d'Isis et Osiris* du Grec Plutarque, et à partir de plusieurs sources contemporaines, l'acteur et metteur en scène Claude Lemieux a établi une version cohérente de la légende. Cette version correspond essentiellement à celle qu'offrent les grands livres de mythologie populaire.

Introduction[51]

La quête inlassable d'Isis recherchant les morceaux épars du dieu sacrifié Osiris reste une des images les plus fortes de la civilisation pharaonique. La puissance de ce mythe fut telle qu'il s'amplifia durant les trois millénaires de l'histoire égyptienne pour atteindre son apogée à l'époque gréco-romaine. Aujourd'hui encore, cette histoire nous émeut au plus profond de nous-mêmes car elle véhicule un message à la fois subtil et clair : par la force de l'amour, la vie triomphe toujours de la mort.

La naissance des dieux[52]

Il y eut Râ (ou Rê), le soleil, et Thot, la lune.

Il y eut Nout, la déesse du Ciel, et Geb, le dieu de la Terre.

Nout, déesse du Ciel, était arc-boutée au-dessus de Geb, dieu de la Terre, supportée par Chou, dieu de l'Air ; seules les extrémités de ses pieds et de ses mains touchaient le sol. Séparée de Geb durant le jour, elle descendait sur lui chaque nuit, créant ainsi les ténèbres.

On dit qu'Osiris naquit le premier jour, et que, au moment de sa naissance, on entendit une voix annoncer que le Maître de toutes choses arrivait à la lumière. On l'associa aux crues annuelles du Nil et à la renaissance de la végétation.

Le second jour naquit Horus le Frère.

Le troisième jour Seth vint au monde, non pas à terme et par la voie ordinaire, mais en s'élançant par le flanc de sa mère, qu'il déchira. Il est à l'image du désert, sec, brûlant et aride.

Isis, couverte de rosée, naquit le quatrième jour dans des marais. Elle représente la terre fertile et luxuriante de l'Égypte.

Enfin le cinquième jour Nephtys vint au monde et reçut aussitôt le nom de Victoire ou de Vénus tant elle était belle.

---

51. Ce paragraphe est adapté de René Lachaud, *Les Déesses de l'Égypte pharaonique*, Monaco, Éditions du Rocher, coll. « Champollion », 1993, p. 35s.

52. Cette partie est adaptée de *Plutarque, Traité d'Isis et Osiris,* traduction de Ricard, Paris, Sand, coll. « Sagesse et spiritualité », 1995, p. 21.

Ils étaient tous et toutes les enfants de Nout la déesse du Ciel. On ajoute qu'Osiris et Horus eurent pour père le soleil (Râ), qu'Isis fut la fille de la lune (Thot), et que Seth et Nephtys furent les enfants de la terre (Geb).

La naissance d'Anubis[53]

On dit encore que Seth épousa Nephtys ; et qu'Isis et Osiris, épris d'amour l'un pour l'autre, s'unirent déjà dans le sein de leur mère.

Cependant, quelle différence entre les deux couples ! Isis aimait Osiris et le trouvait plus séduisant qu'elle-même, tandis que Nephtys était malheureuse. Le corps de Seth lui incendiait le ventre. Sous le tempérament de feu de ce dernier, elle percevait les roches du désert. Au contraire, Osiris était frais comme l'ombrage d'une oasis, ses doigts étaient tendres quand ses mains vous frôlaient. Vint donc une nuit où Nephtys trompa son époux avec Osiris.

Or Seth possédait une plante qui fleurissait chaque soir à son retour et, ce soir-là, au contraire, elle se flétrit : « Lève vers moi ton visage, dit Seth, car me voici ! » Au lieu de cela, la plante mourut. Seth comprit alors que Nephtys était en compagnie d'Osiris.

Quand elle revint, il put voir que la nuit qu'elle avait passée avec son frère lui avait été plus douce que toute heure passée en sa compagnie à lui. Puis Nephtys avoua, d'une voix où tremblait la joie, qu'elle était enceinte. Cet outrage augmenta la haine de Seth. Durant leurs ébats, la pensée d'Osiris agissait comme un fouet sur ses flancs et le faisait galoper. Il s'acharna si bien à écraser la créature qu'elle portait que la mère finit par haïr le fruit de ses entrailles.

À l'heure de l'accouchement, Nephtys sanglotait et ne put se résoudre à regarder le visage du bébé. Conçue dans la beauté, la créature qui lui sortit du ventre était aussi déformée que l'avaient été ses entrailles sous les assauts de son époux. Naquit ainsi Anubis,

---

53. Cette partie, de même que la suivante, *La vengeance de Seth*, est adaptée de Norman Mailer, *Nuit des temps, op. cit.*, respectivement p. 56-57 et 57-58.

au visage bassement féroce de chacal et à l'odeur méprisable. Nephtys emporta Anubis au désert pour l'y abandonner.

Mais Isis était bien décidée à sauver l'enfant. Anubis était certes la preuve vivante de la trahison de son époux, mais elle savait que ce nourrisson ne devait pas être perdu. Aidée de limiers auxquels elle avait fait flairer les linges de l'accouchement, Isis eut tôt fait de retrouver le bébé. Elle fit de l'enfant son garde du corps.

La vengeance de Seth

Imaginez la rage meurtrière de Seth : le bâtard de son épouse vivait toujours ! Il jura de se venger cruellement, même s'il devait attendre des années et des années. Il attendit effectivement, car Osiris n'était pas seulement le premier roi d'Égypte, il en fut aussi le plus grand. Dès qu'il fut monté sur le trône, Osiris sortit les Égyptiens de la vie sauvage et misérable qu'ils avaient menée jusqu'alors. Il leur enseigna l'agriculture, leur donna des lois et leur apprit à honorer les dieux. Ensuite, parcourant la terre, il adoucit les mœurs des hommes. Il eut rarement besoin de la force des armes ; il attira presque tous les peuples par la persuasion et par les charmes de la parole et de la musique.

Il fut l'objet d'une telle adoration dans les diverses cours royales qu'à l'heure de son retour en Égypte il était devenu excessivement conscient de sa beauté et de son charme. Mal lui en prit, car moins d'un mois après son retour, Seth l'invita à un grand festin et sut exciter sa vanité en lui parlant d'un coffre magnifique qu'il avait fait fabriquer pour le corps du dieu le plus semblable à Témou, personnification de la joie et de la bénédiction.

Seth fit apporter le coffre et ordonna aux soixante-douze dieux de sa cour de s'y coucher l'un après l'autre. Les dimensions ne convenaient à aucun d'entre eux, ni à Seth lui-même. Le tour d'Osiris vint enfin. Le coffre lui allait parfaitement. « Tu es si beau ! » dit Seth tandis que son frère prenait place dans le coffre. Puis il referma le couvercle violemment. Sept de ses guerriers le scellèrent alors à l'aide de métal fondu.

Ils transportèrent le coffre jusqu'au Nil et le posèrent sur les eaux. Il partit à la dérive alors que le soleil de l'après-midi était dans le signe du Scorpion. Et Osiris disparut.

Isis à Byblos[54]

Lorsqu'elle eut appris le sort réservé à son époux, Isis revêtit des vêtements de deuil, se coupa la moitié de la chevelure et se mit à la recherche du coffre renfermant le corps de son mari. Elle erra à travers le pays, interrogeant tous les passants, puis elle apprit que des enfants l'avaient vu flotter sur un des bras du Nil, en direction de la mer.

Ensuite, elle sut par une révélation divine que la caisse avait échoué à Byblos, en Phénicie, au pied d'un cèdre. L'arbre, au contact d'Osiris, n'avait pas tardé à grandir et à prendre des proportions prodigieuses, emprisonnant entièrement le cercueil, si bien que le roi de Byblos, Malcandre, l'avait fait couper pour en faire la colonne principale de son palais.

Isis se rendit à Byblos et s'assit auprès d'une fontaine, les yeux baissés, versant des larmes, et n'adressant la parole à personne. Elle salua seulement les esclaves de la reine, leur parla avec bonté, arrangea leurs cheveux, et leur communiqua le parfum qui émanait de son corps. La reine, frappée par la beauté de la coiffure de ses esclaves et par l'odeur agréable qu'elles répandaient, conçut un vif désir de voir cette étrangère. On fit venir Isis. Elle devint ainsi l'amie de la reine, qui lui confia un de ses fils pour qu'elle le nourrisse.

Pour allaiter l'enfant, Isis lui mettait un doigt dans la bouche au lieu des mamelles ; la nuit, elle passait l'enfant dans le feu pour consumer ce qu'il y avait en lui de mortel ; puis, prenant la forme d'une hirondelle, elle allait se percher sur la colonne et déplorait la perte d'Osiris. Une nuit, voyant son fils dans les flammes, la reine jeta de grands cris. Par ce geste, elle interrompit l'action magique d'Isis et priva ainsi son fils de l'immortalité.

---

54. Cette partie est adaptée de Véronica Ions, *Sous le signe d'Isis et d'Osiris, op. cit.*, p. 56-57.

Alors la déesse se fit connaître et demanda qu'on lui remette la colonne qui soutenait le toit du palais de Malcandre. La requête était ambitieuse, car la plus grande salle de Byblos en serait détruite par le fait même. Mais depuis le jour où il avait fait abattre cet arbre pour faire bâtir cette salle, le roi Malcandre s'inquiétait en secret du silence qui régnait dans son palais. Aussi donna-t-il son accord.

Le démembrement d'Osiris[55]

Après son retour en Égypte, Isis alla cacher le corps d'Osiris à proximité de Bouto, dans le delta, afin de dissimuler à Seth le fait qu'elle l'avait retrouvé. Mais Seth trouva la dépouille de son frère en chassant la nuit au clair de lune. Il brandit son glaive et dépeça le cadavre, excisant le cœur, l'épine dorsale et le cou, la tête, les deux bras et les deux jambes, l'estomac d'Osiris, ses intestins, sa poitrine, son foie et même sa vésicule et son bassin ! Seth eût certainement tranché aussi les parties génitales s'il ne s'était interrompu pour faire le compte et n'avait découvert qu'il avait déjà quatorze morceaux, deux fois sept, un chiffre qui représentait un redoublement formidable de son pouvoir contre ses ennemis.

Cependant, il éprouva une frustration épouvantable parce qu'il ne pouvait continuer à mutiler son frère. Son sang continua à bouillir jusqu'à ce qu'il eût tranché son propre pouce, pouce qu'il plaça dans la bouche d'Osiris. Alors il s'apprêta à remonter le Nil. Il mit à profit ce voyage pour enterrer en différents lieux les morceaux de son frère. Tout à la joie revigorante de sa victoire, il choisit de descendre les différentes embouchures du delta et de déposer les membres inférieurs à Bubastis et à Busiris. C'est la raison pour laquelle le hiéroglyphe de la lettre B est le dessin d'une jambe. Il laissa un bras à Baloman pour faire bonne mesure et l'autre à Bouto où vivait Isis, s'y arrêtant assez longtemps pour semer deux autres morceaux de son frère dans le marais.

---

55. Cette partie est adaptée de Norman Mailer, *Nuit des temps*, *op. cit.*, p. 60-61.

Seth abandonna ensuite des morceaux d'Osiris à Athribis, à Héliopolis et sa tête à Memphis. Il enterra un morceau du corps à Fayoûm puis encore d'autres morceaux plus haut sur le Nil à Siout, Abydos et Dendera. Alors, enfin rassuré, il laissa ses rameurs emporter sans lui la dernière pièce jusqu'à Yeb.

La résurrection d'Osiris[56]

Lorsqu'elle eut reçu la terrible nouvelle, Isis perdit tout désir de quitter son lit. Dans la profondeur de son malheur, Isis était presque humaine. Seth avait vaincu sa magie. Ses forces les plus intimes ne donnaient assurément nul signe d'un retour prochain. Ses pensées lui tirèrent des larmes dont la chute donna naissance à la pluie — dernier présent des suaves pouvoirs du corps d'Osiris éparpillé désormais des marais du delta aux eaux de la première cataracte. Mais dans sa tristesse, le Kâ d'Osiris, son principe vital, lui fit parvenir un message lui enjoignant de partir à la recherche des parties de son corps.

Alors sous les yeux de Nephtys et d'Anubis, Isis se métamorphose lentement en oiseau, une hirondelle qui jaillit comme une flèche dans le ciel d'Égypte. Depuis l'espace, elle scrute chaque méandre du fleuve, chaque fourré de plantes aquatiques. Elle se laisse porter par les courants, aspirer par les trous d'air; elle plane au-dessus du limon laissé par la crue des eaux et par quatorze fois, comme accordée aux pulsations lunaires, elle rapporte un des morceaux du corps tant aimé.

Le temps n'existe plus, l'éternité est en marche. Isis recueille les saintes reliques et les ramène en un lieu secret, près de Memphis, où veillent Anubis et Nephtys. Ils procèdent pour la première fois aux rites de l'embaumement. Dès lors la momification est considérée comme le remède le plus sûr pour acquérir l'immortalité.

---

56. Cette partie est adaptée de René Lachaud, *L'Invisible Présence…*, *op. cit.*, p. 48-51, et p. 50 pour le poème.

Le corps démembré aurait dû retrouver son intégrité mais une partie avait été à jamais perdue : le sexe dévoré par un poisson vorace. Isis modèle alors dans le limon un nouveau pénis pour le dieu tandis que, patiemment, Nephtys élabore des baumes et Anubis assemble les morceaux. Isis, maîtresse de toutes terres, a été initiée par Thot. Elle peut réactiver le centre des forces vitales ; elle a appris les incantations susceptibles de réveiller le « Grand Dormeur ».

Le corps a retrouvé son intégrité, les trois magiciens lui ont redonné les forces de la vie et l'ont enveloppé dans des bandelettes de lin pur. Le sexe de terre est pointé vers le ciel et Isis, devenue l'oiseau milan, se pose doucement sur lui pour que la vie jaillisse de la mort. Fusion spirituelle des amants. La semence du dieu est en elle ; Horus, le dauphin, l'héritier, sortira bientôt à la lumière. Au même instant, Horus le Frère mourra. Anubis enveloppe Osiris dans une peau de léopard, lui transmettant l'énergie qui lui permettra d'affronter les douze heures de la nuit.

Les deux déesses, Isis et Nephtys, ont battu l'air de leurs ailes dorées au-dessus du cadavre embaumé ; beaucoup d'amour, infiniment de formules incantatoires afin qu'advienne, pour la première fois dans l'histoire des hommes, le miracle de la résurrection des morts. Osiris triomphant se redresse et son regard se pose sur le visage inondé de bonheur d'Isis, sa bien-aimée. Anubis murmure : « Que le dormeur s'éveille, que le Djed (le pilier, la colonne vertébrale) érige face au ciel sa vigueur, Osiris souverain, ouvre les yeux, tu es intact, tu es parfait. »

Osiris fut ainsi rendu à la vie éternelle, ressuscitant pour gouverner dans l'au-delà. Il devint le dieu des Morts et de l'espérance d'une vie nouvelle et éternelle.

> Tu apparais glorieusement comme Râ, le soleil,
> Son disque est ton disque,
> Ses rayons, tes rayons,
> Sa région mystérieuse, ta région mystérieuse.

Son parfum est ton parfum
Il ne meurt pas et tu ne meurs pas.
Tu sors Osiris de la pupille de l'œil de Râ
À toi appartient la lumière.
Tu es la ressemblance de Râ.
Le Seigneur de l'Éternité

Naissance et empoisonnement d'Horus[57]

Irrité par les honneurs funéraires rendus à Osiris, et ignorant tout de sa récente résurrection, Seth ordonna à ses hommes de s'emparer d'Isis et de la faire jeter en prison. Mais elle parvint bientôt à s'échapper et elle alla chercher refuge dans les marais de Bouto où elle donna naissance à son fils Horus sous la protection de sept serpents.

Un jour elle dut s'absenter. Lorsqu'elle revint, elle retrouva son fils à moitié mort en train de se tordre de douleur. Ne pouvant pénétrer dans les marais sous son apparence véritable, Seth s'était métamorphosé en serpent venimeux et il avait mordu l'enfant. Impuissante malgré ses pouvoirs de magicienne, Isis, désespérée, fit appel à l'humanité tout entière mais personne ne put guérir l'enfant. Isis soupçonna alors Seth d'être la cause de tous ses malheurs et vit en lui une manifestation cosmique du mal, acharnée à détruire la bonté et l'innocence sur terre.

Désespérant de sauver Horus, Isis résolut de demander le secours du dieu suprême. Son appel fut entendu à bord de la « barque des millions d'années » qui arrêta sa course pour elle. Thot, la lune, descendit auprès de la déesse et, s'étonnant de ce que les pouvoirs magiques d'Isis fussent restés inopérants, il l'assura que la puissance de Râ lui était entièrement acquise. Les ténèbres descendirent sur la terre et Thot annonça à Isis que la barque du soleil ne reprendrait pas sa

---

57. Cette partie, de même que les deux suivantes, *Les batailles d'Horus et de Seth* et *La décapitation d'Isis*, est adaptée de Véronica Ions, *Sous le signe d'Isis et d'Osiris, op. cit.*, respectivement p. 57 et 60, 39, 40, 72-75, 75-76.

course tant qu'Horus ne serait pas guéri car, aux yeux des dieux, la mort d'Horus signifiait fatalement que la création tout entière était soumise au principe du mal incarné par Seth.

Agissant au nom de Râ, Thot parvint à extraire le poison du corps d'Horus et l'événement fut célébré dans l'allégresse par les habitants des marais et par Isis elle-même.

Les batailles d'Horus et Seth

Durant sa jeunesse, dans les marais de Bouto, Horus reçut souvent la visite d'Osiris qui s'absentait du royaume des morts pour venir instruire son fils dans l'art de la guerre. Au fur et à mesure qu'il grandissait s'affermissait en lui le désir de venger son père et sa mère des mauvais traitements que leur avait infligés Seth. Aussi, parvenu à l'âge adulte, s'assura-t-il le concours de plusieurs autres divinités et déclarat-il à Seth une longue guerre qui allait lui valoir le surnom de Harendotes, « Horus, Vengeur de son Père ». Mais, malgré son habileté militaire et ses succès répétés, Horus se montra incapable de venir à bout d'un adversaire qui parvenait toujours à reconstituer ses forces.

Voyant que le combat traînait en longueur, Seth pensa qu'il pourrait hâter le cours des choses en sa faveur en s'en remettant à l'arbitrage du tribunal des dieux. Il demanda la comparution d'Osiris mais celui-ci se fit défendre par Thot : ce dernier parut si convaincant que les dieux se prononcèrent en faveur d'Horus.

La décapitation d'Isis

Seth refusa de souscrire au jugement des dieux. Il proposa qu'Horus et lui se livrent à une compétition dans l'eau après s'être transformés en hippopotames. Serait déclaré perdant celui d'entre eux deux qui voudrait sortir de l'eau avant le délai fixé de trois mois. Cette proposition plongea Isis dans le désespoir, car elle n'ignorait pas que l'hippopotame était l'une des formes naturelles de Seth et elle ne doutait pas qu'il en profiterait pour tuer Horus.

Elle attacha donc un harpon à une corde et le lança dans l'eau dans l'espoir d'atteindre Seth. Mais elle commença par blesser Horus et retira vivement le harpon en entendant ses cris. Sa deuxième tentative fut plus heureuse et l'arme atteignit Seth, mais Isis se laissa attendrir par les supplications de son frère qui en appelait de leur mère commune. Cet accès de pitié eut pour résultat de déclencher la colère d'Horus qui, ne pardonnant pas à sa mère sa faiblesse, jaillit de l'eau et lui coupa la tête. Mais Thot qui avait vu la scène trancha la tête d'une vache et la posa sur le corps d'Isis. À partir de ce jour Isis fut associée à la déesse Hathor.

Les dieux résolurent de punir Horus pour cet acte barbare, mais celui-ci s'était caché dans les montagnes et ils ne purent le retrouver. Seth se mit également à sa recherche et, l'ayant découvert, il lui arracha les yeux qu'il enterra dans le sol. À leur emplacement on vit s'élever deux fleurs de lotus, symbole du soleil et de la résurrection. Alors Seth s'en retourna auprès des dieux auxquels il déclara qu'il avait été incapable de mettre la main sur le criminel.

Les yeux d'Horus[58]

Isis-Hathor finit cependant par retrouver Horus qui gisait aveugle sur le versant d'une montagne. Elle alla quérir du lait de gazelle puis lui en frotta les orbites jusqu'à ce qu'il eût retrouvé la vue. Il vit sa propre main et s'écria à haute voix : « Ma mère m'a pardonné ! » L'instant suivant, il aperçut les yeux tristes et lumineux d'Isis-Hathor et vit sa grosse langue aux senteurs de terre et d'herbe qui lui léchait le front. Alors, il ne put que marmonner : « Comment pourrais-je me pardonner moi-même ? »

Isis-Hathor posa un doigt sur son front pour lui transmettre la réponse : il fallait qu'il offre à son père ce qui avait le plus de prix pour lui, quoi que ce fût. Et alors qu'il s'interrogeait, se demandant à quoi il pourrait bien renoncer, il regarda le désert qui était d'une beauté peu commune. Les roches avaient pris la couleur de la rose et le sable était comme une poudre d'or. Partout où la lumière frappait la pierre,

---

58. Cette partie est adaptée de Norman Mailer, *Nuit des temps*, *op. cit.*, p. 89-90.

il voyait étinceler des gemmes. Devant une telle générosité, Horus n'hésita plus : « Ô mon père ! dit-il, moi, Horus, ton fils, je me suis vu rendre mes yeux pour pouvoir te les offrir. »

La vue qu'Horus venait de retrouver sombra de nouveau dans les ténèbres et cette perte résonna comme une avalanche de rochers dans une gorge de montagne. Quand il rouvrit les yeux, la vue lui avait été rendue mais sa vision était devenue fort différente. À son œil droit, les couleurs étaient encore resplendissantes, comme illuminées par un puissant soleil. Mais son œil gauche voyait la profondeur grise de chaque pierre comme éclairée d'une pleine lune blanche et froide. Quand les deux yeux regardaient ensemble, le monde n'apparaissait ni beau ni hideux, mais bien équilibré. Puis tous les deux s'en revinrent auprès des autres dieux.

Le jugement d'Osiris[59]

En dépit de tous ces rebondissements, l'affaire n'était toujours pas jugée. Pour en finir, les dieux se rangèrent à l'avis de Thot qui proposait d'en référer à Osiris comme à un juge suprême. Celui-ci se prononça naturellement en faveur de son fils, en reprochant aux dieux leurs atermoiements et les outrages infligés à Horus. N'était-il pas, lui-même, Osiris, le dieu auquel ils étaient redevables pour leurs troupeaux ainsi que pour l'orge et le blé dont ils se nourrissaient ? Râ, sans dissimuler son irritation, lui répliqua que l'orge et le blé existeraient quand bien même lui, Osiris, n'aurait jamais vu le jour.

Osiris rendit hommage à Râ, dieu suprême de l'Ennéade, pour tout ce qu'il avait accompli, y compris les salles du jugement dans le monde de l'au-delà. Mais il ajouta que l'ordre du monde et l'équilibre divin étaient désormais bouleversés et qu'il n'hésiterait pas à envoyer ses messagers arracher le cœur de quiconque se rendrait coupable de mauvaises actions, dieu ou simple mortel. Il décréta en outre que toutes les créatures devraient rejoindre tôt ou tard l'Occident ou pays

---

59. Cette partie est adaptée de Véronica Ions, *Sous le signe d'Isis et d'Osiris, op. cit.*, p. 77.

des morts. Là, elles devraient se soumettre au jugement d'Osiris, leur seigneur à toutes. La réponse d'Osiris à la remarque de Râ allait mettre un terme à la longue querelle qui opposait Horus et Seth et définir pour longtemps les attributions respectives des dieux, des vivants et des divinités funéraires.

Devant la menace, le tribunal des dieux se rendit au verdict d'Osiris en faveur de son fils. Seth le subversif, le déraisonnable, la racine de tous les désordres, le principe de tout ce qui brûle et dessèche, fut le seul à se rebeller contre ce jugement. Il fut enchaîné et amené devant les dieux qui lui accordèrent néanmoins la vie sauve. Maître des orages, des éclipses et de la mer déchaînée, Seth s'engagea à faire souffler une brise éternelle dans les voiles de la barque d'Osiris.

Râ régnait désormais sur les cieux, tandis qu'Horus jouait le rôle de principal intermédiaire entre le ciel et la terre. Osiris, de son côté, continuait à régner sur le monde de l'au-delà et à présider à la cérémonie du jugement des défunts qu'Horus faisait comparaître devant lui.

Son héritage lui ayant été restitué, Horus pouvait désormais régner légitimement sur la Haute et la Basse-Égypte avec le titre de « Horus, Seigneur du Double Pays ».

AGNEL, Aimé, *L'homme au tablier, Le jeu des contraires dans les films de Ford*, Rennes, La Part commune, 2002.

BERNE, Éric, *Des jeux et des hommes*, Paris, Stock, 1994.

D'ANSEMBOURG, Thomas, *Cessez d'être gentil, soyez vrai ! Être avec les autres en restant soi-même*, Montréal, Les Éditions de l'Homme, 2001.

DABROWSKI, Kazimierz, *Positive disintegration*, Boston, Little Brown & Co., 1964; *Psychoneurosis is not an illness*, Londres, Gryf Publications, 1972.

DRUNVALO, Melchisedech, *L'Ancien Secret de la Fleur de vie*, Éditions Ariane, Montréal, 2001.

HOUSTON, Jean, *The Passion of Isis and Osiris*, New York, Ballantine/ Wellspring Book, 1998.

IONS, Véronica, *Sous le signe d'Isis et d'Osiris*, adaptation française de Gilles Ortlieb, Paris, Robert Laffont, 1985.

JACQ, Christian, *La Sagesse vivante de l'Égypte ancienne*, Robert Laffont, Paris, 1998.

JUNG, Carl Gustav, *Dialectique du moi et de l'inconscient*, Paris, Gallimard, coll. « Folio/Essais », n° 46, 1973.

JUNG, Carl Gustav, « The Psychogenesis of Mental Disease », *Collected Works of C. G. Jung*, vol. 3, traduction de R. F. C. Hull, Bollingen Series XX, Princeton, Princeton University Press, 1960.

LABONTÉ, Marie Lise, *Au cœur de notre corps*, Montréal, Les Éditions de l'Homme, 2000.

LACHAUD, René, *Les Déesses de l'Égypte pharaonique*, Monaco, Éditions du Rocher, coll. «Champollion», 1993.

LACHAUD, René, *L'Invisible Présence. Les dieux de l'Égypte pharaonique*, Monaco, Éditions du Rocher, coll. «Champollion», 1995.

LAGERKVIST, Pär, *Le Bourreau*, traduit du suédois par Marguerite Gay et Gerd de Mautrot, Paris, Stock, La Cosmopolite, 1997.

LAMBELET, Claude, *Dieux et déesses de l'Égypte ancienne*, Le Caire, Lehnert & Landrock, 1989.

LOW, Albert, *Se connaître, c'est s'oublier*, Avignon, Les Éditions du Relié, 1998.

MAILER, Norman, voir «Le livre des dieux» dans *Nuit des temps*, traduction de Jean-Pierre Carasso, Paris, Robert Laffont, coll. «Pavillons», 1983, p. 53-97.

MILLER, Alice, *Le Drame de l'enfant doué*, Paris, PUF, coll. «Le fil rouge», 1990.

NEUMANN, Erich, *The Origins and History of Consciousness*, traduit par R. F. C. Hull, Princeton University Press, 1954.

ORNISH, Dean, *Love and Survival, 8 Pathways to Intimacy and Health*, New York, Harper Collins Publishers, Harper Perennial, 1999.

PLUTARQUE, *Traité d'Isis et Osiris*, traduction de Ricard, Paris, Sand, coll. «Sagesse et spiritualité», 1995.

ROBERT, Paul, *Le Petit Robert 1, Dictionnaire alphabétique et analogique de la langue française*, Paris, Société du Nouveau Littré, 1982.

SCHENOUDA, Anoubis, *La Légende d'Osiris et la vie et la mort de Jésus*, Montréal, Éditions ésotériques.

WOODMAN, Marion, *Addiction to Perfection, The Still Unravished Bride*, Toronto, Inner City Books, 1980.

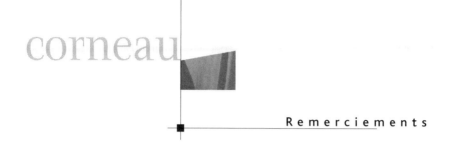

corneau

Je tiens à remercier plusieurs personnes qui m'ont aidé dans la mise au monde de ce livre. Tout d'abord, les intervenants et les intervenantes des Productions Cœur.com, particulièrement Pierre Lessard et Claude Lemieux, qui ont créé avec moi le séminaire *Mort et Renaissance*. Ce séminaire consacré à la légende d'Isis et Osiris nous a menés du Québec à l'Europe en passant par l'Égypte et, grâce à leur accompagnement aussi amical que professionnel, j'ai pu goûter à la joie d'une inspiration commune. Puissions-nous encore longtemps nous approcher ensemble de la contrée de lumière !

Jacques Laurin, des Éditions de l'Homme, qui assument la publication canadienne du manuscrit, a su trouver le courage de me dire avec délicatesse que je n'allais pas dans la bonne direction, que j'avais oublié mon public en chemin. Qu'il soit remercié pour ce rappel salutaire. Pierre Bourdon, éditeur des Éditions de l'Homme, a poursuivi son travail avec finesse. De même, je tiens à remercier Antoine Audouard, des Éditions Robert Laffont, qui a su jouer le rôle salvateur d'Isis lorsque ce fut nécessaire.

Ma collègue Jan Bauer m'a encore une fois témoigné son amitié au moment opportun en m'offrant de lire le premier jet et en me faisant part de commentaires perspicaces dont le livre a amplement bénéficié. Isabelle Rolin m'a suivi à travers presque toutes les phases du manuscrit, ne ménageant pas sa peine pour lire et relire, et m'amener à éclaircir certaines confusions. Merci pour son regard bienveillant. Mon comité de lecture maison composé de Viviane Crausaz, Hughes Dubois, Claude Lemieux et Régine Parez ont merveilleusement complété son travail par leurs suggestions attentionnées. Pierrette Monier a su transcrire mon texte avec célérité toutes les fois que ce fut nécessaire. Elle fut une acolyte précieuse pour terminer le livre à temps. Mes adjointes Christiane Blondeau, Jocelyne Pelletier et Nadine Noël se sont acquitté des tâches courantes aux Productions Cœur.com et aux Productions Guy Corneau pour que je puisse écrire en toute quiétude.

Ma compagne Marie-Ginette Landry a veillé sur moi pendant la rédaction d'un manuscrit qu'elle a corrigé avec moi et qui a exigé, plus souvent qu'à son tour, la mise en veilleuse de la vie relationnelle. Que l'aile déployée d'Isis veille toujours sur elle.

Je tiens à honorer également la majesté des pyramides, la lumière de la vallée des Rois, la tranquillité du mont Sinaï et la force lumineuse de la nature québécoise qui ont soutenu mon inspiration de leurs rayons dorés.

Finalement, je formule le vœu que la paix soit avec nous, tous et toutes.

Puisse Seth, qui œuvre à la proue de la « barque des millions d'années », protéger encore longtemps les humains de leur propre anéantissement. La guerre est évitable, la paix est incontournable.

Informations

Pour recevoir des informations au sujet des conférences et des séminaires de Guy Corneau, et notamment la brochure des Productions Cœur.com, ou si vous souhaitez obtenir des renseignements sur les réseaux d'entraide pour les hommes et pour les femmes, nous vous prions de contacter :

Pour le Québec :
Les productions CŒUR.com
11-1100, avenue Ducharme
Montréal, Qc
Canada, H2V 1E3
Tél. : (514) 990-0886
Fax : (514) 271-3957

Pour l'Europe francophone :
Les productions CŒUR.com
90, avenue du Monde
B-1400, Nivelles
Belgique
Tél. / Fax : (32) 67.84.43.94

Vous pouvez également consulter notre site Internet :
www.productionscœur.com

corneau

Achevé d'imprimer au Canada
en août 2003
sur les presses de l'imprimerie Transcontinental inc.
Division Imprimerie Gagné